應用家庭倫理學

劉昭仁 著

文史哲出版社 印行

國立中央圖書館出版品預行編目資料

應用家庭倫理學 / 劉昭仁著. -- 初版. -- 臺北
市：文史哲，民82
　　面；　　公分.
參考書目：面
ISBN 957-547-820-7(平裝)

1. 家庭倫理

193　　　　　　　　　　　　　82007104

應用家庭倫理學

著　者：劉　　　　昭　　　　仁

出版者：文　史　哲　出　版　社

登記證字號：行政院新聞局局版臺業字五三三七號

發行人：彭　　　　　正　　　　雄

發行所：文　史　哲　出　版　社

印刷者：文　史　哲　出　版　社
台北市羅斯福路一段七十二巷四號
郵撥〇五一二八八一二彭正雄帳戶
電話：三　五　一　一　〇　二　八

實價新台幣二五〇元

中華民國八十二年九月初版

自 序

　　我國的社會，自古以來就以家庭為本位，家庭是社會國家組織的基石，所以說「國之本在家」。幾千年來，政治雖然迭有變遷，但是家庭制度始終保存，就社會結構而言，家庭倫理的重視與家庭制度的確立，實為主要的關鍵。社會組織的根基在家庭，文化意識的中心則在倫理。

　　中華文化以儒家思想為主流，倫理道德又為儒家思想的精髓，而儒家的倫理思想，是由家庭制度演成的；反觀西方國家，則除了羅馬帝國社會以家庭為中心，其他國家或以國家為本位，或以個人為本位，顯然和我國不同。

　　倫理是中華民族的立國精神，也是國人生活準則。孔子講五倫之教，所謂「父子有親，君臣有義，夫婦有別，長幼有序，朋友有信」，家庭倫理有其三，是以家庭制度為基礎，把治國平天下的大道，統攝於家庭倫理之中。我國幾千年來，便是一個極重視倫理道德的社會，古代的政治和社會秩序，與其說是由法律與武力來維護，不如說是由倫理道德來維護更為妥當。倫理道德是一股強大無比的無形力量，歷史的發展，文化的演進，社會秩序的維持，都受著倫理道德的指引與維繫。

　　國父孫中山先生傳承我國的正統思想，並融合外國的政治哲理，創立了博大精深的三民主義。先總統　蔣公繼承　國父的志業，以其睿智，揭櫫三民主義的本質，在倫理、民主與科學三端。誠然，倫理、民主、科學三者，是重建中華文化的三塊基石，分開來看，倫理代表價值系統，民主代表政治運作，而科學代表知識建構，合而觀之，三

者綜攝而成一文化整體（韋政通《倫理思想的突破》自序）。

　　就倫理一項來說，家庭倫理是一切倫理的基礎。家庭倫理不彰，或甚至於蕩然無存，其他所謂的政治倫理、社會倫理、企業倫理、醫學倫理、校園倫理等，頹廢喪亡，那是必然的事。因為國的基礎在家，世界上很少有一個民族像我國習慣於把國和家相提並稱的，這明顯表示我國有關於國的政治理念，是建立在家的單元基礎之上的，我國歷代強調要以孝治天下，這是意圖將家庭倫理推廣而為天下政治倫理。今天我們倡導中華文化復興運動，以三民主義為本，遵奉先總統　蔣公實踐倫理（人）、民主（事）、科學（物）的訓示，三者雖然要兼籌並顧，但是應為以倫理為先，於是倫理建設為復興中華文化的重心，而重振家庭倫理又為當務之急。

　　然而，今天舉世受到科技的衝擊，有被物化的現象，導致人類的良知被物所蔽，被利害所糾纏，被權勢所壓制，被現實所麻醉。所幸人性的尊嚴尚未盡失，人類必可自我超拔，向上提升。要挽救時弊，只要喚起人性的覺醒，維護人性的尊嚴，從科學上振奮人性，從文化上弘揚人性，從宗教上伸張人性，從法制上端正人性，從教育上善導人性，並進而重估倫理道德的形態，重建適應人性與時空需求的倫理生活，那麼人類未來的前途還是很光明，全人類仍可達到和諧互助，安寧幸福，大同至善的境界。（林有土《倫理學的新趨向》前言）。

　　我國台灣地區，近幾十年來，由於科技超速發展，經濟起飛，社會結構和行為模式起了根本的變化，人性墮落，價值觀念殊異，人際關係疏離，家庭功能式微，人們心靈失去了安寧，物慾橫流，公理道義不彰，倫理道德幾乎蕩然無存，父不父、子不子、兄不兄、弟不弟、夫不夫、婦不婦。換句話說，台灣地區的社會，雖已由貧窮、匱乏、蕭條的局面，提升為今日繁榮、富裕、進步的狀況，這固然是政府和全民共同努力所締造的所謂「經濟奇蹟」或「台灣經驗」，但是，不

可諱言的，近年來，我們的經濟失衡、家庭解組、社會脫序、文化失調、交通紊亂、治安惡化、生活腐化、污染嚴重、浪費奢靡，已逐步落入貪、暴、懶的墮落深淵之中。

民國七十九年三月中，美國《時代雜誌》以專文批評台灣淪為「貪婪之島」；七月間，芝加哥《論壇報》報導台灣如何從亞洲犯罪率最低的地區，變為槍枝、勒索和綁票犯的避難所，美《新周刊》在七十九年九月間，比較新加坡、曼谷和台北三個大城，結果台北是隻「東亞醜小鴨」；《遠東經濟評論》介紹加拿大出版的新書「MTT的兩千萬人」，結果作者送給台灣一個外號：「惡名昭彰之島」。這些評論，怎麼不叫我們汗顏？筆者認為要重塑國家的新形象，根本之道在重振倫理道德，尤其是家庭倫理。

所幸在上位的主政者，如李總統登輝先生、行政院郝前院長、連院長、司法院林洋港院長、謝東閔資政、李國鼎資政，都深切注意這個問題，並大聲急呼重振倫理道德。中華文化復興總會，已成立一個小組，由司法院林洋港院長擔任召集人，推動「全民道德重整運動」，希望結合傳統的倫理實踐與現代的民主真義，逐漸導正當前社會的病態。林院長認為，當前社會的病因有四，一是道德標準及行為規範的迷失；二是政府對文化倫理建設的疏忽，三是社會價值觀念的功利主義，四是學校教育偏重於追求升學而忽略了人格品德的陶冶。因此提出三點建議：一是建立多元化專業權威，摒棄功利的唯一價值標準，二是重新評估儒教價值，做為律身待人接物處事的準則，三是發起「全民道德重整運動」。對林院長高瞻遠矚的智慧與劍及履及的魄力，甚為敬佩，對「全民道德重整運動」，樂觀其成。

筆者乃僅一介書生，德薄能鮮，人微言輕，何敢放言侈論？惟以執教於實踐設計管理學院二十年，深體創辦人謝資政東閔先生創立該校的苦心孤詣，服膺其「家庭倫理化、科學化、藝術化、生產化」的

教育目標，又痛傷於家庭倫理的式微，每思略盡棉薄，重振家庭倫理；然而茲事體大，必觀照與整合家政學、社會學、心理學、倫理學、人類學、文化學、法學等，始克竟其功，實力有未逮。但茲事不可等閒視之，近年乃不揣鄙陋，閱讀有關書籍文獻，廣搜資料，並加深思，整理成書，理論與實務兼備，乃命爲「應用家庭倫理學」，凡七章，首章談家庭，次章說倫理學，第三章談婚姻的倫理，第四章論夫婦的倫理，第五章談親子和婆媳的倫理，第六章說兄弟的倫理，末章論家庭倫理的重振。並以《親等圖》、婦女及家庭服務機構、全省家庭婚姻心理諮詢中心等爲附錄，俾供讀者參考。

　　由於社會結構的改變，我們不可能再期望恢復過去傳統式的家庭組織和生活，但是我們不可能捨棄傳統的家庭倫理觀念，而且要加以恢復加強，並針對社會結構的變遷，作適當的調整，期使家庭中的每一個成員，在爲人處世上，都能符合現代社會應有的倫理關係，使每個家庭幸福美滿，整體社會和諧安康，這是筆者寫本書最大的目的與期望了。書中謬誤疏漏，在所難免，至盼博雅方家，先進賢達，不吝教正。

　　　　　　　　　　　　　　　　　　劉昭仁謹誌

　　　　　　　　　中華民國八十二年三月廿九日

應用家庭倫理學

目　次

甜蜜的家庭

我的家庭真可愛，
整潔美滿又安康，
姊妹兄弟很和氣，
父母都慈祥，
雖然沒有好花園，
春蘭秋桂常飄香，
雖然沒有大廳堂，
冬天溫暖夏天涼，
可愛的家庭呀！
我不能離開你，
你的恩惠比天長。

第一章　認識家和家庭

一、家和家庭的定義

根據字義來說，「家」原指豬的居所，引申假借以爲人的居所（註一）；「庭」是宮室之中，後來有稱堂下爲庭的，就是庭院的意思（註二）。

家庭就是人所居住的室屋，包括室內的房間和室外的庭院。人類必定從游牧社會進化到耕稼社會，才築起家屋來豢養家畜，從事生產繁殖，生活才安定下來，有家畜的地方一定有人居住，所以，就以家畜所住的「家」，引申假借，用來指稱人所住的「家」了。人類有了家庭以後，家族制度才建立起來，再由家族而成社會和國家。

從社會學的角度來看，家庭另有深一層的意義。家庭是社會的雛型，而社會是家庭的集合體。

龍冠海先生認爲：「組成家庭的基本份子是夫婦和其子女，但此外尚可有其他的份子，如他們直系或旁系的親屬，或無婚姻或血親關係的人，如收養者之類。故一般來說，家庭是兩個或兩個以上的人，由於婚姻、血統或收養的關係所構成的一個團體。」（註三）

朱岑樓先生在《王雲五社會科學大辭典》裏，給家庭所下的定義是：「其組成者包括成年人（至少有一對無血親關係而經由婚姻結合之成年男女）和小孩（成年人之婚生子女），最低限度之功能，須在情感需要方面給予滿足與控制，包括性關係和生育教養子女之社會文化情境。」

楊懋春先生認爲家庭一詞，包含著兩件東西，或是兩件東西的結合體，我們稱由父母子女所構成的親屬團體爲家，也稱其所在的房舍

庭院為家。而稱「家庭」，則是把那個親屬團體和他的住處連結起來，都包括在內。在英文中，那個小親屬團體稱為family（group　of　parents　and　children）而他們所居住的房屋庭院，則稱為home（place where one lives, especially with one's family。）（註四）

　　孫本文先生《社會學原理》一書中指出：通常所謂家庭，是指夫婦子女等親屬所結合的團體，因此，其成立的條件有三：第一，親屬的結合；第二，包括兩代或兩代以上的親屬：第三，有比較永久的共同生活。

　　我國《民法》第1122條：「稱家者，謂以永久共同生活為目的而同居之親屬團體。」則必須至少二人以上共同生活才可稱為家，在戶籍的編造上，雖然可以有單獨戶長的戶，但在《民法》上，並不允許「單獨家長」的家存在。

　　美國社會學家史帝芬（Stephen, 1963）給家庭下的定義是：「家庭是以婚姻與婚姻契約為基礎的一種社會安排，它包括三種特性：1.夫妻與子女住在一起，2.承擔為人父母的權利和義務，3.夫妻在經濟上負有互相扶養的責任。」

　　社會學家蘭恩（Lang 1946），認為中國的家族是「一個由血緣、婚姻或收養關係的人們所組成的單位，他們有共同的生計和共同的財產。」（a unit consisting of members　related to each other by blood, marriage, or adoption and having a common　budget and common property.）

　　女性社會學家瑪麗拉曼納（Marry Ann Lamanna），和艾格尼雷德門（Agnes Riedmann）合撰的《婚姻與家庭》一書，指出家庭是指一個父母子女的關係或性情感的表達社會團體，在同住一處的家庭份子，具有共同的承諾與親密的人際關係；家庭成員彼此重視此種關係，並確認其存在之團體性。（註五）

按照美國人口普查局（the United States Census Burean），對家庭下的定義是：一個家庭是指一個由二個或二個以上有血緣、婚姻或撫養關係的人組成的團體。（註六）

人類學者奎恩和黑本司天（Queen and Habenstein），認為「家庭是一群親屬親密地住在一起，其成員交配、生育並養育子孫，成長且互相保護。」

另一人類學家莫達克（George P.Murdock），認為家庭是一個具有共同住處、經濟合作以及生殖養育等特質的社會團體，應包括有男女兩性的成年人，其中有兩個人享有社會所認可的性關係，一個或一個以上數目親生或收養的小孩。（註七）

根據以上所引述的中外學者的說法，家庭的定義是：家庭是兩個或兩個以上的人，經由血緣、婚姻或其他關係，長久居住在一起，分享共同利益，並分擔共同義務的一種社會團體，是人類社會最普遍的社會制度。

二、家庭的起源

英國哲學家羅素說：「人類自古以來有三個敵人，其一是自然（nature），其二是他人（other peopers），其三是自我（ego）」。這種慧見，具有相當永恆性的意義。人類為了克服「自然」這個敵人，創造了「物質文化」（materical culture）或稱技術文化，是指工具以及衣食住行所必需的東西，以至於現代科技所創造出來的機器；為了克服第二個敵人—他人，所以過著社群的生活，創造了社群文化或倫理文化（ethical culture），那就是道德倫理、社會規範、社會制度、典章法律等；為了克服第三個敵人—自我，即自己在感情、心理、認知上的種種困難與挫折，憂慮與不安，而創造了精神文化或表達文化（expressive culture），包括藝術、音樂、戲劇、文學、

宗教信仰等。（註八）

　　人類最早的社會制度就是家庭，文化人類學者認爲，人類進入新石器時代以後，才有家庭產生，因爲這個時候，定耕的農業才開始，種植五穀雜糧，豢養牲畜，不但住所固定，而且聚群而居，人與人之間的關係益形密切，兩性和親子關係因而建立，於是形成了家庭的組織，由上第一節對「家」字義的分析，就可得到最好的印證。

　　有些學者認爲人類的社會制度，都是從無組織的、無定型和混亂的社會關係開始，而後逐漸發展，對於家庭的原始形態，則見仁見智。英國名法律學家 Maine及美國的馬凌諾斯基（B. Malinowsiki），都認爲父權家庭是最早的形態，而瑞士名法律學家Bachofen及美國人類學之父Morgan，則認爲母權家庭是最早的形態（註九）。不管最早的形態是父權或母權家庭，總必經這個階段，然後才發展成一夫一妻制的現代家庭形態。

三、家庭的性質

　　由上對家庭定義的分析，我們很清楚地瞭解，家庭是一個社會團體，也是一種社會制度。龍冠海先生以爲家庭有下列幾項特質：

1. 家庭是人類所有社會組織中最普遍的一種，古今中外，無論原始或文明的社會，都有它的存在。
2. 家庭是可以滿足我們多種需要的組織，包括精神上和物質上的需要。
3. 家庭是人類營生最早最久的社會環境，絕大多數的人出生於父母的家庭，長大後自行建立家庭，終生沒有離開家庭。
4. 家庭是各種社會團體中最小的一個。
5. 家庭是最親密的社會團體。
6. 家庭是唯一爲人類負起保種傳種任務的社會團體，因爲透過婚

姻與家庭，才能合法的生育下一代。

7.家庭是社會組織的核心，其他社會結構的基礎。

8.家庭對其他份子的要求，比任何團體都要迫切而重大。

9.家庭嚴格地受著社會風格和法律條規的限制，在各種行為上所受的限制，比任何其他團體所受的多。

10.家庭制度是永久的，但家庭的結合或個別的家庭團體卻是暫時的，普通只有幾十年的生活，不像教會或國家那樣長久。（註一〇）

四、家庭的組織型態

(一)依照家庭親屬關係區分

1.核心家庭（nulear family）：以一男一女結合的夫妻為核心，又稱為夫婦家庭（congugal family），而以血族家庭（consanguine family）相對稱。除夫婦外，還包括其未婚的子女，家庭人數不多，家人關係簡單，所以又稱為小家庭，這是最基本的一種家庭組織型式，也是現代工業社會中最主要最盛行的家庭組織型態。

核心家庭的優點是不依靠夫或妻所從出的父母，容易養成獨立精神，提高子女的地位，子女可得到較好的教育機會，家人關係簡單少衝突；而缺點是親屬間缺少互助的精神，稚弱的子女和年老的父母乏人照顧，社會必須發展福利事業，設立托兒所、幼稚園、安老所、傷殘重建所等，來負起安老懷少的責任，又由於與家外的人甚少密切接觸，一旦夫妻感情不睦，家庭就很容易陷於解組或解體，使離婚率增高。

2.擴展家庭（extended family）：是由兩個或更多個核心家庭所組成，除夫婦及其未婚子女外，還有已婚子女和其子女、祖父母或其他的親屬，不是由於夫婦關係的擴張，而是血統關係的延伸，通常

一個家庭單位內，包括不同世代的親屬，可能三代或四代，甚至於五代同堂。新人結婚後，丈夫或妻子就進入配偶所從出的家庭內居住，生育子女後，由家庭內的成人們，共同負擔教養和社會化的責任。有時由同一世代的兄弟或姊妹組成，除了核心家庭的家人關係外，還包括公婆子媳（或岳婿）、叔（姑）嫂、祖孫、伯侄（舅甥）、妯娌、連襟、堂（表）兄弟姊妹關係等，家庭人口數較多，關係最複雜，所以也稱爲大家庭。

擴展家庭弊多於利，特點是：親屬網路間經濟互賴、心理互賴、傾向獨斷的代間權威、每日接觸頻繁。（註一一）

3.折衷家庭 （stem family）：又稱主幹家庭，以經濟性的血緣關係（economic blood ties）爲根基，由相連兩代的兩個家庭所組成，成員包括父母及其未婚子女，以及父母中任一方的父母，除具有核心家庭的家人關係外，還包括公婆子媳（或岳婿）、叔（姑）嫂、祖孫、伯侄（舅甥）關係等。其優點是血統家世的傳襲綿延，明晰可循，較可充分發揮育幼養老的功能，減少核心家庭的孤立困境；其缺點是常有代溝，感情不易融洽，輪流奉養父母不易實行。

（二）依照家庭承襲系統區分

1.父系家庭（patrilineal family）：財產繼承和名位承襲，以父親血緣爲主，，父傳子，代代相傳，子女姓父親的姓，都是父親的嗣系。父親集財產及權威於一身，男人是一家之主，婦女地位降低。

2.母系家庭（matrilineal family）：財產繼承和名位承襲，以母親血緣爲主，子女姓以母姓爲主，母親具有崇高的地位，家系溯自母親，母親維持家計，負起養育子女的責任。人類學者和史學家，多以母系家庭是人類最初的家庭組織，因爲草昧時期的人類，只知有母不知有父，在家庭中只有母子關係，而沒有明確的父子關係。

3.雙系家庭（multilineal family）：財產繼承和名位承襲，父

系和母系雙方的親屬受到同等重視，父母雙系並傳，子女都有權利和義務繼承父母雙方世系的財產和名位。當今歐美社會的家庭，多是這種組織型態。

4. 平系家庭（bilineal family）：財產繼承和名位承襲，在父系和母系中選擇一系，傳襲系統不是父系就是母系。

依照我國現行《民法》第1138條規定：「遺產繼承人，除配偶外，依左列順序定之：①直系血親卑親屬，②父母，③兄弟姊妹，④祖父母。」又第1059條：「子女從父姓，但母無兄弟，約定其子女從母姓者，從其約定。」由此可知我國台灣地區的家庭，在財產繼承上是屬於雙系家庭制，而在姓氏方面，則為平系家庭制。

（三）依照家庭權柄所屬區分

1.父權家庭（patriarchal family）：父親是一家之主，是家庭權威中心，子女的教養、婚姻、財產，都由父親決定，男主外而女主內，一般農業社會的家庭組織型態屬於這一種。

2.母權家庭（matriarchal family）：母親是一家之主，是家庭權威中心，子女的教養、婚姻、財產等，都由母親決定。假如母親的兄弟對其外甥有控制權，就變成舅權家庭（avunculate family）。

3.平權家庭（egualitarican or democratic family）：家庭的權柄不完全操在父親或母親手中，而是由父母親共同掌握家庭，權力平等，子女對家庭事務也有參與決策權。

我國的傳統家庭多屬於父權家庭，但是受到歐美民主思想的影響，再加上工商業進步，教育普及，社會進入轉型期，家庭組織型態，有顯著走向平權家庭的趨勢，尤其以都市裏的家庭為然。

（四）依照家庭分子居住的方式區分

1.父居家庭（patriloaal residence family）：婚後的子女和其所生的子女，跟著夫方同住。在父系父權社會，大多採用這種方式。

2.母居家庭（matrilocal residence family）：夫到妻家居住，子女也和母親同住。在母系母權的社會，大多採用這種方式。

3.自組新居家庭（neolocal residence family）：男女結婚後，既不住男方家，也不住女方家，而脫離各自的父母家庭，在外另組新家庭。通常見於平系（或雙系）及平權社會中。

4.雙居家庭（duolocal residence family）：男女結婚後不同住，而各自居住在父母的家庭，或獨自居住，如因就學或就業的地點不同且相距很遠，就須暫時成為雙居家庭。

5.平居家庭（bilocal residence family）：男女結婚後，在從父居或從母居中任擇一種，妻到夫家與夫同住，或夫到妻家與妻同住都可以。

我國現行《民法》第1001條規定：「夫妻互負同居之義務，但有不能同居之正當理由者，不在此限。」第1002條規定：「妻以夫之住所為住所，贅夫以妻之住所為住所。但約定夫以妻之住所為住所，或妻以贅夫之住所為住所者，從其約定。」又同法第1060條規定：「未成年之子女，以其父母之住所為住所。」由此可知，我國是以父居家庭為主要的家庭居住結構，但子女長大後，常因就學或就業而離開父母的家庭，又在結婚後，多願自組家庭，另行建立一個核心家庭。

此外，還有下列幾種分類方式：

1.依個人不同生命階段所在的家庭，分為生長家庭（family of orientation）、生殖家庭（family of procreation）。前者是個人自幼生長的家庭，後者是個人結婚後和配偶建立的家庭。

2.依個人對家人的義務範圍（obligation patterns），分為夫婦家庭（conjugal family）及血緣家庭（consanguine family）。前者以夫婦關係為基礎，個人對其配偶和子女負責任；後者以與個人有血緣關係的親屬為基礎，配偶的重要性不如其父母，甚至於其兄弟

姊妹。

3.依家中有無子女,區分為完全家庭(complete family) 和不完全家庭(incomplete family),前者是有子女的家庭,否則為不完全家庭。

4.依家中父母是否雙全,區分為雙親家庭(parents family)和單親家庭(single parent family),前者父母俱在,只有父親或母親的家庭是單親家庭,包括離婚的、鰥寡的或未結婚的單身父母及其子女或領養的孩子。從前的單親家庭,大多數是因配偶死亡所造成,而今日離婚卻變成單親家庭的普遍原因。另外有未婚男女領養子女,或未婚女子可能自己生孩子,都可成為單親家庭。

5.依夫妻就業狀況,分為雙生涯(或雙工作)家庭(dual career family)、非雙生涯(或單工作)家庭(non-dual career family),夫妻都就業的家庭屬於前者,只有夫或妻一方就業的家庭屬於後者。

6.依家庭成員結合的基礎,分為制度家庭(institutional family)和友愛家庭(companionship family)。家庭成員依法令規章或定俗結合的叫制度家庭,依親密關係結合的叫友愛家庭。

7.依夫妻配偶人數,分為單婚家庭(monogamous family) 和複婚家庭(polygamous family)。由一夫一妻組成的家庭是單婚家庭,而一夫多妻、多妻多夫組成的家庭是複婚家庭(也稱為混合家庭),那些娶喪偶或離婚婦人為妻,或嫁喪偶及離婚男人為妻者,及其與前夫(妻)所生子女共同生活的家庭,也算是混合家庭,也有人稱擴展家庭為混合家庭。(註一二)

8.同居(cohabitation or living together) 家庭,係男女未正式結婚,但共同生活在一起,並養育子女。

我國當今正處在農業社會進入工業社會的轉型時期,家庭組織和

角色分配，與過去傳統大不相同，主要有下列四點：

　　1.大家庭解體，家長或族長的權威，已無法平息家庭中的紛爭，而小家庭結構，又無法滿足各家庭成員的基本社會需求，如關愛、安全感等，且閉鎖式的生活方式，更促使小家庭成員相互學習到不良的行為模式，無法適應多變的社會。

　　2.性角色已改變，尤其是女性，由過去傳統的以輔助丈夫為主，消極宿命論的婚姻，如嫁雞隨雞、嫁狗隨狗而變成男女平等，且教育提高，女性地位大為改善。

　　3.性觀念過於開放，甚至於泛濫，有所謂換夫換妻租妻的名堂。

　　4.個人生活壓力增加，家庭更易發生問題。（註一三）

五、家庭的功能與變遷

　　家庭是人類社會中最基本、最重要、最普遍與功能最多的一種組織，一種社會團體，個人的生存、種族的繁衍、國家的建立、文化的傳遞，以及社會的秩序，莫不以家庭為根據。縱使家庭隨著時代在變遷，但是絕無任何跡象顯示家庭組織會消失。

　　我國社會自古到今，特別重視家庭，國和家兩者往往並舉，因為修身而後才能齊家，齊家而後才能治國，治國而後才能平天下，這是我國傳統的一套政治學。國之本在家，在我國的傳統思想體系裏，社會和國家只不過是家庭組織的擴大而已。《大學傳》說：「一家仁，一國興仁；一家讓，一國興讓；一人貪戾，一國作亂，其機如此。」儒家思想是我國文化的精華，孔子刪《詩》《書》，訂《禮》《樂》，修《春秋》，贊《周易》，而禮首重婚禮和冠禮，《詩經》以〈關雎〉為首，《春秋》重正名，《易經》始自〈乾〉〈坤〉，在在充分表示對家庭的重視。

　　就個人而言，生命孕育自家庭，生長於家庭，家庭是安樂窩，也

是避風港，在淒風苦雨的夜晚，暮色蒼茫的黃昏，辛勞工作之後，旅途勞頓之餘，必然興起回家的意念，除非一個人的家充滿冷漠、吵鬧、無情、讓他痛苦不堪，他才會逃家。和諧的家庭，是社會安全繁榮所繫，有史以來，家庭便是社會結構的主要部份，雖然有不少學者，曾試圖提出其他模式來取代家庭組織，但是家庭始終是人類社會的核心。去年八月，美國前總統布希競選連任時，家庭總動員，拋頭露面，替他宣傳助陣，目的在強化布希選戰的主要訴求：贊同傳統的家庭價值觀，其搭檔副總統奎爾，並力稱將繼續維護傳統的社會風俗，不會放棄發揚「家庭價值觀」。

　　家庭是一種社會制度（social institutions），自然有其相當重要的功能。王維林先生指出：像所有其他制度一樣，家庭是一個為達成一些重要功能而制定的可接受的規範及程序的系統。它是被指定達到某些任務的制度化機構，它所執行的任務包括：性的正常功能、社會化功能、地位的功能、情感的功能等。（註一四）

　　龍冠海先生認為家庭功能有：生物的功能、心理的功能、經濟的功能、政治的功能、教育的功能、娛樂的功能、宗教的功能。（註一五）

　　楊懋春先生將我國傳統的家庭功能分為兩大類，一為基本的、普遍的、自然的功能，包括夫妻性生活的滿足和保障、生育撫養子女、全家人共同進行經濟生產分配消費及儲蓄、照顧奉養老年父母、保護家人和他們的權益、及對子女實施教養等。二為實現某些理想的特殊功能，如宗教、倫理道德、光宗耀祖、傳宗接代等理想。（註一六）

　　謝高橋教授比較原始社會和現代社會的家庭，認為儘管在現代社會中，家庭功能減少，但家庭仍然是社會的一個重要部份，因為它能實現三種重要功能：社會化、提供情感和友誼、性規範。（註一七）

　　廖榮利教授由「家庭精神動力學」的觀點，提出現代家庭的功能

包括：①提供成員之物質生活需要和對外界事物之保護力量，②提供親情，塑造親近和諧之人際關係之能力，③透過子女與家庭之認同作用，而培養統合性之人格和社會生活適應能力，④提供性知識和性教育，以培養子女的性身分和性角色的實現實力，⑤模塑成員之社會統合行為、社會角色扮演、培養社會責任感，⑥培養成員之學習動機，求進步的慾望和創造力。⑦傳遞文化，培養下一代有創造文化之能力。（註一八）

　　柏吉斯和洛克（Burgess and Locke, 1953）將家庭的功能分為固有的功能（intrinsic Function）和歷史的功能（Historical Function），前者是指情愛、生殖和養育子女的功能，不因時代和社會的不同而改變；後者是指經濟、保護、教育、娛樂和宗教的功能，會隨著時代和社會的不同而改變。（註一九）

　　歐格朋（Ogburn）認為家庭的功能有七項：①生理心理功能─傳宗接代、性慾滿足、嬰兒保育和老人扶養、情愛的寄託、精神安慰、人格發展；②經濟功能─生產分配及消費，每一成員之食衣住行、教育、職業、婚嫁，都依賴家庭；③政治功能─供給家中成員社會地位；④教育功能；⑤安全保衛功能；⑥宗教功能；⑦休閒娛樂功能。（註二〇）

　　Nimkoff『婚姻與家庭』（marriage and family）一書，認為家庭的功能是：①經濟的（Economic），②教育的（Education），③社會地位（Social status），④宗教的（Religion），⑤娛樂的（Recreation），⑥保護的（Protection），⑦愛情的（Affection）。

　　綜合各家的論點，家庭的功能可歸納為下列幾項：

1.生物的功能

　　食色、性也，性慾是生物的本能之一，人類的社會，由於婚姻與家庭制度，使夫妻的性行為有規範、制度化，合情合理合法，獲得性

慾的滿足，並長期又安全地享受性生活。

而性行為的可能結果，便是懷孕與生產，生兒育女，傳宗接代，透過婚姻的配偶關係所生的子女，才是合法的後代，否則就不能被社會所接受，其子女就成為「私生子」。錢穆先生說：「家庭的終極目的，是父母子女之永恆聯屬，使人生綿延不絕。短生命融入長生命。家族傳襲，幾乎是中國人的宗教安慰。」（註二一）

2.社會的功能

家庭是社會組織的基本單位，是人類社會生活的起站，也是完成為社會化的基地。

由於婚姻制度，使配偶有合法的性行為，生兒育女，而小孩自出生，就可獲得社會安置（Social placement），取得社會認可的地位，而且其社會地位的高低，往往和家庭或父母的社會經濟地位有關，凡是父母社會經濟地位高的，他們的子女往往緣此而獲得較高的社會經濟地位。

家庭又可給予家庭分子社會化（Socialization），所謂社會化，是使一個人由生物人（biological organism）變為社會人（human being）的過程。家庭是個人最初最久的學習場所，換句話說，家庭是個人社會化的第一個機構，也是最久的機構，個人自幼至長、至老，無時無刻不在家庭中接受社會化，根據調查研究，青少年的性格養成及社會行為的表現，家庭都居有重大的塑造之功，實不容忽視，雖然一般現代家庭的人口結構日趨簡單，但是對青少年的社會行為養成，則功能並沒有改變。

家庭最適合於承擔社會化的工作，因為家庭是一個小團體，是社會的基層組織，家庭中的成員經常有面對面的接觸，兒童的發展，受到親密的照顧與觀察，個人行為能適時加以調整，以應需要。父母通常對於子女的社會化，也抱著很好很高的期望，時常關注他們身心與

社會發展。在父母的教養之下，子女學習到思考行為及社會規範所要求的一切價值標準。根據 mutual life保險公司的調查，1988年有42％受調查者，認為家庭是傳遞一切基本價值觀念的礎石，而至1991年的調查結果，百分比數增到84％，這1200位受調查者，認為家庭較政府、學校、僱主、宗教機構，更能有效的傳承社會的文化價值；他們一致認為唯有鞏固的家庭，才有鞏固的國家。（註二二）

3.心理的功能

心理的功能是指情愛與情感的授受功能，在家庭之內，有夫婦之愛、同胞之愛、親子之愛，這些愛都是我們精神力量的泉源。兩千多年前，亞里斯多德就已經體會到「人是社會性的動物」，他說：「離群索居的人，不是神就是野獸。」到目前為止，大多數的心理學家、社會學家，都同意親和是人類的天性，從心理分析學派的觀點來看，假如人類親和的需要，不能得到完美的滿足，不僅會導致人格的畸型發展，更會導致各種精神、情緒病症。家庭滿足情感上的需要，給予夫婦以充份完美的情愛，同時也給予子女最完美周到的愛護照顧，可維護夫婦和他們的子女人格正常發展。因此，個人各種心理態度及行為的養成，人性及人格的發展，情感的發洩，愛情的培養和表現，以及精神的安慰等，不得不依賴家庭。

行為心理學派的華生（T.B.Watson），認為人格是由許多顯著的習慣系統所造成，所謂習慣系統，包括思想、行動、情感等一切心理特點，譬如農家子弟早起、敦厚、勤儉、刻苦耐勞、純樸踏實。

家庭給人們安全感、歸屬感，雖然事實上婚姻及家庭，不能滿足所有感情的需要，但是能對它的成員提供某種程度的感情保證，不論是小家庭或是大家庭網路—包括祖父母、年長的兄姊、叔嬸，也都是重要的感情支持的來源。（註二三）心理學家也認為，「孩子的安全感，最主要的來源是知道父母相愛」，「人生最大的快樂與最深的滿

足，最強烈的進取心與內心最深處的寧靜感，莫不皆來自充滿愛的家庭」。人類給予兒童的關愛和情感，正像給予食物和保險一樣的重要，家庭提供其份子相互間的愛與情，母愛的缺乏，必定影響子女的生理、智慧、情緒的成長和社會化的發展。

4.經濟的功能

經濟是家庭成立的基礎之一，因為家庭必須供給家庭成員日常生活所需，因為我國以農立國，傳統經濟的基本單位是家庭，男耕女織，自給自足，是屬於家庭經濟體系，幾乎所有的家庭，都從事各種經濟活動，今天台灣地區以家庭為基礎的工商業，仍然不在少數。但是，在工業先進國家，家庭的經濟功能，已由生產性轉變為消費性了。

5.教育的功能

家庭教育和學校教育、社會教育連成教育的三大環節，必須環環相扣，兼籌並顧，不可偏廢。這三種教育，以家庭教育為根本，因為家庭是個人所接觸的最早的也是最久的社會組織，舉凡個人知識的獲得、道德的培養、行為的養成、人格的陶冶，以及人際關係、價值觀、信仰、處世態度等，都須依賴家庭教育奠定基礎。在本節中第二項所敘述的社會功能，我們提到家人的社會化必須靠家庭，其實，社會化具體的說就是教育。家庭可以說是人類最初和最小的學校，它負起傳授知識、灌輸道德觀念、指導行為，以及使個人社會化的責任。

一個小孩子會發生偏差行為，或是罹患心理疾病，絕不可能只是母親溺愛或是父親無能管教所致，往往由於家庭中及鄰里間很多不正常的因素，相互作用形成惡性循環所引起的。在我國五千年漫長歷史的過程中，無可否認的，家庭組織的穩固和健全，是維持社會和文化不墜的最大因素，當然其間家庭教育發揮了極大的功能，是無庸置疑的。

家庭是傳遞文化的重要機構，社會學家范黎庶（Faris）　，搜集

一系列家庭的歷史和文獻，發現有許多文化特質（Culture　traits），如傳說、禮俗、價值、技能等，以非正式的、逐漸的、不知不覺的學徒方式，隨著家庭生命的延續而代代相傳。（註二四）

透過家庭教育，家庭的成員可獲得生活技能和語文的能力。桑代克說：「假使地球上的人，除了新生的幼兒外，所有人類都退藏於其他星球；又假使所遺留的兒童，都能成長到二十餘歲，其天賦的知識和技能，也完全保有無缺，所缺少的是成人們施與教育活動的影響，那二十年後，這些幼兒必將成為一群野獸，全賴水果生活的小動物，易罹患瘧疾、天花及其他癘疾而死。不知語言，也不知使用機械的技能，以及為將來著想的策劃。其生活狀況，將與猿猴相去不遠。」（註二五）

6. 政治的功能

家庭可說是一個小型的政府，所以家庭的所有一切事務叫家政。家長是統治者，子女權威的觀念和服從的習慣，都在父母子女的關係中養成。再從我國傳統的政治哲學來看，國之本在家，必家齊而後國治，國治而後天下平。有健全的家庭，才有安定的社會和富強的國家。

7. 保護的功能

人類直立走路的狀態，是人和猿猴在生物性的形體上最大的差別。直立的姿態，使得人上半身的重量必須轉嫁給盆骨和雙腿來支撐，盆骨因此由橫放變成直放，而且盆骨中間的盆骨孔也隨著變小，因此人類的嬰兒，在母胎中發育到五官俱全而軀體還孱弱時，就必須落地出生，否則體積一增大，就無法通過盆骨孔降世。所以人類和其他的動物極不相同，很多動物生下來不久就會站立會跑，人卻要生下來八個月才能爬，一歲多才會說話，十八歲以後，才完全成人。換句話說，人類的幼兒，必須經過長期的養育，才能成熟而獨立，所以特別需要加以保護。再者，家庭的組成份子，假如生病、受傷、失業、失學，

或老邁時、懷孕時，家庭都要對他負起保護的責任，使他們康復、振奮、度過難關，有愉快的晚年，或順利的生產。雖然現代社會中有警察、保全、消防、醫藥衛生、育幼、養老、保險等公私立機構，但是它們只能分攤家庭部分的保護功能而已，無法完全替代家庭負起保護之責。

8. 宗教的功能

古時候宗教活動以家庭爲中心，家庭是以人類最初的教堂，宗教信仰的傳授、祖宗的崇拜和宗教儀式的學習，都在家庭。在傳統的中國家庭裏，多半設有神案，供奉著祖先的牌位和神明，每逢年過節或家庭發生重大事件的時候，都上香膜拜，以祈求祖先神明的保祐，如果家人犯錯，家長或族長必在祖宗神位前或在家祠內給予審判和處罰，以資戒勉，家廟宗祠爲我國傳統社會維持正規倫理的場所，對凝聚家人的向心力，促進團結，發揮了很大的功能。

又古時候的婚禮程序中問名、納吉兩項，是把女方當事人的身分資料帶回男家去，經過在祖先宗廟中的占卜，決定吉凶，如占卜得吉，立刻派人到女家去報告大吉大利的好消息，這表示婚姻大事，不是家長或當事人擅自作主就可以草率決定的，而是歷代祖先都曾參與這件婚事。英國功能學派的人類學家馬凌諾斯基，就曾經讚美我國的家庭組織，他表示家，特別是宗教一方面，曾是我國社會和我國文化強而有力的泉源。（註二六）

9. 娛樂的功能

家庭是人類最初娛樂的場所，家人是一起娛樂的最佳同伴，講故事、遊戲，娛樂方法的傳授等，都以家庭爲中心，除每逢節慶廟會外，很少娛樂活動在公共場所舉行，而家人都在家裏，庭院瓜棚下聊天、說故事、遊戲、唱歌，增加生活情趣。

根據孫本文的分析，我國舊家庭的特徵是：①父系承繼，男女不

平等；②父權制，丈夫對妻子權力是絕對的，有七出之律；③大家庭制度；④重視親族關係；⑤家庭經濟的共有權制度；⑥卑幼者地位低，權力少；⑦重男輕女；⑧重視孝道。然而，幾千年來，基於受到西洋文化的影響，教育的普及和提高，民主政治主張男女平等，經濟發展，社會走向都市化工業化，小家庭化，以及戰爭使都市家庭妻離子散等因素，家庭制度發生變遷，這種變遷十分複雜，分析起來，它的趨勢有下列數端：

1. 家庭的永久性、穩定日漸減少，就婚姻關係來說，家庭問題、外遇問題、婚外情、家庭暴力等日漸增多。

2. 組織嚴密的家庭漸見解組，比較散漫的家庭日趨擴大。

3. 多種功能的家庭漸見減少，功能少的家庭則漸漸增加。

4. 小家庭制度日益興盛，而傳統家庭制度則日益式微。

5. 一夫多妻制已很少且不合法，如民國七十六年八月間彰化縣福興鄉的劉和穆，以一貫道行實踐家庭荒唐婚姻十三妻制，引起社會不滿及法律公訴。

6. 父權的家庭日漸衰落，平權的家庭日漸增多。

7. 長幼關係平等化，子女權利受到法律的保障。

8. 專制的家庭日漸衰落，自由的家庭日漸發展。

9. 傳統傳宗接代的觀念減輕，家庭人數日漸減少。子女數目降低，重男輕女的觀念改為男女並重，教養子女的方法改變。

10. 職業婦女日增，雙生涯家庭隨著日增。

11. 自由戀愛以抉擇對象，取代傳統父母指配的婚姻。

12. 離婚觀念改變，獨身主義者增加，單親家庭及無子女家庭數目增加。

13. 安土重遷的觀念式微，雖有返鄉探親，但是落葉歸根的觀念式微。

14.家庭分工制度改變。

15.未婚同居數目增加。

16.契約性婚姻日益普遍擴張，婚姻日益缺乏保障；婦女權利日張，舊式從一而終、白頭偕老的婚制改變，一種契約性功利性的關係代之而起。

17.社會分工代替子繼父業。

18.子女早日獨立代替長期依賴。

面對這些複雜的家庭制度變遷，家庭的功能也隨著有所變遷，日益萎縮，成為世界各國的共同趨勢。就生物的功能來說，因實施節育，子女數目減少；就心理功能來說，家庭分子間的和諧關係，已大不如從前；就經濟功能來說，目前小型工業發達，婦女多走出廚房，投入生產線工作，家庭小經濟單位功能漸漸消失，工業化的社會中，外食及外宿的機會多，家庭只成為消費單位，而不再是生產單位，無法像以前一樣自給自足；就保護功能說，小孩子、傷病的家人、老人、孕婦，多由國家社會來照顧保護，公私立的機構，如警察、保全、消防、醫療衛生、育幼、養老、保險等，逐漸取代並分攤家庭部分保護的功能；就宗教的功能來說，因為個人的信仰自由與多元化，使家庭的宗教功能漸漸式微，或全由教堂、廟宇、宗祠取代，有的家庭已不再具備宗教的功能了；在娛樂功能方面，現已由兒童樂園、電影院、歌劇院、音樂院、遊樂場、公園、球場、球館、歌舞廳、MTV、KTV、卡拉OK所取代，只有電視、音響、錄放影機、電視遊樂器等，仍然在家中觀賞，從事娛樂；在教育功能方面，幼稚園、各級學校、社教館、文化中心、美術館、圖書館等社教機構林立，學校教育和社會教育，肩負起大部分的家庭教育功能，家庭的教育功能因而逐漸式微。儘管如此，自有史以來，家庭便是社會結構的基礎，雖然有不少學者試圖用其他模式來取代家庭組織，但是，家庭始終是人類社會的核心，它的各項

功能絕不可抹殺，反而應該讓家庭的各項功能好好地發揮，人類才有美好的未來。因此，即使是西方工業國家，仍然十分重視家庭的價值，聯合國特地把1994年訂為「國際家庭年」。今後政府應妥善擬定實施家庭政策。

六、我國當前的家庭問題

由於家庭制度和家庭功能的變遷，現代以及未來的家庭，面臨著比以前更多的挑戰，換句話說，現代以及未來的家庭，有更多的問題，我們必須加以分析、瞭解，並設法解決。茲分為未來家庭趨勢的預測、家庭問題的內涵，當前我國家庭問題的透視及解決之道，加以探究。

1.未來家庭趨勢的預測

①子女人數更少。

②主婦就業比例更高。

③家人相處時間更少。

④家庭成員更獨立。

⑤教育程度更提高。

⑥居家生活更重視隱私性。

⑦單親家庭更普遍。

⑧老年人孤苦無依。

2.家庭問題的內涵

(1)與家庭或個人有關的問題。

①夫婦之間的問題。

②父母與未成年子女間的問題。

③其他家人之間相處的問題。

④子女教養的問題。

⑤家務的處理問題。

⑥錢財的處理問題。

⑦家人的健康問題。

⑧社交與休閒生活問題。

⑨工作問題（如失業、工作不理想、考績升遷、職業傷害）。

⑩住宅問題。

⑪未婚媽媽（爸爸）問題。

⑫未成年的媽媽問題。

⑬法律問題（離婚、子女領養、房租、票據等）。

⑭子女就學問題。

⑮子女吸毒、犯罪問題。

⑯人際關係問題。

⑰情緒或行為難以控制問題（如吵架、打架、家庭暴力、婚姻暴力）。

⑱婚姻問題。

⑲老人問題。

⑳低能兒童問題。

(2)鄰近地區及社區情況所引起的家庭問題：（註二七）

①就業機會少。

②職業訓練少。

③學校素質差。

④住家環境、治安欠佳。

⑤警衛力量薄弱。

⑥醫療設施缺乏。

⑦社區內缺乏托兒所、幼稚園、育幼中心。

⑧社區內缺乏對老人、殘疾服務設施的機構。

⑨岐視現象。

⑩社區內缺乏娛樂設施、文化設施。

⑪交通不便。

⑫市場購物不便。

3.我國當前家庭問題的透視

我國當前的家庭問題，透視起來，有下列幾項：

(1)家庭倫理式微：這是最根本的問題。我國以前非常重視倫理道德，倡導五倫之教，五倫之中，屬於家庭倫理的就有父子、夫婦、兄弟三倫，講求父慈、子孝、夫義、婦順、兄友、弟恭，因此家庭組織鞏固而健全，極少有家庭問題的存在；曾幾何時，個人主義和功利主義大行其道，工商業發達了，物質生活進步了，可是，家庭倫理卻式微，精神生活卻空虛了，家庭倫理大悲劇，層出不窮。

(2)家庭功能萎縮：現代的家庭制度，已不是從前傳統社會的家庭制度，它的結構面或功能面，都已縮小，又受到許多無法控制的經濟、社會力量的衝擊，家庭很難確保健全發展和發揮功能，本章第五節已有詳論。

(3)婚姻問題：現代的婚姻，多以自由戀愛來抉擇對象，取代了傳統父母指配的婚姻，婚姻完全以愛情為基礎，然而，處在當今功利的、現實的社會上，愛情不一定可以維繫住婚姻，加上一些人對貞操的觀念式微，婚姻暴力、離婚、外遇、婚外情等婚姻問題，層出不窮，單親家庭增加。

(4)子女教養問題：現代的核心家庭，子女數目非常少，父母很容易溺愛孩子，讓孩子嬌生慣養，要不然就採取過份嚴厲的管教態度和方式，使孩子人格無法健全發展，再加上婦女多數走出家庭而就業，造成雙生涯家庭，對稚小孩子的照顧常感力不從心，請保母，送托兒所、送安親班、找家教，都反映子女的教養問題。

(5)青少年犯罪問題：這是子女教養問題的延伸，父母不當的教養

態度和方式，會產生青少年犯罪問題，而破碎的家庭，更是青少年犯罪的溫床。

(6)代溝問題：這個問題，也和子女的教養問題有關，子女和父母的生長背景不同，在認知和價值觀上有所差異，再加上父母採取權威式的管教，便會產生代溝問題。

(7)老年問題：老年問題是世界性的普遍問題，任何一個已開發或正在開發中的國家，都有老年問題的存在。老年問題是社會問題，當然也是家庭問題。因為目前家庭的組織以核心家庭為主，老年無法和子女同住，享受含飴弄孫之樂，因而孤苦無依，在人口老化的今天，老人問題更形嚴重。

(8)家人關係問題：由於社會價值觀的影響，家人往往迷惘於角色的定位，而在定位中產生矛盾與衝突，使家人關係難以和諧，如夫婦、父子、兄弟姊妹、親屬之間，而以婆媳、妯娌之間的衝突最為明顯。

(9)鄰里守望相助問題：工商業的社會，無法像從前的農業社會，做到敦親睦鄰、守望相助，在公寓裏，家家戶戶鐵門鐵窗，自己家庭自成一個小天地，左鄰右舍不相往來，各人自掃門前雪，莫管他人瓦上霜，如有急難，難得鄰里的幫助。

4. 我國當前家庭問題的解決之道

筆者認為解決我國當前家庭問題的方法，必須努力下列事項：

(1)政府有關單位須釐定家庭政策。

(2)重視並推廣家政教育。

(3)重振家庭倫理。

(4)加強親職教育。

(5)加強婚姻指導與諮商。

(6)鼓勵建立折衷家庭，公寓住宅採三代同堂的格局。

(7)加強學校教育、社會教育與家庭教育之間的聯繫。

(8)加強守望相助，擴展親屬網絡。

重振家庭倫理道德，是筆者寫本書的主旨，這是根本所在，綱舉目張，其他的項目，在本書中將再論述，在這裏就不詳加說明了。

【附　註】

註　一：《說文》：「家，居也，从宀豭省聲。」段玉裁注說：「此篆本義乃豕之居也，引申叚借以爲人之居。」

註　二：《說文》：「庭，宮中也，从广廷聲。」段玉裁以爲「宮中」就是「中宮」，宮之中的意思，宮就是室。

註　三：龍冠海《社會學》258頁。

註　四：楊懋春《中國家庭與倫理》27頁。

註　五：蔡文輝《家庭社會學》10頁引。

註　六：同註五。

註　七：同註五。

註　八：國立空中大學《人文學概論》下冊288-289頁。

註　九：白秀雄《社會工作》441頁。

註一〇：龍冠海《社會學》第七版。

註一一：參見國立空中大學《社會學》。

註一二：高淑貴《家庭社會學》8-16頁。

註一三：參考張老師輔導叢書①《家庭與婚姻諮商》127-128頁。

註一四：王維林《社會學》161-167頁。

註一五：龍冠海《社會學》。（民國55年，三民）

註一六：楊懋春《社會學》224頁。（民國68年，台灣商務）

註一七：謝高橋《社會學》（民國71年，巨流）

註一八：廖榮利《健康與家庭生活》（74年台北市立社教館印）。

註一九：鄭慧玲譯《家庭溝通》（1981，台北獅谷）。

註二〇：王維林《中外社會問題比較研究》57-59頁。

註二一：錢穆《中國文化導論》43頁。

註二二：藍采風《美滿家庭的特質》（載《婚姻與家庭》月刊第六卷第四期）。

註二三：瑪麗拉曼納（Mary Ann Lamanna）與艾格尼雷德門（Agnes Riedmann）
　　　　合著，李紹嶸、蔡文輝合譯《婚姻與家庭》（Marriage and Family）
　　　　100-102頁。

註二四：Robert E.L. Faris,『Interaction Q Generations and Family Stabi
　　　　-lity.』in M.B.Sussman ced.,Sourcebook in Marriage and the
　　　　Family, 『Houghton mifflin Company,1963,PP.396-380,』朱岑樓《
　　　　婚姻研究》107頁引。

註二五：尹蘊華《家庭教育》49頁引。

註二六：李紹嶸、蔡文輝合譯《家庭與婚姻》 317頁附錄—中國家庭之今昔。

註二七：參考張老師輔導叢書《家庭與婚姻諮商》235-242 頁。

第二章　認識倫理與倫理學

一、倫理的意義

1.「倫」的意義

倫字的本義是「輩」，後來解釋爲「類」、「比」、「序」、「等」的意思，都是從「輩」這個意思引申而來。（註一）

我們人類必然群類而相比，等而相序，相待相倚地生活在一起，所以「倫」是說人群相待相倚的生活關係（註二），換句話說，倫是人倫的略稱，用今天的話來講，就是人事方面的相對關係，譬如父母、子女、兄弟，各爲相對關係的一方，是兩個相對的名詞，是兩個倫類。

2.「理」的意義

「理」字的本義是「治玉」，引申開來，有分析精微的意思，所以說分理，凡是說「條理」、「文理」、「脈理」等，都是可以相別異的分理，而自然的分理，我們稱爲天理。（註三）理有解析精微適切的意思，也就是精細辨析萬物間自然存在的條理或律則。

3.倫理的意義

倫理一詞，在我國的典籍裏，最早出現在《禮記》的〈樂記篇〉，〈樂記〉說：「凡音者，生人心者也。情動於中，故形於聲，聲成文，謂之音。……凡音者生於人心者也。樂者通倫理者也。」鄭玄〈注〉「倫理」一詞說：「倫，猶類也；理，分也。」孔穎達〈疏〉說：「樂能經通倫理也，陰陽萬物各有倫類分理者也。」因此，倫理就是「萬物的倫類分理」，人生而有群，有群就會有倫，而人與人相待相倚之間，一定有其道理法則，這個道理法則就是群道，就是倫理，倫理就是人群生活關係中範定行爲的道德法則。

　　劉申叔在《倫理教科書》中說：「倫字本義訓爲輩，其字从人侖，蓋人與人接，然後倫理始生。理字本義訓爲治玉，引申之，則爲區分之義。凡事物可以區別的是謂物理，而人心之能區別事物的謂心理。所以科學之以理字標目者，皆含有條理秩序之義。倫理者，猶言人當守其爲人之規則而各遵其秩序耳。」（註四）

　　先總統蔣公在〈政治的道理〉一文，對倫理有明確透徹的解釋，他說：「倫就是類，理就是紋理，引申爲一切有條貫、有脈絡可循的條理。是說明人對人的關係，這中間包括分子對群體的關係，分子與分子間相互的關係，亦即是人對家庭、鄰里、社會、國家，和其他人類，應該怎麼樣相處，闡明他各種關係上的正當態度，訴之於人的理性而定出行爲的標準。」（註五）在這個定義當中，「應該」、「正當」、「理性」等三個要點，特別值得我們注意。

　　美國華盛頓大學美爾登教授對「倫理」的解釋是：「倫理指我們稱許爲善的、可欲的、對的、義務的與有價值的習俗行爲、動機或品格。在這意義上，這個詞是美稱，和『反倫理』『不道德』（unethical, immoral）詞義正相反。在廣義的用法上，『倫理』指我們贊同或不贊同的行爲、品格、動機等，和『非倫理』『非道德』（nonethical, non-moral指不屬於倫理的）詞義相對。當我們談到一個人的『倫理』時，卻是意指他所贊同的一套行爲規範或原則。」（註六）

　　總而言之，倫理原來是指人的輩分類序，而輩分類序是用來劃分人與人關係的等第的，每一種關係就是一倫，每一倫的行爲標準或道德規律，就是那一倫的倫理，所以倫理一詞，就是人和人相處的道理，也就是做人的道理。（註七）

二、倫理與道德

　　《說文》也用「道」來解釋「倫」字，我國的道家和儒家都講道，但是含意不同，道家所講的道，是指天地萬物所共循的原理，它的主旨是「自然」；而儒家所講的道，是指人類在日常生活上所應共同遵行的路，是人類行為規範和理性的法則。陳立夫先生說：「人生共生、共存、共進化的路，就是道；人類所具有此共生、共有、共進化之潛能，就是性；人類實現此共生共存共進化之道之生命原動力，就是誠；人類本乎生命原動力而行此共生共存共進化之道之所得，就是德。」（註八）因此我們知道，道是人類一切行為所應遵行的法則，德是本乎這些法則，發於內在的心志意識，顯示外在行為的實踐。換句話說，道德是人類的仁心或良心在行為上的表現，也就是仁心或良心的外在化。而所謂的仁心，就是孟子所說的「惻隱之心」，就是「好生之德」；所謂良心，是理智對於行為的善惡，以及對於行為當做或不當做所作的實際判斷（註九）。一般人的道德，來自於本身的仁心或良心、社會的風俗習慣、本身所來往的人物、師長的訓誨，以及倫理道德方面的書籍。

　　倫理與道德的涵義，雖然不完全相同，但是作用是彼此相通的，基本上，倫理是規範人群間基本關係的道理，是一種道德原則（moral principles）和分辨是非（right or wrong）的架構，也是社會所有的成員，應該共同遵循的行為準則；而道德也是一種判斷是非善惡的標準，兩者是一體的兩面，相輔相成，密不可分；而且倫理與道德兩者都是文化的主要內容，道德又是倫理的主要內容，所以，任何文化如果離開了倫理與道德，就空無所有了，而倫理如果缺少了道德，也一樣等於名存而實亡了，沒有什麼意義。

三、倫理的內涵

(一)我國人倫之本

　　孝弟忠信四德，是我國人倫之本。孔子說：「弟子入則孝，出則弟，謹而信，汎愛眾，而親仁。行有餘力，則以學文。」（註一〇）又說：「君子務本，本立而道生；孝弟也者，其爲仁之本與！」（註一一）又《孟子》說：「壯者以暇日，修其孝、弟、忠、信；入以事其父兄，出以事其長上。」（註一二）是孝弟忠信四德，是我國儒家特別強調的重要道德項目，孝悌是做人的本分，也是家庭倫理的根本。孝悌是家庭道德，孝以事父，悌以事兄；忠信是社會道德，忠以事上，信以事長（含長輩及平輩的朋友）。

(二)倫理道德體系

　　我國自古迄今倡導八德、即忠、孝、仁、愛、信、義、和、平，這八德可以仁義來統攝，茲錄袁簡《中國固有道德體系分析表》如下：（註一三）

人倫區分	代表德目	基本德目	適用對象	適用場所	基本性質	實踐原則	實踐方法	終極目的
家庭倫理	仁（愛人）	孝	父母	家庭	血緣關係	有為為（勿以善小而不為）	己達達人 己立立人	明德新民，止於至善
		悌	兄弟					
國家倫理		忠	君上	國家	政治關係			
		信	朋友					
社會倫理	義（自愛）	禮義廉恥	一般眾人	社會	文化關係	有守（勿以惡小而為之）	己所不欲 勿施於人	

　　又我國古代無「倫理學」這個名詞，有關古代倫理的理論事實，全都只用一個「禮」字來概括，對於五倫和自然界的關係，又往往用

「道」和「極」稱之，對人也是一樣，其範圍比西方倫理學更爲廣泛，袁簡據此，曾有〈中國倫理道德體系總表〉，茲錄於下：（註一四）

　　我國倫理道德體系總表

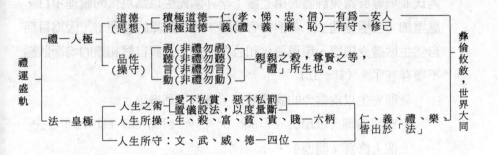

（三）五　倫

　　《孟子》〈滕文公篇上〉說：「人之有道也，飽食煖衣，逸居而無教，則近於禽獸。聖人有憂之，使契爲司徒，教以人倫：父子有親、君臣有義、夫婦有別、長幼有序、朋友有信。」父子、君臣、夫婦、長幼、朋友等五種人與人之間的生活關係，就是所謂的「五倫」，五倫是我國倫理架構的基礎，因爲我國的人倫關係，通常以此五倫爲基礎，而婆媳、翁婿、姑嫂、嫂叔（伯）、妯娌之間的關係，都可以就其丈夫或妻子所處的身分地位，比照適用，沒有另成一倫的必要。但是，隨著時代與社會的變遷，以現代的思潮而論，五倫中君的含義，是指國家、國民、人民的元首（領袖），機關或團體的首長；而臣的含義，是指各級政府的公職人員，包括公務人員及中央、地方的各級民意代表，機關或團體的部屬，這是一倫。父子就是父母、子女這一倫。夫婦就是丈夫、妻子這一倫；長幼這一倫，是指兄姊、弟妹；朋友這一倫，是指一般平輩的人們，或不是前述四倫的人士。

　　有學者以為我國原有的五倫和倫理內容，對當前的社會複雜關係，似乎不能應付裕如，人類學家芮逸夫先生倡導五倫之外增加個人與群體的第六倫，也就是總統府資政李國鼎先生所倡導的「群己倫理」，芮氏並倡導群體與群體的第七倫；李亦園先生以為現代的倫理項目，應增加「生態倫理」、「消費者倫理」和「知識的倫理」，因為目前自然生態遭受破壞，環境惡化和公害形成，人與自然和諧的均衡狀態不復存在了。（註一五）

　　袁簡先生以為當今的倫理關係，應有下列幾項：

1. 自我倫理（ethics of ego or psychological ethics）——個人修養（明德）。

2. 家庭倫理（family ethics）：齊家倫理（親親）。

3. 學校倫理（school ethics）：師生倫理（尚友）。

4. 社會倫理（social ethics）：治國倫理（仁民）。

5. 對事倫理（the relations between man and affairs or logical ethics）：思維方法（事理）。

6. 對物倫理（the relations between man and material）：財務管理（財務）。

7. 生態倫理（the relations between man and environment）：環境保護（環境）。

8. 時間倫理（the relations between man and time）：時間運用（時間）。

9. 空間倫理（the relations between man and space）：空間運用（空間）。

10. 本體倫理（the relations between man and substance）：本末主從的認識（本體）。（註一六）

　　又當今每一種職業或行業，都需要講求其專業特性的倫理，因此，

又有所謂的醫學倫理、宗教倫理、企業倫理、商業倫理、工業倫理、政治倫理、國會（議會）倫理、新聞倫理、社工倫理、律師倫理、教育（校園）倫理等。

黃建中先生以為倫理並不限於人與人之關係而已，所謂個人倫理、家庭倫理、社會倫理、國家倫理、世界倫理，還沒有超乎「人類間的關係」之外，還須根據社會生物學、動物心理學，博究「人類外的關係」。（註一七）

四、中西倫理的比較

我國倫理的特質，是以人為中心，重視人性和理性，具有仁愛、平等、王道三種精神，以仁義立極，以忠恕存心，以孝悌為本，心物雙攝，忠信篤敬，相對相成，放諸四海而皆準，與西方倫理思想不同。依據喬一凡的分析，現代西方倫理思想是：

　　1.個人主義功利思想

　　　(1)重智、重物質、尚科學、唯物史觀。

　　　(2)重功利、尚競爭、賤讓德。

　　　(3)重現實、尚權利、棄道義。

　　　(4)重個人福利，個人第一。

　　2.社會主義集體思想

　　　(1)重物、尚科學、唯物史觀。

　　　(2)重現實、尚功利、去道義。

　　　(3)重集體生活，不以家庭為單位，無個人自由。

　　　(4)重極權專政，無產階級專政。（註一八）

黃建中先生對中西的倫理觀，有非常詳細明確的比較，他說：「大致說來，西方人的倫理概念比較重視理論的探討，也常常與神（上帝）扯在一起；而中國人則比較重視現實人生中倫理行為的實踐。以

西方哲學家為例，亞里斯多德（Aristole）以為倫理學是『品性』之學；蘇格拉底（Socrates）和柏拉圖（Plato）則以為倫理學是『至善』之學。又自斯多噶（Stoics）以迄德國康德（Immanuel Kant），都以倫理學為『道德與義務』之學，而英人霍布士（T.Hobbes）則以倫理學為『判斷正邪、善惡』之學。」（註一九）

在中國人看來，倫理學不僅是一種「詮釋」的科學，也是一種「規範」的科學，不僅是一種「理論」的科學，更是一種「實踐」的科學；不僅在於教人如何去「知」（to know），尤在教人如何去「行」（to do）。換言之，中國人的倫理必須是知與行並重的，對於倫理的認知，也比西方人的倫理觀念更有條理和系統，且對人際關係的界定也更為明確清楚，絕對不像西方某些國家那樣的含混籠統。如伯伯、叔叔和舅舅，中國人分得清清楚楚，外國人只有一個 uncle稱呼之，假使不在其前面再加上一個 elder或younger，則不知是指伯伯、叔叔，還是大舅、小舅？又如姑母和姨母，中國人也分得清清楚楚，外國人卻只有一個aunt稱呼之，根本弄不清楚它是指姑媽、姨媽？還是指伯母、嬸母或舅母？又如 brother和sister也弄不清楚它是指哥哥或弟弟？姊姊或妹妹？至於表親，中國人對於姑表兄弟、舅表兄弟或姨表兄弟，姑表姊妹、舅表姊妹、姨表姊妹，都分得清清楚楚，而外國人卻只有一個cousin稱呼之，弄不清楚它是指堂兄弟、堂姊妹？或是表兄弟、表姊妹？至於婚姻關係或其他法律事實而產生的倫理關係，就更為籠統了，通常只在某一倫理稱謂之後，附上in law字樣，以資區別，例如 father and mother in law，可能是指岳父母，也可能是指乾爹乾媽、義父義母，也可能是指公公婆婆。（註二○）

再則，我國的倫理與政治結合，而歐美的倫理與宗教結合；我國的倫理以家族為本位，而歐美則以個人為本位；我國的倫理主義務平等，而歐美則主權利平等；我國的倫理重私德，而歐美則重公德；我

國的倫理尚敬，而歐美則尚愛，也是中西倫理較爲明顯的相異地方。
（註二一）

五、倫理學的意義

在各書中對於倫理學的定義或界說，有的從範圍上，有的從本質
上，有的就目標和方法上來說明，所以言人人殊，莫衷一是。

我國的文化，各來以倫理爲主流，對倫理的理論研究和實踐，淋
漓盡致，深邃透徹，但是從來就沒有「倫理學」這個名詞。

倫理學起源於希臘，希臘文叫「ēthos」，英文叫Ethics，拉丁
文叫Ethica，法文叫 Ethique，德文叫 Ethik。希臘文 Ethos的原
義，是指風俗習慣（custom or habit），後來又兼指品性氣質（
character or disposition）。就廣義來說，風俗習慣包括社會一切
規範、慣例、典章、制度，因爲一個民族或一個團體的風俗習慣，就
是該民族或該團體內，人與人相處的道理或規則，是人人所應該遵守
而不可違背的。所以，就字義來說，倫理學是一種研究個人品性氣質
或某一社會風俗習慣的學術。品性是指性格或品格，都是人的行爲模
式，風俗習慣是社會的行爲模式，所以，倫理學是心理學的研究範圍；
社會行爲模式，又是社會學、社會心理學、人類學、文化人類學的研
究範圍，倫理學並不等於心理學或社會學，並非研究一般的行爲　，
而是研究有倫理或道德意義的行爲，所以我們應該說，倫理學是研究
人和社會倫理道德行爲的學問。

美國哲學家杜威說：「道德學是從邪正善惡的立場去研究行爲的
科學。」（註二二）

《大英百科全書》對倫理學的解釋是：「倫理學是哲學的一部門。
它關涉什麼是道德上的是非善惡。它的同義詞是道德哲學。傳統上，
倫理學職在分析、評估以及發展規範性道德判準，以處理道德問題。」（

註二三）

《西洋哲學辭典》對倫理學的解釋則是：「廣義地，對倫理事實作任何理論研究，均可稱爲倫理學。倫理事實包括倫理價值觀、倫理規律、倫理標準、德性行爲、良心現象等。」（註二四）

美國密西根大學哲學教授法蘭克納，著有《倫理學》一書，他說：「倫理學是道德哲學，或對道德、道德問題以及道德判斷的哲學思考。」（註二五）

因此，我們知道，西洋的倫理學，早已不是專門討論風俗習慣，而是討論一般行爲的科學，普通倫理學教科書，多半界說倫理學是行爲的科學，如麥肯西（Mackenjie） 就說：「倫理學是行爲科學，是論究人類行爲之與是非或善惡有關的。」（註二六）

黃建中先生《比較倫理學》一書，彙集了九種西洋倫理學的界說：①研究行爲與品性之學，②研究終鵠或至善之學，③研究道德律與義務之學，④判斷邪正善惡之學，⑤研究人類幸福之學，⑥研究道德覺識之學，⑦研究道德事象之學，⑧研究道德價值之學，⑨研究人生關係之學。讀者可參閱該書，以明其詳。

至於我國學者對倫理學的界說，舉要列述於下：

黃建中先生以爲：「倫理學者，論定人群生活關係之行爲價值、道德法則，窮究理想上至善之鵠，而示之以達之之方者也。」他又說：「宇宙內人群相待相倚之生活關係曰倫，人群生活關係中範定行爲之道德法則曰倫理，察其事象，求其法則，衡其價值，窮究理想上至善之鵠，而示以達之之方曰倫理學，道德哲學異名同意，可以互稱。」（註二七）

范捷雲先生說：「倫理學是研究實踐道德價值之學，所以示人以準繩與最高理想目的者也。」（註二八）

謝幼偉先生以爲倫理學一方面雖當討論行爲，一方面尤當討論人

生的理想，確定了人生的理想，然後能確立人類的行爲，倫理學應該包含一種人生觀及一種行爲論。所以他對倫理學的界說是：「探討人生的理想和規定實現此理想之正當行爲的科學。」（註二九）

陳百希先生以爲：「倫理一詞，即是人倫（五倫）之理」，倫理學就是研究五倫間彼此關係的學問……倫理學是研究人的行爲的絕對規範科學。」（註三〇）

龔寶善先生以爲：「倫理學是探討人類道德的本質，確立人生至善的理想，判斷行爲的是非和價值，指示人生應有的修養，以求其實踐的規範科學。」（註三一）

董正之先生的看法是：「倫理學以覺明本性，立己修身，兼覺明他人，淑世善群爲主旨；圓滿人性之昇華，而達到至高無上之境界者也。」（註三二）

袁廷棟先生說：「倫理學的眞正定義是：依據理性來研究人的行爲的絕對規範科學。」（註三三）

王臣瑞先生以爲倫理學是以人的理智，研究人行爲的絕對規範科學和實踐科學。（註三四）

胡自逢先生說：「倫理學研究人類一切倫理事實，凡人類行爲的性質、行爲的標準，良知的表現，法律的基礎等，均包括在內，質言之，倫理學是講作人之道的學問。」（註三五）

劉眞先生對倫理學所下的定義是：「倫理學是探究人生的意義，闡明人與人相互的關係，並確立人類行爲標準的學問。」（註三六）

袁簡先生說：「倫理學是一種詮釋科學，也是一種規範科學。所謂『詮釋科學』（Explicative sciences），就是以自然科學或社會科學中既有事實，予以精確的分類、分析和解釋，藉以探求其原委因果而爲『實然』的判斷，而不必一定涉及價值判斷；所謂『規範科學』（Normative sciences），則是研究者應先依據一定的標準（或理想），以

確立某些法則，而後再衡諸於人類社會的價值觀點，以為『當然』的判斷，有時根本不問其標準（理想）之存在與否。」（註三七）他又說：「倫理學其實就是人類把自然法則的道理運用於人群社會，使能成為人類思想與行為的共同規範。」（註三八）

　　王開府先生對倫理學所下的界說是：「倫理學是以倫理事實的真切了解為基礎，運用精確的語言分析倫理概念及倫理判斷，並進而建立合乎人性的倫理規範，有助於倫理生活的實踐的一門學問。」（註三九）

　　筆者歸納以上的引述，以為倫理學是研究人和人相處的道理，以倫理的認知和判斷為起點，以倫理的實踐為過程，以使人生及社會都能達到至善境地的一門規範性和實踐性的學問。這樣的說法，可能比較能夠含融倫理學的本質、方法和目標。

【附　註】

註　一：《說文》：「倫，輩也，从人侖聲。一曰道也。」段玉裁說：「軍發車百輛為輩。引申之，同類之次曰輩。」《荀子》〈儒效篇〉注：「倫，等也，言人道差盡於禮也。」《禮記》〈文王世子〉鄭注云：「倫謂親疏之比也。」《孟子》〈離婁篇下〉趙岐注說：「倫，序，……識人事之序。」

註　二：黃建中《比較倫理學》24頁。

註　三：《說文》：「理，治玉也，从玉里聲。」段玉裁注說：「《戰國策》鄭人謂玉之未理者為璞，是理為剖析也，玉雖至堅，而治之得其鰓理以成器不難，謂之理。凡天下一事一物必推其情至於無憾而後即安，是之謂天理，是之謂善治。」

　　　　戴東原《孟子字義疏證》說：「理者，察之而幾微，必區以別之之名也，是故謂之分理，在物之質曰肌理、曰腠理、曰文理，得其分

則有條不紊，謂之條理。」

註　四：謝幼偉《倫理學大綱》 1-2頁及龔寶善《現代倫理學》引。

註　五：謝幼偉《倫理學大綱》 2頁引。

註　六：見美爾登《倫理學說讀本》 1頁。

註　七：林有土《倫理思想的演進》 5頁。

註　八：陳立夫《生之原理》。

註　九：王臣瑞《倫理學理論與實踐》321頁

註一〇：《論語》〈述而篇〉。

註一一：同註一〇。

註一二：《孟子》〈梁惠王篇上〉。

註一三：袁簡《中國倫理思想》65頁。

註一四：袁簡《中國倫理思想》74頁。

註一五：詹火生等空中大學用書《社會學》 106頁。

註一六：袁簡《中國倫理思想》423-424頁。

註一七：黃建中《比較倫理學》修訂再版自序。

註一八：喬一凡《中國倫理大綱》。

註一九：黃建中《比較倫理學》第二章。

註二〇：袁簡《中國倫理思想》 5-6頁。

註二一：董正之《倫理學通論》235-236頁。

註二二：杜威《道德學》 1頁。

註二三：《大英百科全書》18冊 627頁。

註二四：項譯《西洋哲學辭典》 142頁。

註二五：法蘭克納《倫理學》 3頁。

註二六：Mackenjie：The Manual of Ethics 1頁。

註二七：黃建中《比較倫理學》21頁。

註二八：范捷雲《倫理學》。

註二九：謝幼偉《倫理學大綱》　3-4頁。

註三〇：陳百希《倫理學》17-18頁。

註三一：龔寶善《現代倫理學》　8頁。

註三二：董正之《倫理學通論》21頁。

註三三：袁廷棟《普通倫理學》　2頁。

註三四：王臣瑞《倫理學理論與實踐》5-10頁。

註三五：胡自逢《中國倫理》14頁。

註三六：劉眞《儒家倫理思想述要》　3頁。

註三七：袁簡《中國倫理思想》18頁。

註三八：袁簡《中國倫理思想》35頁。

註三九：王開府《儒家倫理學析論》14頁。

第三章　婚姻的倫理

　　婚姻是一個人的終身大事，是人類兩性的最基本組合，在傳統的社會裡，男大當婚女大當嫁，是理所當然的，對絕大多數的人來說，婚姻是人生必經的階段。如果說家庭是社會組成的基本單位，那麼婚姻則是建立家庭的基點。有了婚姻才有夫婦，有了夫婦才能組織家庭，所以，《中庸》說：「君子之道，造端乎夫婦。」《易經・序卦》說：「有天地然後有萬物，有萬物然後有男女，有男女然後有夫婦，有夫婦然後有父子，有父子然後有君臣，有君臣然後有上下，有上下然後禮義有所錯（措）。」所謂禮義，係指倫理而言，夫婦組成家庭以後，生男育女，繁衍種族，然後才有父子、兄弟、長幼及其他的倫理關係，因此，夫婦這一倫，是家庭倫理的開端，而夫婦倫理的建立，必經婚姻的過程，婚姻的倫理是家庭倫理、甚至於是一切倫理的起始。

　　生民之初，男女雖然有性的結合，只是基於人類保種的自然法則而已，並沒有夫妻的名義，也沒有婚姻這回事，這種兩性關係的表現，不是一種社會現象，而只是一種自然現象，等到人類知識發展以後，男女的結合逐漸有了規範，才構成婚姻制度。

　　要有健全的家庭，首先必須有幸福美滿的婚姻，當然，幸福美滿的婚姻，是人人夢寐以求的，然而，幸福美滿的婚姻，並不是與生俱來的，而是必須精心營造的，在我們營造幸福婚姻的過程中，有的人真的得到幸福的婚姻，可是也有些人的婚姻卻發生了問題，甚至於連家庭也發生了問題，弄得妻離子散，家毀人亡。本章在探討婚姻的倫理，也就是在找出營造幸福婚姻的途徑。

一、婚姻的語源

婚姻的「婚」字，原本只作「昏」，如《儀禮、士昏禮》，後來為了和黃昏、昏暗的「昏」字有所區別，另加女字旁，以表示這是人生的大事，才有後來「婚」的專用字。就其語源來探究，婚姻具有三個意義：

(一)指嫁娶的儀式

男女正式結合為夫妻的儀式，被稱為「昏」禮。東漢鄭玄的《三禮目錄》說：「士娶妻之禮，以昏為期，因而名焉。」是說古代士者娶妻，一定是在黃昏的時刻，所以稱為「昏禮」。唐朝孔穎達說：「男以昏時迎女，女因男而來，⋯⋯論其男女之身謂之嫁娶，指其好合之際，謂之婚姻，其事是一，故云婚姻之道，謂嫁娶之禮也。」

人類早期的婚姻方式是「搶婚制」，在一場爭奪之後，新郎在親友的環衛之下，把新娘「搶」回家。所以婚娶的「娶」字，最早也只作「取」而已，黃昏是最適當的「搶人」時刻。

(二)指夫妻的稱謂

鄭玄的《禮記・經解》註說：「昏姻謂嫁取也，婿曰婚、妻曰姻。」孔穎達的《疏》說：「案《爾雅・釋親》云：婿之父為姻，婦之父為婚，此云婿曰婚，妻曰姻者，《爾雅》據男女父母，此據男女之身，婿則昏時而迎，婦則因而隨之，故云婿曰昏，妻曰姻。」據此，婚姻就是指夫妻而言。

(三)指姻親的關係

《爾雅、釋親》說：「婿之父為姻，婦之父為婚，⋯⋯婦之父母，婿之父母，相謂為婚姻，⋯⋯婦之黨為婚兄弟，婿之黨為姻兄弟。」據此，婚姻又指姻親的關係。

二、婚姻的意義

婚姻在不同的社會和時代，有其不同的意義，因此，要爲婚姻下一個包羅無遺的定義是不可能的，茲就法學、社會學、人類學和心理學的觀點，引述學者的意見來說明。

(一)從法律的觀點來看

1. 黃右昌說：「婚姻乃具備法定要件之一男一女，以終生的共同生活爲目的的結合關係。」（註一）

2. 《羅馬法》說：「（婚姻）是男與女的結合，並作終生之伴侶，爲神與人權的交流。」（註二）

3. 在教會法上，認爲：婚姻是一種契約，由於此一契約，男女互相奉獻自己，彼此在身體上接受一個永久而排他性的權利，這個權利就是因爲生育的行爲是也。（註三）

4. 李永然律師說：「所謂婚姻，係指由男女雙方依照社會風俗或法律規定所建立的夫婦關係，且以充實生活要素，安定生活爲目的的制度；由婚姻關係組成家庭，由許多家庭再組成社會。」（註四）

5. 婚姻在法律上是屬於「身分行爲」的一種，所謂「身分行爲」，是指締結或改變彼此間的身分關係的法律行爲。婚姻行爲就是以締結或消滅彼此間「配偶」的身分關係的法律行爲。婚姻行爲通常是一種契約。所謂「契約」，是指這個行爲是雙方締結的，必須經過雙方的同意。（註五）

(二)從社會學的觀點來看

1. 哈特（Hart）說：「婚姻是男女有機作用之功能上的關係，包括正常的性關係與養育子女。二人結爲一體，而且，是二人間功

能上的關係、習慣、友誼、財富、理想、態度、目標之建立。
……婚姻是一種創造性的事業，積極除去阻礙，並增加相互的
鬆弛（ Mutual release）和共同的成就（Joint attainment）。
因此，愛情不只是情感，更是一種設計，而為一切永久、創造
性的社會關係之基礎。」（註六）

2.蒲其斯及洛克說：「動物是配對，只有人類結婚。」（The
animal mates, but man marries）

3.衛史德馬克（Wester marck）在其《人類婚姻史》一書中說：「
婚姻是男女相當穩定的結合，其持久的程度，不僅限於繁殖，
且延長至兒女出生以後。」（註七）

4.社會學家格羅甫（R.Groves）說：「婚姻是公開宣布和合法登記
的一種同心協力的新經驗。」（註八）

5.朱岑樓先生說：「婚姻是指社會認可之配偶安排，特別是關於夫
與妻之關係，依通常用法，含有兩個觀念：①一男一女同居，
共同創立家庭，②婚姻有別於其他方式性的結合，如婚前婚外
通姦等。無同居及養育子女之意圖，僅係臨時性之交媾，則不
能視之為婚姻。」（註九）

6.龍冠海先生說：「婚姻普通是指男女依照社會風俗或法律的規定
所建立的夫妻關係。」（註一○）

7.張宏文先生：「婚姻有四項社會學的意義：①性關係的男女得到
社會認可，②夫妻關係獲得法律地位，③透過家庭，繁衍子孫，
文化得到傳承，④規範男女雙方的權利與義務。」（註一一）

8.白秀雄先生說：「從社會學的觀點，婚姻是具有法律行為能力者
自由制定的一種契約。事實上，愛情、尊敬及婚姻關係之成功，
是不可能以法律獲致。因此，與其說婚姻是雙方制定的一種契
約，不如說是雙方當事人與國家的一種契約。換句話說，婚姻

是獲得社會認可的配偶安排，婚姻帶來雙方關係與地位的改變。」（註一二）

(三)從人類學的觀點看

1. 人類學家羅威（Lawie）以爲婚姻是男女兩相情願的一種相當永久的結合。（註一三）

2. 以人類學的定義來看，婚姻是一個社會化的性結合，至是公開性、永久性的，並且有明確的婚姻合約，指出夫婦間以及夫婦和其子女中間的互惠義務。婚姻是一個男女性之間的結合，至少包括一男和一女。婚姻是對性關係和生育子女之合法化或給予同意。婚姻是一公開的事件，而非私下之個人事件，婚姻是高制度化之配對安排。婚姻對夫婦間之互相互惠之權利與義務有些規定，婚姻對夫婦關係予以某種程度之永久性的假定。（註一四）

(四)就心理學的觀點看

婚姻是相互的成全，彼此提供愛的環境，是自我的延伸與開展。婚姻是種藝術，人們渴望從其中獲得「二位一體」的契合，又不願失落「自我」的獨立。這就像在浩瀚的宇宙中，有著無數的星球，我們企望找一個能夠互放光芒的星球，而非遮掩原有的光采。兩座恆星的結合，相互輝映，即是相互成全。（註一五）

三、爲什麼要結婚？

英哲培根說：「人在結婚生子以後，就像是給命運之神留作了人質一般。因爲妻兒使你前後牽掛，無形中成爲事業的包袱；所以當你有許多計劃和理想時，也都難以實現。」這話的意思，似乎在暗示人不要結婚。可是，他又說：「婚姻的愛，使人類延續不絕，朋友的愛，使人類臻於善境。」又說：「妻子是青年時期的愛人，壯年時期的伴

侶，老年時期的褓姆。」那麼，到底我們要不要結婚？為什麼要結婚？且先從婚姻的動機目的、功能、理由等來探討。

(一)婚姻的動機和目的

德國社會學家穆拉來爾（F.Muller-Lyer），在《現代婚姻之演變》（The Evolutin of Modern Marriage）一書中，歸納人類結婚的動機有三：經濟、子女與愛情。這三個動機，因時代不同而有所偏重，上古時代，經濟第一，其次子女，愛情第三；中古時代，子女第一，經濟其次，愛情仍在其末；現代則愛情至上，子女次之，經濟殿後。（註一六）

我國自周朝以來，宗法社會已經成立，婚姻的目的，是以擴大家族，繁衍子孫為主，經濟的目的反居其次。而在兩性戀愛的需要方面，因講男女有別，授受不親，比較不重視。然而現代人對婚姻的期待，已不是傳宗接代，繁衍種族，也不僅是兩情相悅，也不只求經濟的安全，子女的成長，更希望從婚姻中滿足個人愛人與被愛的心理需求，與情緒的彼此支持，甚至企求透過婚姻，獲得知性與理性的成長，追求自我的理想與抱負。（註一七）

有的學者以為婚姻的目的，有生物的、社會的、經濟的和心理的四項，生物的目的就是滿足性的需求，社會的目的就是維持或提高社會地位，經濟的目的是滿足生活物質需求，心理的目的是從愛情出發，以追尋人生的意義。傳統的婚姻較重視社會的和經濟的目的，而現代則較重視生物的和心理的目的。

(二)婚姻的功能

1.生理的功能

飲食男女是人的大欲，而性的正當滿足，必須透過婚姻關係。婚姻保障一對男女根據夫妻的契約關係，與固定專一的對象從事性生活，如此男女的性關係得到社會的認可，夫妻關係也獲得法律地位，防止

混亂的性關係，避免性病的散播，所以有人說，婚姻是公開允許男女發生性行爲的執照。研究不同社會制度比較的社會學家 Murdock曾分析說：「婚姻伴侶的性關係，是家庭的基本功能。」當年英國查爾斯王子與黛安娜王妃成婚時，英國大主教在數以億計的觀禮者和收看轉播的世人面前，還勸小倆口多「同房」呢！

2.心理的功能

心理的功能是指情感的分享、愛人與被愛。心理學家馬斯洛說：「人們的五大需求中，有相屬與相愛的需求，這種需求是一種強烈的社會需求，可以和別人保持和諧關係，又爲他人所接納。」婚姻可以滿足人類愛情的需要，同心協力創造美好的未來。美滿的生活建立於幸福的家庭，幸福的家庭基於健全的婚姻。婚姻不但是男女生理的結合，也是精神的契合，男女彼此在情感上互相慰勉，取得永久的安全感。

3.經濟的功能

在希臘文中，家庭是由 Oikonomia一詞轉化而來的，Oikonomia原文就是Economics，表示家庭原本就是經濟組織。夫妻要分擔經濟生活，所謂「男主外，女主內」，就是代表夫婦要互相依賴和分工，共享財產，增加收入，互助互濟，使衣食住行育樂等基本生活需要，彼此獲得最美滿的享受。

4.社會的功能

婚姻與家庭都是人類所發明創造的優良社會制度之一，世界上稍微具有一些文化水準的民族，都有其婚姻與家庭制度。婚姻關係是一切人際關係的根源，而家庭制度又是一切社會制度的雛型，家庭是社會組織的基礎，給予新生的子女社會化。因此，婚姻不僅是家庭倫理的始基，實際上也是人類社會一切文明進步的起點。學者Bell和Vogel說：「經由婚姻和家庭，社會中的成年人可以給予下一代紀律、

關愛和道德訓練。」婚姻可維持並增進夫婦的社會地位，保障社會所承認的夫妻資格、權利和義務，並與配偶的親屬相結聯而建立親屬關係，美好的婚姻，不僅給予個人幸福和安全，也是促進家庭愉快、社會安全的主動力；失敗的婚姻，當事人直接受痛苦，子女蒙害，而也給社會間接帶來困擾與不安，所以說婚姻是社會組織的基礎，社會病態萌生的根本原因，在於不健全的家庭，而不健全的家庭，又大多是婚姻不美滿的結果，婚姻的社會功能，由此可知。

5.繁衍種族的功能

　　夫婦因合法的性生活生男育女，延續種族，有種族而後有民族，有國族，有國家，一個民族的盛衰，國家的興亡，都以家庭為基礎，而婚姻又是建立家庭的起點，所以說國之本在家，家之本在婚姻。《禮記・昏義》說「婚禮者，將合二姓之好。」俗說：「二姓合婚」，婚姻是兩個姓氏的事。

（三）結婚的理由

　　婚姻雖然不是人生的全部，但是，結婚是體驗人生的捷徑，婚姻也是人生的實踐，婚姻是造就完美的人生歸宿，不結婚等於人生空缺了一大半（註一八）。但是，話說回來，有人基於正當的理由而結婚，有穩定的婚姻生活；有人結婚的理由不正當，沒有穩定的婚姻生活。如果基於前面所分析的婚姻動機目的與功能，願意在生命中與另一個人建立親密關係，養育子女，欣賞對方的個性、態度、價值、興趣等人格特質，應是正當的理由。

　　黃麗琴根據鄭為元及廖榮利（註一九），從個人到社會的立場，分析女性結婚的原因，歸納為十項，這十大理由，大半也可適用於男性，茲錄如下：

　　1.從結婚中獲取愛情，滿足性慾及追求長期共同生活的好伴侶。

　　2.結婚使女性擁有丈夫和孩子的歸屬感，乃是女性在社會上價值

的肯定和有意義人生的具體表現。

3.透過婚姻以達成政治上或經濟上的交換或依賴。

4.以結婚來結束單身女人的心境。

5.藉結婚以逃避父母在經濟上、心理上之壓迫，或企求從父母處獨立。

6.社會化過程的認知結構，導向家庭角色。

7.純粹因婚姻前缺乏「準家庭」之共識或了解，誤認為家庭的經營是件輕而易舉的事，因而以浪漫或不明究理而結婚。

8.正式與非正式教育媒介及傳統社會壓力的影響，為結婚而結婚。

9.競爭能力、成就動機不如男性般被鼓勵而顯低落，於是社會給女性安排一條「易走難通」的道路，使她可免於社會成就的期許與壓力，專心致意地滿足家人的需求。

10.從結婚來實現社會對女性角色的期望。（註二○）

而不正當甚至於錯誤的結婚理由，有下列幾項：

1.奉兒女之命成婚：這牽扯到婚前性行為的問題，在戀愛時就有了性行為，懷了孕，生米已煮成熟飯，被迫勉強結婚。根據戶政資料和省政府家庭計劃研究所的統計，約有四分之一的頭胎，是父母成婚八個月之內出生的，這是否會影響婚姻生活，當然不可一概而論，不過這個問題很值得深入探討。

2.為報復而結婚：當一個人失戀不久，基於氣憤心理，立即草率和他人成婚，心裡想：「別以為你了不起，我仍然是有人要」，這是為了報復，而不是真正為愛情而結婚。

3.為反叛或逃避父母而結婚：因父母親反對男女交往，以結婚來反抗或逃避父母的權威。依據社會心理學理論及研究學者表示，父母親對子女的婚姻加以干涉，常常會增長伴侶間的羅曼蒂克愛情氣氛，猶如羅密歐與朱麗葉式的愛情，這種婚姻只是為了

反抗父母或他人，而不是真正爲了對方而結婚。

4.受情侶體態的吸引：爲了對方的英俊或美貌而結婚，是很少有終身幸福的，俗話說：「情人眼裡出西施」，一旦發現他或她對對方的感情減低了，那麼對對方美的感受也就跟著消失了，而且體態的美，會隨年齡而改變，過了一段時期後，或人老珠黃了，就失去吸引力了。

5.爲逃避孤獨寂寞而結婚。

6.爲同情與義務而結婚：爲了結束兩人之間的關係所產生的罪惡感而結婚，同情感與義務感代替了愛情，爲了改變或幫助對方而結婚，往往不會成功，因爲想幫助的一方，常發現其伴侶的問題，不是那麼簡單而容易解決，被同情憐憫幫助的一方，也常因此而失去自尊。

7.社會的壓力：世俗「男大當婚、女大當嫁」、「不孝有三，無後爲大」的觀念深植人心，單身者受到父母、好友或社會的壓力而結婚。

8.爲了金錢因素而結婚：譬如貪求財產、聘金或嫁粧的豐厚而結婚。

(四)不結婚的理由

不結婚的男女，被稱爲男性獨身或女性獨身，甚至被封爲「單身貴族」。根據統計，台灣三十歲以上的不婚者有六十萬人，在一項對白領階級的婚姻調查中發現，64%的女性白領上班族同意獨立不結婚也行的說法，男性則有34.1%的比例，可見在高都市化的上班族，在婚姻觀念上有改變，似乎受過高等教育且具有獨立謀生條件的女性，在客觀環境上，已擺脫傳統女性的看法，而大部份的男性白領階級，仍然固守結婚成家、傳家接代的陣營。（註二一）

瞿海源先生認爲婚姻的不穩定，會威脅到部份人對婚姻的裹足不

前，且受到歐美開放性觀念的影響，男女可彼此獲得性生活的滿足，不願受婚姻的約束。（註二二）

　　然而，在結婚傾向的社會裡（a married-oriented society），不結婚總會招來別人異樣的眼光，尤其社會對單身女性，會有些偏見或歧視。究竟「單身貴族」為什麼不結婚呢？據高淑貴的探討（註二三），有主動不結婚及被動不結婚兩種情形，他們的理由是：

　　1.主動不結婚的理由

　　　①有遠大的理想和抱負，想追求更豐富的人生，更高的自我實現，因此選擇不結婚。

　　　②自願獻身於宗教，終身事奉神，例如神父、修女、僧侶、尼姑等。

　　　③對婚姻持悲觀的看法，認為不婚姻比結婚好。

　　　④不願受婚姻的束縛，因為結婚以後，生活沒有單身那麼自由自在。

　　　⑤對婚姻心懷恐懼，看到婚姻不美滿者在身心受到傷害，因此決定不結婚。

　　　⑥怕拖累對方，自認自己的身心狀況不佳（如身心殘疾）或條件不足（如經濟能力差），不適合結婚。

　　　⑦曾經心有所愛，因某種理由未能結合，又不願另擇別人結婚，即所謂的「曾經滄海難為水，除卻巫山不是雲」的痴情情節。

　　　⑧結婚有時對女性在工作是致命的殺傷力，代表工作能力將大打折扣，職位升遷緩慢，甚至被畫上休上符。

　　　⑨其他，如同性戀者，沒有異性愛的需求。

　　2.被動不結婚的理由

　　　①一直未找到合適的對象。

　　　②身分特殊或身心有嚴重殘障。

　　單身貴族難免會覺得生活孤獨、寂寞、空虛、晚年淒涼，沒有人分享成就及分擔痛苦，且每招致閒話，除非爲理想和抱負而不結婚，否則就比較難擁有充實的生活。因此，獨身生活的人，必須具備有獨立的性格、經濟情況不錯，懂得安排生活，對自己的工作有理想和有高度的興趣（註二四）。

　　亞里斯多德說：「男女的結合是自然的取向與選擇，選擇婚姻是人類順應自然的需要。」薇薇夫人說：「現代人有權利（連女人都有）選擇不結婚，但是畏懼結婚或看不起結婚，都是不成熟的偏見。成熟的人，或婚後繼續成長的人，絕對可以經營一個很不錯的婚姻。你可以不結婚，但不要把所有的婚姻都看成痛苦。」（註二五）

四、婚姻的方式

　　婚姻的方式，依配偶人數來分，可分爲單婚制（monogamy）和複婚制（polygamy），也有依照結婚時有無付出金錢物品或勞力來分，依照婚後居住地點來分，依當事人有無參與婚姻決策來分，茲分述如下：

（一）依照配偶人數分

　　1.單婚制：是爲一夫一妻制，文明國家普遍採用。「妾制」（Conculinage）是一夫一妻制的變式，妻子一位，是「正室」，而妾是「偏房」，妻妾的地位相差很多。我國《民法》第 985條規定：「有配偶者不得重婚。一人不得同時與兩人以上結婚。」可見是採行一夫一妻制。

　　2.複婚制：是一個人可以同時擁有兩個以上的配偶，如一夫多妻制（poly gyny）、一妻多夫制（poly andry）、姊妹共夫制（sororal poly gyny）非姊妹共夫制（nonsororal poly gyny）、或兄弟共妻制（fraternal poly andry）、非兄弟共妻制（nonfraternal poly andry）。

　　而「亂婚」（promiscivity）是爲亂交，指一群男女互相發生性行爲，只是男女性關係的一種方式，並不是一種婚姻方式；又一群男女共同生活，互相配合的群婚制，或叫團體婚姻（Group marriage），實際上並不存在，只是十九世紀人類學家的假想狀態而已。（註二六）

(二)依照結婚時有無付出金錢、物品或勞力來分

1. 購買婚（marriage by purchance）：由男方出某些代價而取得妻子，把女子視爲貨品，以財物換取之爲妻。我國在聘娶婚以前，曾經買賣婚時代。聘娶婚男方須以一定的禮物或金錢，交付女家，女家受其聘，婚約始成立，隱然含有買賣婚的遺跡。（註二七）

2. 妝奩婚（dowry system）：女方家長收取聘金，送女兒嫁妝。

3. 服務婚（marriage by service）：男方到女方家服務一段時間後，再與其女結婚。

4. 掠奪婚（marriage by capture）：以暴力手段得到配偶，即所謂「搶親」，行於原始社會。

5. 交換婚（marriage by exchange）：用別個婦人交換而獲得新娘，通常以求婚者的姊妹或女兒來兩家互相交換。

6. 贈與婚：無條件把一方當成禮物，送給對方爲妻或爲夫。

(三)依婚後居住地點來分

1. 嫁娶婚：由男方主動提親，女子在婚後離開娘家，住進夫家或隨夫居住。

2. 招贅婚：由女方主動提親，女子不出嫁而招婿入贅，婚後男子住進妻家，或隨妻居住。

　　我國《民法》第1002條規定：「妻以夫之住所爲住所，贅夫以妻之住所爲住所。但約定夫以妻之住所爲住所，或妻以贅夫之住所爲住

所者，從其約定。」

(四)依照當事人有無參與婚姻決策分

1. 安排婚（marriage by arrangement）：婚事完全由當事人以
外的第三者做決定。由父母主持，媒妁促成，較缺乏愛情，顯
然不適合於工業社會。子女未出生時的指腹婚或童養婚（註二
八），屬於此種方式。

2. 自主婚（marriage by free choice）：婚事完全由當事人自
己決定，可稱為戀愛婚，較具有感情或愛情。

我國現行《民法》第 972條規定：「婚約應由男女當事人自行訂
定。」又同法第 974條規定：「未成年人訂定婚姻，應得法定代理人
之同意。」可見採取自主婚。

五、婚姻的效力

婚姻的效力，包括身分上的效力、財產上的效力，以及夫妻間的
權利義務，茲分述於下：

(一)身分上的效力

1. 夫妻的冠姓：我國現行《民法》第1000條規定：「妻以其本姓
冠以夫姓。贅夫以其本姓冠以妻姓。但當事人另有訂定者，不在此限。」

2. 夫妻的同居義務：《民法》第1001條規定：「夫妻互負同居之
義務。但有不能同居之正當理由者，不在此限。」所謂同居義務，指
夫妻永久共同生活而言，不是指妻偶而一日或數日住於夫之住所，就
算已盡同居的義務。所謂不能同居之正當理由，例如應徵服役、外出
求學就業、夫或妻受他方不堪同居之虐待……等都是。

3. 夫妻的住所：《民法》第1002規定：「妻以夫之住所為住所，
贅夫以妻之住所為住所。但約定夫以妻之住所為住所，或妻以贅夫之
住所為住所者，從其約定。」

4.日常家務之代理：《民法》第1003條規定：「夫妻於日常家務，互爲代理人。夫妻之一方濫用前項代理權時，他方得限制之，但不得對抗善意第三人。」

(二)財產上的效力

夫妻在婚姻關係存續中，應就夫妻財產制度擇一解決財產問題。夫妻財產制，依其由法律規定或由當事人選定，可分爲法定財產制與約定財產制兩種。夫妻未以契約訂定夫妻財產制時，依法律規定，當然適用法定財產制。《民法》以「聯合財產制」爲法定財產制；夫妻以契約選定財產制爲約定財產制，《民法》所定的約定財產制，有共同財產制及分別財產制。《民法》自第1004條至1048條，都在規定夫妻財產制，讀者可自行參閱。

(三)夫妻婚約成立後所發生的權利和義務

1.夫妻雙方互相有貞潔的義務：所謂貞潔的義務，就是不做出妨害婚姻純潔性的行爲，其中最常見的這類行爲，就是和別人通姦。如果有一方違背婚約貞潔義務，而和別人通姦，另一方可以據此解除婚約。

2.違反婚約的損害賠償義務：《民法》第 976條規定「婚約當事人之一方，有左列情形之一者，他方得解除婚約：

①婚約定後，再與他人訂定婚約或結婚者。

②故違結婚期約者。

③生死不明已滿一年者。

④有重大不治之病者。

⑤有花柳病或其他惡疾者。

⑥婚約訂定後成爲殘廢者。

⑦婚約訂定後與人通姦者。

⑧婚約訂定後受徒刑之宣告者。

　　⑨有其他重大事由者。

　　《民法》第 977條規定：「依前條之規定，婚約解除時，無過失之一方，得向有過失之他方，請求賠償因此所受之損害。前項情形，雖非財產上之損害，受害人亦得請求賠償相當之金額。」

　　3.遺產繼承權：《民法》第1138條規定配偶有遺產繼承權，又《民法》第1144條規定配偶有相互繼承遺產之權。

　　4.相互扶養之權利義務：《民法》第1116條規定夫妻互負扶養之義務。

　　5.行使對子女的親權：《民法》第1084條規定：「父母對於未成年之子女，有保護及教養之權利義務。」第1085條規定：「父母得於必要範圍內懲戒其子女。」第1089條規定：「對於未成年子女之權利義務，除法律另有規定外，由父母共同行使或負擔之。」

六、婚姻對象的選擇

　　婚姻對象是人生劇本的最佳拍檔，其選擇適當與否，決定婚姻的成敗。有人說：「選擇對象好比下賭注一般，千萬不要把籌碼下在一匹不能參加比賽的馬上」。

　　我國傳統農業社會時代的婚姻，是靠「父母之命，媒妁之言」，由父母出面為子女議婚找對象。當今社會開放，崇尚個人主義，男女以自由戀愛為擇偶的方式，父母親對兒女的婚事很少干預。傳統社會的婚姻與當今開放社會的婚姻，都有幸福美滿的婚姻，當然也都有不幸福美滿的婚姻。因為婚姻本來就是一個冒險的賭注，而這場賭注輸贏的關鍵，就在對象的選擇，婚姻既然是終身大事，對象的選擇非常重要，必須要相當慎重，所謂「婚前看清面目，婚後減少反目」，道理在此。

　　Richard H.Klemer《婚姻及家庭關係》（Marriage and Family

Relationship, 1970）一書中說：「確保良好婚姻關係的最有效方法，乃是事先對於配偶選擇方面予以改進。」（註二九）這種忠告，對當今開放社會自由戀愛式的婚姻，更具有意義。

(一)影響配偶選擇的因素

1.社會文化（Sociocultural factors）：

此為社會學者所強調，長久居住在同一地區的人，常常具有相同的社會文化背景，興趣或觀念、生活習慣接近。

2.外婚與內婚（Exogamy and Endogamy）：

社會以某些標準劃定界限，只許在這個界限之內擇偶，禁止與所屬的特定團體或部族外擇偶結婚的，叫內婚制；而須在其所屬的某特定團體或部族之外擇偶結婚的叫外婚制。外婚制在防止亂倫，而內婚制如「叔接兄嫂」或「姨接姊婿」便是。

內外婚通常以血統、種族、社會經濟階級及宗教等為界限的標準。目前美國對於近親結婚才受正式禁止，按表面的官方規定，白人可自由與黑人結婚，猶太人可娶基督徒，名媛可嫁門警。但實際上，大部份的美國人都以相同的社會階層、種族與宗教背景的人結婚，這一種模式，被稱為同質婚姻（homogamy）或相稱婚姻（assortative mating），也就是我國所謂的門當戶對的婚姻。

外婚制是絕大多數社會推行的婚姻制度，它的功能有①防範血統近親發生性關係而擾亂家庭倫理道德，②鼓勵不相關的群體結婚，以促進人群的親切關係，可防止生物性惡劣的後果。

3.年齡：夫的年齡通常大於妻，因為：①男性的心理成熟度比女性稍晚或慢，②傳統給予男性的家庭責任，身為一家之主，尤其在經濟上需要有更多的時間準備，③男性在選擇配偶的範圍上廣於女性，特別是年齡大時，男的可找任何年輕的女性，女性則困難許多。

(二)選擇婚姻對象應考慮的因素

1.以愛情做基礎。

2.品德與性格必須相投。

3.對方的身心是否健康。

4.對方是否有上進心。

5.男女年齡差距以3－8歲最宜。

6.雙方教育程度要相當。

7.身材外貌要相稱。

8.雙方須有經濟能力。

9.家庭背景不宜相差太遠。（註三〇）

(三)門當戶對的婚姻

我國過去一向對男女的婚姻強調門當戶對，但是，今天一般青年卻不以爲然，並且責以思想封建，觀念落伍，他們以爲結婚是當事人的事，和彼此的家庭沒有關係，其實這是誤解或曲解門當戶對的意義。古時候男女雙方論及婚嫁的時候，以門當戶對作爲一種權衡標準，看起來有點蠻橫，其實有其道理在。雖然在浪漫的愛情世界裡，沒有貧富、貴賤之分，一切都非常美好，可是再偉大的愛情結合，最後還是必須接受現實生活的考驗。農夫與公主結婚，可以寫成一篇動人的愛情故事，可是在現實生活裡面，兩人成長的環境南轅北轍，生活方式不同，價值觀念與標準完全不同的人，是很難幸福快樂地共同生活一輩子的。因此，還是農夫配村姑，王子配公主，比較有可能過幸福美滿的生活。（註三一）

其實，門當戶對的觀念，仍然適用於這個變遷中的新社會，因爲所謂門當戶對，並不是指男女兩家財勢地位相稱，而是說兩家的生活方式、家風和思想觀念，應該相近似，如果兩家作風與觀念距離太遠，則其子女在各方面也可能有懸殊的差異，結婚以後格格不入，很難適應。（註三二）

（四）選擇婚姻對象的標準

1.身心健康：包括生理和心理兩方面的健康。生理方面是身體的一般健康和性機能正常；心理的健康包括心理狀態正常和精神健旺。身心的健康是一切幸福的泉源，事業的基礎，一個經常生病的配偶，固然是家庭的累贅，一個性能力有缺陷的人，無法傳宗接代。

2.品德良好：良好的品德，是做人的基本，也是事業成功的基礎，一個品德高尚的人，必有寬大的胸襟，對人態度誠懇，做事光明磊落，品德不好的人，不可以跟他做朋友，何況是作爲終身伴侶呢？

3.家庭背景相似：家庭背景對一個人的人格塑造影響很大，家庭背景相近的人，做人的基本觀念相近，行爲模式相近，生活習慣相近，價值觀相近，結婚後自然容易相處；家庭背景不同的人，尤其是社會地位或經濟地位相差太遠，自然生活上不協調，思想上有差距，也許結婚之初，因爲感情的緣故，勉強相安無事，時間久了以後，難免會有齟齬，所以要講求門當戶對，就是這個道理。

4.教育程度相近：如果教育程度相差太懸殊，不但彼此思想無法溝通，理家教子的事也無法協商。在女方來講，願意男方教育程度比自己高，覺得有保障有安全感；在男方來講，一般多選擇比自己教育程度稍低的對象，他們認爲比自己學識高的妻子較難相處，當然，最好雙方教育程度同等較爲理想，否則還是男方高於女方爲宜。在各國普遍的統計資料顯示：受高等教育的人容易婚姻美滿，當然也有例外。雙方教育程度等差與其婚姻調適的關係，朱岑樓教授歸納爲三點：①男女教育程度相等者，其婚姻幸福得分最高，成爲有利於婚姻調適的明顯因素，②教育程度相差時，男方應高於女方，③男方高於女方的級數愈少愈宜。（註三三）

5.性格與興趣相投：男女雙方最好彼此性格相近，性格相近易於協調，感情才能持久不變。興趣是對於某一事物特別關切與濃厚的愛

好，各人不盡相同，如果有共同的興趣，可增加彼此的樂趣和感情。在戀愛時往往會放棄自己的興趣，投好對方，但是婚後就互不相讓。所以男女最好興趣相近或相似，這樣自然比較談得來，可互相幫助、學習，例如居里先生與夫人，因爲對於科學研究同具興趣而結婚，終成偉大的科學家。

　　6.宗教信仰相同：如果宗教信仰不同，會影響到思想的分歧，飲食及生活習慣不同，對於未來子女的宗教信仰問題，看法也不一致。根據台灣各地方法院的統計，不同宗教的人結婚，其離婚率要比同一宗教信仰的夫妻高出一倍。當然，宗教信仰不同的婚姻也有美滿的，如何調適呢？王志敬教授提出的參考意見是：

　　①兩人之間對彼此的宗教不加歧視，應深刻的瞭解，以加強雙
　　　方的協調而增進感情。

　　②鞏固自己的信心，不爲外界人士的誹議而動搖，融合兩人的
　　　生活哲學，而產生共同的人生哲學，做爲新家庭生活的目標。

　　③雙方彼此尊重、適應，不要以自己爲主，硬性勉強對方適應
　　　自己，強迫的作風是家庭適應的致命傷。

　　④由於宗教的不同，是否會影響到思想的分歧？飲食及生活習
　　　慣的不同，又該如何去解決和安排？

　　⑤兩個人的信仰不同，能否彼此轉信同一宗教？而重新一起進
　　　入一個新的教堂？

　　⑥對於未來子女的宗教信仰問題，是否應有一致的決定。（註
　　　三四）

　　7.年齡：年齡因素本身或許不是決定婚姻幸福與否的直接條件，但是可測量一個人情緒成熟和經濟成熟的指標，美國普查署（U.S. Burean of Cousus, 1967）調查發現結婚年齡在25－29歲的離婚率最低。如果年紀太輕，則身心都未成熟，如果年紀過大才結婚，則因雙

方思想及生活方式早已定型，彼此協調較困難，而且女子生育時危險性增高。

　　台灣地區近年來由於社會型態的蛻變，隨著生活素質提高及教育年限的延長，晚婚的現代婚姻觀非常盛行，根據統計，全台灣已有六十萬人是三十歲以上的未婚者。根據內政部八十年的統計，台灣地區男性首次結婚年齡為二十九歲，女性則為二十六歲。

　　早婚和晚婚都不適宜，杏陵醫學基金會於81年 5月23日，曾邀請師大心理系副教授洪有義，就青少年的交友問題演講，他不贊成青少年太早交異性朋友，因為這個時候青少年有沈重的課業壓力，對自我認識不夠，如果和異性交往，很可能無法專注學業，加上花時間打扮寫信，沒有經濟能力約會，對自己助益未必很大（註三五）。

　　生理與心理的成熟度，是一個和年齡有關的結婚考慮因素，它直接影響到新生代，少女如果過於早婚，其生殖器官尚未完全成熟，對母體本身和下一代都有害無益，而心理的成熟，也是婚姻幸福的磐石，因為情緒穩定，面對挫折或障礙，自己有信心。所以男性在25－30歲之間，女性在23－28歲之間結婚，較能達到最好的婚姻調適狀況。因此，我國《民法》特別訂下最低的結婚年齡，規定滿二十歲為成年，男未滿17歲，女未滿15歲，不得訂定婚約；男未滿18歲，女未滿16歲者，不得結婚；未成年人訂定婚約或結婚，應得法定代理人的同意。

　　台灣省家庭計劃研究所張明正所長指出，新人口政策的釐訂，是在現階段家庭計劃之下，進一步促使台灣地區總生育率恢復「替代水準」，達到合理的成長，同時提升人口素質。從民國72年至今，台灣地區的總生育率，始終在「替代水準」以下，若依此下去，將導致人口斷層。因此政府在現行第二階段家庭計劃中，雖不鼓勵多生，但卻去除「一個不算少」的口號，而「兩個恰恰好」的適量生育為推行原則，且在新人口政策裡，希望二、三十年後，總生育率恢復到「二」

的替代水準。要達到此一目標，鼓勵婦女適齡結婚是很重要的，因爲現代的婦女較不願多產，若再晚婚，必然影響生育率，尤其教育程度高的婦女，如果適齡結婚生育，對人口素質的提升大有助益。（註三六）

至於夫妻年齡的差數，不宜相差太多，以男大於女爲宜，老夫少妻或老妻少夫的婚姻，通常是不幸福的，因爲兩人年齡相差太多，思想與生活習慣必有距離，生理與心理都不易配合。根據社會學家的研究，夫妻年齡差數與婚姻美滿程度之相關，以相差5－9歲者得分最高。美國女星伊莉莎白泰勒第八度婚姻對象，比她年輕二十歲，成爲玉婆婚姻紀錄的熱門話題。好萊塢女長男幼的婚姻，比比皆是，蔚成風氣，可是國泰醫院新陳代謝科醫師趙英明表示：男女性生活的美滿與否，除了年齡差距外，民族性與健康也影響很大。女人停經後，卵巢功能退化，女性荷爾蒙分泌減退，性慾減低。他認爲合理的生理婚姻，應以男長女兩三歲爲宜。另有心理學家表示，最理想的男女性生活協調者，宜以女大男十歲爲佳。台大社會系副教授余漢儀表示，在國外女性大男性四、五歲的婚姻的確十分普遍，余氏指出，夫妻雙方年齡差距在十歲之內，不是特殊情況，若是超過此限度，尤其是女大男太多者，通常女方在經濟能力或社會地位上也高過於男方甚多，如此婚配，容易令人猜測其動機，至少在中國人的社會裡，還是這種態勢。（註三七）

8.職業：本來各行職業平等，不應有貴賤之別，但是很多事實告訴我們，一對原來非常愉快幸福的夫妻，會因爲一方職業的改變，環境改變，生活方式、經濟狀況也改變，影響情緒，甚至於影響婚姻生活。現代婦女在婚後往往會發生家庭與事業不能兼顧的情形，內心充滿矛盾與困擾。所以男女在選擇婚姻對象時，會考慮對方的職業。

9.經濟：經濟基礎不見得是個人能力的表現，潛能與努力，往往

比目前的經濟狀況更重要。但是話又說回來，短時候的窘困可以支撐，而長久的拮据，恐將令感情動搖，俗話說：「貪賤夫妻百事哀」，西方人說愛情和麵包不可分，富裕者未必一定都是理想的對象，財富不能保障一切，拜金主義不足一道，但是，男女雙方經濟背景相當則更爲理想，不同經濟背景的配偶，消費傾向習慣及價值觀總會有差異的。

10.儀表：包括容貌、服飾、體態、舉止、氣質、態度等，古人以婦容爲女子的四德之一。但海水不可斗量，人不可貌相，氣質高雅、態度大方、談吐中肯、明朗敦厚者，無疑是好的對象。

《聯合報》民意調查中心，曾調查台灣地區16－40歲民眾，發現最能吸引異性注意的男性或女性，男女的看法很不一致，男性多半欣賞溫柔體貼的女性，但也有不少男性重視外貌，喜歡漂亮、心地善良、有氣質的女孩子。而多數女性則說樸實厚道的男性，最能吸引女性注意，有責任感、顧家的男孩子，很受歡迎，而幽默風趣更是男性的魅力所在，長得帥或者酷，反而是次要的條件。男孩子心目中的好情人，首先要能相互容忍，其次要溫柔體貼，再來是興趣相投和了解自己。女孩子心目中的好情人的條件，和男孩子相同，多數都希望有個溫柔體貼、能互相容忍、興趣相投的情人。請參閱下圖㈠。又據　80年10月27日《民生報》報導，根據中華民國單身福利協進會所做的一項統計指出，男性單身者擇偶最重視的項目是「年齡」，且認爲女性最理想的結婚年齡是25－27歲；但女性單身者最重視的項目則是「經濟職業」，顯示男女對擇偶條件的認知仍有極大不同。（參閱下圖二）

圖一

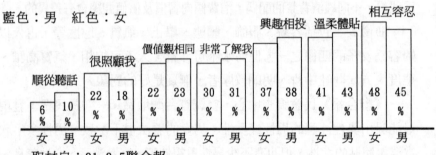

你認為什麼樣的人能成為好情人？

企畫製作／聯合報系民意調查中心
樣本／臺灣地區七百九十九名十六至四十歲男女

藍色：男　紅色：女

取材自：81.8.5聯合報

圖二

性別 \ 排名	第一	第二	第三	第四	第五	第六	第七
單身者擇偶最重視的項目							
男性	年齡	身材外貌	學歷	經濟職業	宗教	血型	籍貫
	41.7%	23.8%	16.3%	15%	2.8%	0.4%	0
女性	經濟職業	學歷	年齡	身材外貌	宗教	血型	籍貫
	61.3%	20.5%	13%	4.7%	0.5%	0	0

資料提供／單身福利協進會

　　又陳艾妮根據問卷結果，分析統計出嫁娶黑名單排行榜，也值得參考，茲錄於下：

　　不可嫁的男人排行榜(有*號者爲男女心目中共同的黑名單)(註三八)

排行	百分比	女人認爲不可嫁的男人	
1	50%	對家庭不負責任者	*
2	43%	嗜賭博者	*
3	38%	風流好色、感情不專者	*
4	30%	脾氣粗暴無理性者	*
5	26%	酗酒者	*
6	20%	大男人主義者	*
7	12%	好吃懶做、不上進者	*
8	11%	自私自利者	
9	10%	小氣吝嗇、好高騖遠不誠實者	
10	8.1%	不夠成熟者	
11	7.2%	品格欠佳、懦弱無主見、無固定職業者	
12	6.3%	不懂得關懷他人者	
13	5.4%	身體不健康、太多話者	
14	4.5%	過分內向、木訥、只懂得賺錢者	

15	3.6%	喜猜忌、無經濟基礎、不孝順、學識程度不足者
16	2.7%	出身不健全家庭、油腔滑調、不愛國家者
17	1.8%	揮霍成性、寡母獨子、太自卑、太英俊的男人、個性及生活習慣不合、吸煙者、不務正業、思想及言論偏激、太自大者
18	0.9%	心理變態、長相不正、生活習慣太糟、沒有幽默感、自閉症或同性戀、不善溝通、無創意、死要面子、不守信、光說不練、太嚴肅、太笨、不修邊幅、不解風情、無愛心、不愛乾淨、不守時者

排行	百分比	男人認為不可嫁的男人	
1	40%	沒有家庭觀念，不負責任者	*
2	35%	好賭者	*
3	24%	好色、拈花惹草者	*
4	22%	嗜酒	*
5	13%	脾氣太壞、太粗暴者	*
6	10%	無正常職業者	*
7	9%	自大、好高鶩遠者	*
8	8%	大男人主義者	*
9	7%	好吃懶做、不長進又無經濟能力者	
10	4%	吸煙者、沒主見者	

11	3%	身體不健康、不孝順、無魄力、不誠實、品行不良、奢侈浪費、油腔滑調、自私自利、多疑者
12	2%	游手好閒、生活呆板、太窮、不體貼女性、人格不健全
13	1%	嘮叨、心地不善、無勇氣及恆心、有虐待狂、怪癖、缺乏幽默感、太帥、不能生育者、太有錢、沒愛心、不修邊幅、同性戀、太內向自閉、膽小懦弱、家世不清白、太矮胖或太高太瘦者
14	1%	無不可嫁的男人，因為不可娶的女人可以去嫁給那些不可嫁的男人

不可娶的女人排行榜：

排行	百分比	男人認為不可娶的女人	
1	26%	水性楊花、生活不檢者	＊
2	21%	蠻橫、任性不講理者	＊
3	14%	沒有家庭觀念且不負責任者	＊
4	13%	愛慕虛榮者	＊
5	12%	好吃懶做好賭者	＊
6	11%	三姑六婆型	＊
7	8%	不孝順、心胸狹窄者	＊
8	7%	奢侈浪費、嬌生慣養、不獨立、嘮叨、不成熟、太精明能幹、驕傲、不溫柔者	
9	5%	太自我主義者	

10	4%	嗜酒、不善理財、疑心病重、不喜歡做家事、濃妝艷抹、心地不善
11	3%	不修邊幅、事業心太重、太笨、拜金主義、不愛小孩者
12	2%	太醜、同性戀、不肯吃苦、守財奴、沒愛心、無主見、沒知識、風塵女郎
13	1%	不會管教子女、愛搬弄是非、冷漠、勢利、怪癖、生活習慣不合、自私、不能生育者、教育程度相差太遠、過份現代或過分保守、不尊重別人者
14	1%	沒有能力去愛的女人不可娶
15	1%	不像女人的女人不可娶
16	0.9%	無不可娶之女人，因為不可嫁的男人，可以去娶那些不可娶之女人
排行	百分比	女人認為不可娶的女人	
1	32%	沒有家庭觀念不負責任者	＊
2	25%	愛慕虛榮者	＊
3	22%	水性楊花者	＊
4	17%	好吃懶做者	＊
5	10%	好賭及過分霸道、強悍不講理者	＊
6	12%	不孝及奢侈者	＊
7	10%	三姑六婆型	＊
8	9%	不喜愛孩子、缺乏愛心及自私自利者	

9	8%	太軟弱依賴別人者
10	7.2%	愛搬弄是非者
11	6.3%	太好強者
12	5.4%	小氣、小心眼、思想不成熟及身體欠佳者
13	4.5%	嗜酒、品行差、不長進者
14	2.7%	脾氣古怪、缺乏主見、不愛整潔、思想太新潮、生活常識太低及神經質者
15	1.8%	心胸狹窄、不愛打扮、愚笨、沒道德觀、太時髦、金錢至上、不誠實、疑心病重、無經濟觀念者
16	0.9%	有潔癖、太任性不講理、過分敏感、太高(180公分以上)、太胖(60公斤以上)、不順眼、不來電、話不投機、太拘小節、不尊重別人、不愛你者
17	0.9%	好像沒有什麼女人不可娶，都可以娶，及不知道什麼女人不可娶

（五）婚姻的禁忌

為避免因為結婚而發生亂倫或違反優生法則，有婚姻的禁忌，茲述如下：

1.同姓不婚：《白虎通》說：「不娶同姓者，重人倫，防淫佚，恥與禽獸同也。」周朝不但娶妻不娶同姓，就是娶妾也是如此，所以買妾如不知其姓則需卜卦。戰國以下，以氏為姓，自漢朝以後，姓氏不分，且因功臣賜姓，義兒襲姓，避仇改姓，胡人從漢姓的關係，同姓非即同祖，同姓不婚已失去意義。北魏原無同姓為婚的禁令，而唐律卻嚴格對同姓婚姻定有罰則，但其所謂同姓者，實指同姓而共宗者而言，所以同姓不婚，實在就是同宗不婚的意思。宋代的《刑統》，完全宗法《唐律》，金代則在太祖二年時，詔自收江寧州以後，同姓為婚者杖而離之。元代與唐宋同，明清律分同姓同宗為二，並禁止其通婚，清末刪律，將同姓不婚與親屬不婚合併，只禁同宗為婚而不禁同姓為婚。今現行《民法》，只以親等為計，在其親等的限制範圍以外，雖同姓共宗仍可以通婚。（註三九）同姓不婚的倫理系統與秩序，使我國家族特重譜牒之學，族譜是我國史籍的一類，可說是我國文化的一大特色。（註四〇）

2.母子不得通婚：父子同塵，已為禮法所不許，何況子淫乎母？不論其為嫡、繼、親、養，為子者絕不得與之通婚。

3.兄妹不得通婚：古代有齊襄公通其妹的淫行，時人為詩諷刺他。

4.翁媳不得通婚：古代衛宣公竟納其子之妻，時人作詩諷刺他。

5.近親不婚：這是基於遺傳優生學上的考慮，因為近親通婚，會生出弱智兒，達板城的姑娘不再漂亮，就是個例子。據81年5月6日香港《明報》報導：享譽二百年的新疆達板城美麗姑娘，如今不再漂亮，原因是近三十年來的近親通婚陋習，不但吞噬了達板城姑娘的美貌，更造成大批弱智兒的誕生。不少原本有深邃大眼的維吾兒族俊男美女，

正因近親結婚率達11.2％，僅西溝鄉雷家溝村的一所小學，就發生弱智學童佔55％的高比率，其弱智兒童最明顯的象徵，就是雙眼泛白，瞳孔部份已呈死魚眼似的灰白，這些兒童大都無法就學，常徘徊在清眞寺廟等風景點上，向觀光客們索取一些零用錢，其容貌絕對讓人難以想象其祖先曾是中國著名音樂大師王洛賓筆下的「達板城姑娘」或什麼「馬車伕之歌」。達板城的美女，起源於遠緣婚配，十八世紀中期，乾隆皇帝派大軍平定大小卓木叛亂之後，設屯田於天山南北麓，並以陝西、廿肅、寧夏等地移民至此，使二百年來血緣關係很遠的新移民，與當地的維族進行通婚，生出不少漂亮的達板城姑娘。然而近三十幾年來，新疆邊陲地區，因中共中央鞭長莫及，雖開發了水利設施，但對少數民族的照顧，難與沿海相比，加上種族意識的抬頭，新疆五十三種族中，各個族都採本族近親通婚方式，特別是維吾兒族，嚴禁本族女子與漢族或外人通婚，造成血緣越來越近，又近十三年來，中共大力推行一胎制，惟獨放寬少數民族的生育，無疑使弱智兒日益氾濫。1990年中共曾做人口普查，發現大陸農民的通婚圈，不超過25公里，85％的農民嫁娶不出本縣，57％不出鄉，33％不出村。（註四一）

　　表兄妹可以結婚嗎？我國現行《民法》第 983條規定近親禁婚，其禁婚範圍是①直系親屬間，不論其爲血親（註四二）或姻親（註四三），絕對禁止，②旁系血親在八親等以內，除表兄弟姊妹外，不問輩分，一律禁止，③旁系血親間，五親等內，輩分不同者禁止結婚。由此看來，表兄弟姊妹的結婚，不在禁止之列。關於表兄弟姊妹結婚的習俗，可以遠溯到唐朝，現行《民法》不列入禁條，而於第 983條明示表兄弟姊妹在近親結婚限制之外，乃尊重習俗，並兼顧「法的實效性」，但是，最近《民法》修正草案中，已將表兄弟姊妹結婚，予以限制，理由是一則爲了維護種族優生，一則爲了一貫男女平等。（

註四四）就醫學的觀點，表兄妹結婚，在遺傳上的影響，和堂兄妹結婚一樣。血親通婚，對子女會有不良影響，血緣越近，影響越大，因帶有相同隱性因子的機率越大，所生子女變成顯性，而導致畸型、早夭或疾病。研究發現，表兄妹結婚所生子女的死亡率和缺陷確實較高，醫學界不鼓勵血親結婚，但如果四代祖先無血緣關係，則可不必考慮血親結婚的影響。

　　4.居喪不婚：推崇孝義，爲禮所重，居喪時不舉行婚禮，自周代起就有此制度。

　　5.父母囚禁不婚：父母親因案服刑時，兒女不行婚禮，因爲耽己之樂，忘親之憂，名教不容。

　　6.姦逃不婚：婦女犯罪逃亡，有人娶爲妻妾者，在本質上，應像知情藏匿罪人，並應與逃亡婦女同罪。

　　7.僧道禁婚：和尚尼姑及天主教的神父不得結婚。

七、結婚的程序

（一）古代的結婚程序

　　古時候結婚的手續，有納采、問名、納吉、納徵、請期、親迎等六大節目，合稱爲「六禮」。現代只有訂婚與結婚兩道手續而已，古禮中的納采、問名、納吉、納徵等四個手續，相當於現代的訂婚。

　　1.納采：采是採擇的意思，表示男方經過愼重考慮，最後決定選擇這家的小姐爲結婚的對象。這是正式的致意，須準備一份禮物，要求女家欣然接受，女家接受禮物，表示同意。所以，實際上這是求婚的儀注。納采所用的禮物，據《儀禮、士昏禮》，只是用雁而已，爲什麼用雁呢？東漢鄭玄解釋爲「取其順陰陽往來」，而班固的《白虎通》說：「贄用雁者，取其隨時而南北，不失其節，明不奪女子之節也。又是隨陽之鳥，妻從夫之義也。又取飛成行，止成列也，明嫁娶

之禮，長幼有序，不相踰越也。又婚禮贄不用死雉，故用雁也。」又《公羊莊公廿二年傳》何休注說：「凡婚禮皆用雁，取其知時候。」總而言之，用雁有三層意義：①雁是候鳥，秋天往南飛，春天再回到北方，取其向陽之義，以喻妻當順從丈夫；②取雁行有序之義，婚娶要依長幼定先後，③士以死雉爲贄，婚禮不宜，所以改用雁。（註四五）

　　2.問名：納采之禮畢，由賓執雁請問名，所問的是女孩子生母的姓名、女孩子本身名次、出生年月日時，以便回家卜其吉凶。

　　3.納吉：問名後，回到男方家卜於宇廟得吉兆，再派人到女方家報告。「問名」和「納吉」，相當於台灣傳統婚禮中的「提字仔」和「合婚」。男女兩家各將婚姻當事人的姓名和出生年月日時，寫在一張紅紙上，經由媒人轉送雙方，叫「提字仔」，然後各將這張「字仔」的紅紙，放在祖宗牌位的供案上，三天內全家平安，表示祖宗已經默許了，男家再將兩份「字仔」拿去請教算命先生「合八字」，稱爲「合婚」。

　　4.納徵：春秋時稱爲「納幣」，後來稱爲「行聘」，現在叫做「訂婚」。在這個節目裡，男家須致送很豐厚的禮到女家去，就是聘金。

　　5.請期：婚期的決定是一件大事，通常要先查黃曆通書，或是請教擇日館的先生，選擇黃道吉日。這個節目，是由男家派人專程到女家，請求決定大婚的日期，其實，男家在派人前往之前，早已決定好婚期，爲表示謙讓的態度，所以請女家來作決定，含有徵求女家同意的作用。

　　6.親迎：是由新郎親自到女方家迎娶新娘的儀式，我國在先秦時代就有此儀式了。周何教授以爲，根據《禮記・昏義》的解釋，「親迎」禮節有三層意義：

　　①婚禮中所有重大節目的進行，都是由男方開始發動，女方處

於被動。所以一定要由新郎親自到女家去迎娶，新娘不可以
自己跑到男家禮堂去，符合我國古代陰陽動靜之說的基本原
理。

②含有是從女方家長手中親自接過來的意義，女方家長把新娘
交給新郎帶走，自然有託付其女兒終身幸福的含義。現代婚
禮的儀式中，也有由女方家長攙著新娘走到行禮檯前，親手
把女兒交給新郎，還存有古義。

③就新娘而言，在這一天她必須離開自己生活多年的家，和最
親愛的父母兄弟分別，走進一個全新的生活階段，心理上總
會有惶恐不安的感覺，非常需要新郎能跟隨在身邊，安慰她、
照顧她，讓她定下心來。（註四六）

(二)現代的結婚程序

自納采至納徵的手續，今天稱爲訂婚，請期至親迎的手續，是爲
結婚。

1.訂婚

(1)婚約的成立

訂婚禮中，禮餅是最重要的聘禮，它不僅表示雙方姻緣已定的誠
意，更代表男方感謝女方家長對準新娘的養育之恩，同時也有甜蜜、
溫馨、圓滿、吉祥等意義。下聘後將喜餅分贈親友，含有取吉、報喜
和通知的用意，俗稱「分餅」或「送日頭」，所以有人說喜餅是可以
吃的喜帖；而受贈的親友，必須回贈結婚禮物，以示慶賀，俗稱「添
粧」。訂婚時男女雙方互贈禮物，古羅馬人用戒指，這種習俗，歐洲
基督教的國家，在中世紀以後就流行；我國民俗，訂婚也用戒指。

婚約的成立，就是俗稱的訂婚，通常這是男女雙方從兩個個體到
結婚的過程，我國以往視訂婚爲婚姻的成立要件，《唐律》及《清律》，
都有明文規定，凡經訂婚不得反悔，否則受罰，所以有所謂「一經許

之，終身不二」，但是今人訂婚，在法律上並無效用，並非因有婚約，就可直接取得夫妻身分。

婚約的性質是一種契約，必須經由男女雙方當事人彼此同意後才能成立。《民法》＜親屬篇＞的「婚約」一節中，並沒有規定婚約的訂立須依照一定的儀式，不一定要舉行公開儀式或簽定訂婚證書才訂婚，但是，也有人簽定訂婚證書的，它的格式如下頁：

至於說沒有訂婚證書時，要怎樣證明婚約的存在呢？只要男女雙方對訂婚一事，都沒有反對的說法，就可認為婚約已經存在，當然當事人不同意的婚約是無效的。（註四九）

現行《民法》規定婚約不為要式行為，即不須訂立婚書或交換禮物，又不須媒妁，僅當事人彼此合意而且有下列實質要件，就可成立：

①須當事人有訂婚能力：訂婚能力以有意識能力為已足，心神喪失的人，不問已否受禁治產宣告，都沒有訂婚能力。

②須當事人彼此合意：婚約應由男女當事人自行訂定，父母代訂的婚約當然無效，無需解除。如由當事人雙方承認，應認為新訂婚約。

③須達訂婚年齡：為徹底革除早婚的弊病，男未滿十七歲，女未滿十五歲不得訂定婚約，違反這項規定，縱使法定代理人同意，於法也無效。

④未成年人訂婚，須得法定代理人同意：未成年人思慮不周，法律為保護他（她），並得家庭圓滿，所以規定須得法定代理人同意，即使法定代理人故意為難，也非得其同意不可。

⑤須非禁婚親：《民法》第 983 條規定：與左列親屬，不得結婚。

　a.直系血親及直系姻親。

　b.旁系血親及旁系姻親之輩分不相同者。但旁系血親在八親

訂婚證書　　註四七

○○男○中華民國○年○月○日出生，係○省
○○縣人。
○○女○中華民國○年○月○日出生，係○省
○○縣人。
茲今雙方同意訂婚，謹擇於中華民國○年○月
○日○時，在○○○舉行訂婚禮。此證

訂婚人　○○○
主婚人　○○○
介紹人　○○○
證明人　○○○

中華民國　　年　　月　　日

訂婚證書　　（修正格式）（註四八）

○○男○中華民國○年○月○日出生，係○省
○○縣人。
○○女○中華民國○年○月○日出生，係○省
○○縣人。
茲以雙方同意訂婚，並經報告家長，謹於
中華民國○年○月○日○午○時，在○○○舉行
訂婚禮。此證

訂婚人　○○○○（蓋章或簽字）
主婚人　○○○○（蓋章或簽字）
介紹人　○○○○（蓋章或簽字）
證明人　○○○○（蓋章或簽字）

印花

中華民國　　年　　月　　日

等之外，旁系姻親在五親等之外者，不在此限。

　c.旁系血親之輩分相同，而在八親等以內者。但六親等及八親
　　等之表兄弟姊妹，不在此限。

以上親屬依規定不得結婚，自然不得訂婚。

　⑥須非相姦的人：《民法》第 986條規定，因姦經判決離婚，
　　或受刑之宣告者，不得與相姦者結婚，自然不得訂婚。

　⑦須無配偶者：凡有配偶的人，當其婚姻未解除之前，不得再
　　與他人訂婚。

　　現代有許多戀愛成熟的男女，十分嫌棄老掉牙的訂婚俗套。台灣
師範大學文學博士及民俗專家徐福全，做過全省三分之二的鄉鎮田野
調查後表示，訂婚本是人類文化的一部分，民眾常因條件的多寡、禮
儀的程序而多所爭議，並視其複雜而省略，一般家庭在談到行聘之儀
時，最易發生意見不合。（註五〇）

　　訂婚後男女雖稱為未婚夫妻，但將來是否要結婚，雙方仍有完全
的自由，因此訂婚後，也不得干涉對方行為，更不得強迫他方結婚，
所以不得提起履行婚約之訴。訂婚既不能約束雙方保持婚約，有一些
經過訂婚程序或儀式的青年男女，不久在感情上又因某種關係而破裂，
以致解除婚約，所以有人反對訂婚，認為觀念落伍，但是，上述這些
情形，並不能證明訂婚程序應該廢除，因為有些人對訂婚的原始意義
不明白，也不瞭解訂婚的功能。蔡文輝以為訂婚有下列的意義與功能：

　①代表雙方願意結婚的意願。

　②代表雙方停止尋找或約會其他人。

　③是一種公開的宣稱。

　④訂婚期間，讓當事人雙方能以認真嚴肅的態度，來衡量雙方
　　的感情。

　⑤訂婚期間，能讓雙方有機會跟對方的父母接觸，彼此增加認

識。

⑥訂婚期間，可準備即將到來的婚禮。（註五一）

而 W.M.Kephart認爲訂婚的社會功能是：

①在訂婚期間內，能加深彼此了解，勿庸故意取悅對方，而以較眞的面目相處。

②訂婚後有更多的機會和更大的便利交相接近彼此的親屬與朋友。

③給予當事人及其父母充足時間，討論和安排婚禮的舉行。

④測驗雙方的人格調適，包括本身及其父母等，如一方或雙方感覺不滿意時，宣布解除婚約，其蒙受之損失，遠比離婚爲輕微。（註五二）

(2)婚約可以解除嗎？

在婚約階段，尚未發生複雜關係，除得合意解除外，依據《民法》第 976條規定：婚約當事人之一方，有左列情形之一者，他方得解除婚約：

①婚約訂定後，再與他人訂定婚約或結婚者。

②故違結婚期約者。

③生死不明已滿一年者。

④有重大不治之病者。

⑤有花柳病或其他惡疾者。

⑥婚約訂定後成爲殘廢者。

⑦婚約訂定後與人通姦者。

⑧婚約訂定後受徒刑之宣告者。

⑨有其他重大事由者。

婚約解除如果是基於上列九項原因，依《民法》第 977條規定，婚約解除時，無過失之一方，得向有過失之他方，請求賠償，藉以彌

補所受財產上及非財產上的損害，如無上列原因而違背婚約，致他方受損害，也應負賠償責任。有人以為訂了婚，若未結婚，隔了幾年後兩人即可一拍兩散，各不相關。事實上，這是一廂情願的想法，雙方既已訂婚，除非雙方協議退婚，這個婚約就永遠有效。

(3)試婚

訂婚既然這麼麻煩，乾脆選擇「試婚」就好了嗎？李永然律師說，男女逕行試婚，雙方既無夫妻名份，自然也不適用婚姻財產制，也不涉及任何法律義務責任。性關係完全自由，不過雙方所生的子女，無論冠上何人姓氏，在法律上都視為私生子。（註五三）現代人力潛能開發中心執行長張小鳳說，結婚與只有同居之實的試婚不一樣，再多的試婚經驗，也不能保證雙方婚後關係的和諧；試婚可解決雙方生理和心理問題，但雙方都毫無保障可言。（註五四）

(4)聘金

訂婚時男家須致送很豐厚的禮到女家去，就是所謂的聘金。聘金之俗起源甚早，根據古代歷史的記載，在三皇時代，人皇氏開始，就有「夫婦之道」，即婚姻制度的開端；伏羲氏正式制定男女嫁娶之儀，規定以「儷」皮　為禮，儷為成雙，兩者相配偶之意，所以現在稱人家夫婦為「伉儷」或「賢伉儷」，儷皮就是兩張鹿皮，由男方送給女方，演變成後世的聘金。

聘金是對當事人婚後經濟能力的衡量，或作婚後生活初步的保證，用意本來不壞，但是如果女方要求聘金數目太大，超過男方的經濟能力，似乎在故意刁難，把嫁女當作發財的機會，那就太過分了，如果數目適當，也是合情合理的。聘金也不是為了排場或炫耀，而旨在給對方作經濟能力的考驗，所以也有女方收到聘金，在族人親友面前公開展示之後，又原數不動送還給男家。但是，有些女家索求重聘，使男方知難而退，婚約無法訂定，或即使勉強訂定婚約，可是婚後產生

許多後遺症，不能幸福美滿。因此朱柏廬在《治家格言》中說：「嫁女擇佳婿，毋索重聘；娶媳求淑女，勿計厚奩」。《中央日報》56年6月18日家庭版＜今日專訪＞，以「怎麼改善婚嫁禮俗」爲題，收稿723件，一致認爲女方索聘金與禮餅，是本省最壞的禮俗。

訂婚後多久才適合結婚？這個問題不能一概而論，如果訂婚是建立在眞誠的愛情和信心上，不怕時間長，否則因一時的衝動而訂婚，則會有危險。訂婚到結婚的時間不要太長，訂婚後也不宜男女天各一方，各奔前程，因爲這樣往往夜長夢多。

2.結婚

　(1)結婚儀式

我國古代婚禮分爲三個階段，就是婚前禮、正婚禮與婚後禮。婚前禮就是訂婚，表示對婚姻的敬愼；正婚禮是結婚或成婚，表示夫婦的合體；婚後禮就是成妻或成婦與成婿之禮，表示婦順夫責之意。

依據現行《民法》的規定，結婚要有公開儀式及二人以上的證人，未規定何種儀式，公開儀式的涵義，就是指結婚當事人應行約定式的婚禮，使不特定人得以共聞共見，認識其爲結婚。

依民俗，婚禮大部分在家裡舉行，在城市多在餐廳或飯店設禮堂，行禮後就開喜筵招待親友。也有標新立異，舉行跳傘結婚、游泳結婚、登山結婚、騎摩托車結婚，或在火車上、飛機上、船上舉行婚禮的，跡近兒戲，失去莊嚴，不足取法。也有依宗教信仰的不同，舉行佛教婚禮、天主教婚禮、基督教婚禮，也有參加集團結婚的，舉行公證結婚的。總之，婚禮應該簡約莊重，嚴肅而不失歡欣，切忌過份舖張。

依據《國民禮儀範例》對結婚有如下的規定：

第六條　結婚注意事項

一、婚禮應邀證婚人到場證明，並邀介紹人參加。

二、兼邀親友觀禮，應力避浮濫。

三在結婚證書載明結婚男女姓名、出生年月日、籍貫及結婚時間、地點。

四結婚人、證婚人、主婚人，在結婚證書上蓋章或簽字。

五交換信物。

六結婚證書一式兩份，男女各執一份。

第七條　婚禮前，得由介紹人及男儐相陪同新郎至女家，拜見其尊長後，迎候新娘同行，婚禮得不用男女儐相。

第八條　婚禮舉行時，關係人之席次如次：

男家主婚人席		司儀席	
證婚人席	禮	男儐相席	
介紹人席		新郎席	親屬及來賓席
	案	新娘席	
女家主婚人席		女儐相席	
		司樂席	

第九條　婚禮須莊敬祥和寧靜，結婚人須穿著禮服或整齊服飾。親友觀禮應保持肅靜。

第十條　婚禮儀式如左：

一結婚典禮開始

二奏樂

三來賓及親屬就位

四主婚人就位

五介紹人就位

六證婚人就位

七新郎新娘就位

八證婚人宣讀結婚證書

九新郎新娘用印（或簽字）

十 主婚人用印（或簽字）

士 介紹人用印（或簽字）

圭 證婚人用印

圭 新郎新娘交換信物

崙 新郎新娘相互行三鞠躬禮

盂 證婚人致祝詞（祝詞必須簡單莊重）

夫 主婚人致謝詞（宜簡單）

宅 新郎新娘謝證婚人、介紹人、主婚人行一鞠躬禮。

大 新郎新娘謝來賓及親屬行一鞠躬禮。

六 奏樂

辛 禮成

婚禮後，新郎應偕同新娘拜見直系尊親。

至於佛化婚禮，在三寶佛前舉行，由法師證婚，婚禮法事後，備有素點招待親友或來賓，也有開素席宴客的。

其婚禮程序為：

一 婚禮開始

二 奏樂

三 介紹人禮佛入席（音樂）

四 主婚人禮佛入席（音樂）

五 新郎新娘禮佛入席（結婚進行曲）

六 證婚人禮佛入席（音樂）

七 全體肅立

八 唱鑪讚

九 請坐下

十 證婚人為新郎新娘宣誓

士 新郎新娘行結婚禮（分開站，行三鞠躬禮）

　圭新郎新娘交換信物

　圭證婚人宣讀結婚證書

　画新郎新娘用印（音樂）

　宝主婚人用印（音樂）

　夫介紹人用印（音樂）

　宅新郎新娘向親屬行敘見禮

　六證婚人開示

　六來賓致詞

　亏主婚人致謝詞

　三上供（敲鼓）

　三新郎新娘向證婚人禮謝（一問訊），證婚人退（音樂）

　三新郎新娘向引禮師父禮謝（一問訊），引禮師又退

　画新郎新娘向介紹人禮謝（一問訊）

　宝新郎新娘向來賓禮謝（一問訊）

　夫新郎新娘向主婚人禮謝（一問訊）

　宅禮成

　六奏樂

　佛化婚禮歷時約四十分鐘，多在星期天舉行，若未皈依的新郎新娘，則在禮儀中增加一次皈依的儀節。（註五六）

　天主教的婚禮，極爲莊敬，分成幾個階段：（註五七）

(一)進堂式

　1.進堂詠　2.致候詞　3.懺悔詞　4.求主垂憐經　5.光榮頌　6.集禱經

(二)聖道禮儀

　7.讀經一（單獨一人不好，我要經他選一個與他相稱的好手）8.答詠唱　讀經二（你們要同心合意，相愛如弟兄）9.阿雷路亞　10.福

音（夫妻不再是兩個，因是一體）11.講道（婚前的訓詞）結婚典禮

12.同意禮　13.交換信物（戒指）禮　14.信友禱詞　15.信經

（三）聖祭禮儀

16.獻禮經　17.頌謝詞　18.感恩經

（四）頌聖體禮

19.領聖杯　20.領禮體

（五）禮成式

21.降福禮　22.拜謝禮

基督教的婚禮儀式：（註五八）

奏樂　新郎新娘入席

一婚禮開始

二唱詩（二九八首）

三禱告（全體站立默禱）

四奉讀聖經

五證道

六行結婚禮

七祝福

八唱詩

九介紹人致詞

十主婚人致謝詞（男家女家）

土新郎新娘鞠躬致謝

　1.向證婚人一鞠躬

　2.向介紹人一鞠躬

　3.向男家主婚人一鞠躬

　4.向女家主婚人一鞠躬

土唱詩（三〇〇首）

㈣祝禱（全體站立默禱）

㈤禮成

奏樂，新郎新娘退場

禮成後，在教堂門口照相留念，回家舉行婚宴。

　　至於集團結婚，婚禮的證婚人、主婚人、介紹人，由舉辦單位遴選適當人員擔任，厲行節約，以茶點招待來賓，不得設宴舖張，以一機兩箱（縫紉機、工具箱、保健箱）為嫁粧，不收聘金。其儀式為：（註五九）

　　1.結婚典禮開始

　　2.奏音樂

　　3.證婚人入席

　　4.介紹人入席

　　5.來賓入席

　　6.主婚人入席

　　7.結婚人入席

　　8.全體肅立

　　9.向國旗及　國父遺像行三鞠躬禮

　　10.證婚人宣讀結婚證書

　　11.結婚人、介紹人、主婚人以親筆署名或蓋章

　　12.結婚人相向行三鞠躬禮

　　13.證婚人致詞

　　14.來賓致詞

　　15.主婚人訓詞

　　16.結婚人謝證婚人、介紹人行三鞠躬禮（證婚人、介紹人答禮）

　　17.結婚人謝來賓一鞠躬（來賓答禮）

　　18.結婚人向主婚人行三鞠躬禮

　　19.奏音樂

　　20.禮成

　　在傳統的婚禮過程中，新娘入門後，有和新郎拜天地、祭祖先、見公婆的儀式，先和新郎一同向外祭拜天地，然後向內跪拜祖先，接著再正式向公婆四拜，叫做「三朝祭拜」。楊懋春先生以為拜天地是宗教性的，含義是祈求上蒼祝福婚姻，使夫妻成為「天作之合」的一對；拜祖先是家族性的，其意義是將此富生育力的新婦，向祖先引見，祖先之靈要接受她成為這個家族的一份子；拜高堂即新娘要在公婆前做好媳婦；夫妻互拜表示夫妻平等，互相尊重，中國古代的婚禮，實含著宗教、家族、文化、倫理各種意義。（註六○）據《禮記・士昏義》所載，「婦見舅姑」，是在新婚第二天，所以唐朝朱慶餘詩說：「昨夜洞房停紅燭，待曉堂前拜舅姑」。新娘新婚第一次回娘家叫「歸寧」，意謂「歸寧父母」，一則表女婿之義，一則盡子女之道。

　　⑵結婚證書

　　在婚禮的儀式中，須備有結婚證書，證婚人須宣讀結婚證書、結婚人、主婚人、介紹人、證婚人，都要分別在結婚證書上蓋印。其形式與內容如下頁：

　　在傳統的結婚證書上，雖然有主婚人、證婚人、介紹人、男女雙方蓋印，可是它的主要內容，卻是結婚的時間地點及相關人氏的姓名，有立此存證的意味，符合明媒正娶的要求。而西方的結婚典禮中，牧師或神父要男女雙方宣誓的內容，倒有互相承諾的結構－你願娶我願嫁，我願與你相偕相守，至死不渝。

　　結婚證書的有無，不僅沒有影響結婚效力，對於婚後辦理戶籍登記，也沒有影響，《戶籍法》和《戶籍法施行細則》中，都沒有規定結婚登記要具備書面的證明，所以照理，不用結婚證書也可以辦理結婚登記，但是在申請戶政機關做戶籍上的結婚登記時，戶政機關可能

結婚證書

○○○男出生於中華民國○年○月○日

係○○省○○市○○縣人

○○○女出生於中華民國○年○月○日

係○○省○○市○○縣人

茲以雙方同意結婚，並經報告家長謹於

中華民國○年○月○日○午○時在○○○

舉行結婚典禮。

此證

中華民國　　年　　月　　日

結婚人
主婚人
介紹人
證婚人

集團結婚證書 （註六一）

○○○先生　○省○市人　○歲

係

○○○小姐　○省○市人　○歲

現年　於本日○午○時

在○○市政府大禮堂參加本市第○屆集團結婚是為證

中華民國　　年　　月　　日

證婚人
結婚人

佛化結婚證書　（註六二）

嘗聞家庭和慈，應崇佛化，眷屬愛敬，端賴心同。

許有善男子○○○現年○歲○省○縣人

善女子○○○現年○歲○省○縣人

門楣相當，志道合一，具備六禮燕序，聯成偕修良緣。

結須彌之誓盟，增上德慧，被關睢之雅化，如鼓琴瑟，

並蒂蓮開，佳兆子孫賢孝，共命鳴和，瑞徵宜弟宜兄。

晝夜吉祥，永蒙三寶加護，人天歡喜，且納百福駢臻，

花觸凝香，雲霞起蔚，菩提伉儷，咸慶雙圓。

此證

證婚人○○○
介紹人○○○
男方主婚人○○○
女方主婚人○○○
新郎○○○
新娘○○○

中華民國　年　月　日

會要求檢查結婚證明，又向服務單位申領結婚補助費時，可能也要出示結婚證明。戶口登記是行政管理，如果已有公開儀式及兩人以上的證人，而有一方不願意辦理戶口登記，他方可向地方法院起訴，要求對方協同辦理結婚登記，判決勝訴確定後，單方面即可拿判決書向戶政機關辦理結婚登記。

八、婚姻成立要件

就法律而言，有效的婚姻，其成立要件，分為實質要件和形式要件。

（一）實質要件

1.須達結婚年齡：為防止早婚之弊，《民法》第 980條規定，男未滿十八歲，女未滿十六歲者，不得結婚。又同法 989條規定，如違反此一規定，當事人或其法定代理人，得向法院請求撤銷，但當事人已達結婚年齡或已懷胎者，不得請求撤銷。

2.未成年人結婚之同意：《民法》第 981條規定，未成年人結婚，應得法定代理人之同意。第 990條規定：如違反此一規定者，法定代理人得向法院請求撤銷，但自知悉其事實之日起，已逾六個月，或結婚後已逾一年，或已懷胎者，不得請求撤銷。

3.須有婚姻的合意：即須男女雙方合意，如子女並無結婚的意思，而父母勉強其結婚，則婚姻不能成立；但初時雖無結婚的意思，舉行結婚儀式後，相安無事，則可認其已有結婚的意思。

4.須非一定的親屬：《民法》第 983條規定①直系血親及直系姻親不得結婚，②旁系血親及旁系姻親之輩分不相同者，不得結婚，但旁系血親在八親等之外，旁系血親在五親等之外者，不在此限，③旁系血親之輩分相同，而在八親等以內者，不得結婚。但六親等及八親等之表兄弟姊妹，不在此限。其輩分不相同的，依大法官會議釋字第三十二號，明示：「被收養為子女後，而另行與養父母之婚生子女結婚者，自應先行終止收養關係。」所以養子女與親生子女間，在終止收養關係前不得結婚。至於養兄弟姊妹間，雖亦無血統關係，但仍為擬制血親，在終止收養關係以前，也不得結婚，免亂倫常。而表兄弟姊妹，不問是姑表或姨表，均得結婚，但《民法》修正草案，有刪除之議。

5.須無監護關係：《民法》第 984條規定：「監護人與受監護人，於監護關係存續中，不得結婚。但經受監護人父母之同意者，不在此限。」同法第 991條規定，如違反此一規定者，受監護人或其最近親

屬，得向法院請求撤銷，但結婚已逾一年者，不得請求撤銷。

6.須非重婚：《民法》第 985條規定：「有配偶者，不得重婚。一人不得同時與二人以上結婚。」

7.須非相姦者：《民法》第 986條：「因姦經判決離婚，或受刑之宣告者，不得與相姦者結婚。」如違反此一規定者，前配偶得向法院請求撤銷，但結婚已逾一年者，不得請求撤銷。

8.女再婚時須逾再婚禁止期間：《民法》第 987條規定：「女子自婚姻關係消滅後，非逾六個月不得再行結婚。但於六個內已分娩者，不在此限。」同法第 994條規定，前夫或其直系血親得向法院請求撤銷。但自前婚姻關係消滅後，已滿六個月，或已在再婚後懷胎者，不得請求撤銷。

（二）形式要件

《民法》第 982條規定：「結婚應有公開儀式及二人以上之證人。經依戶籍法為結婚之登記者，推定其已結婚。」所謂公開儀式，係指不特定的多數人得以共聞共見，儀式不限於宗教儀式、習俗儀式或集團結婚。

又依據《民法》第 995條之規定：「當事人之一方於結婚時不能人道而不能治者，他方得向法院請求撤銷之。但自知悉其不能治之時起已逾三年者，不得請求撤銷。」第 996條規定：「當事人之一方於結婚時係在無意識或精神錯亂中者，得於常態回復後六個月內向法院請求撤銷之。」第 997條規定：「因被詐欺或被脅迫而結婚者，得於發見詐欺或脅迫終止後六個月內向法院請求撤銷之。」

九、婚姻的變體

隨著社會變遷，國人對性的尺度愈加放寬，蓋洛普市調公司的一項調查顯示：國人對試婚、同居而不結婚、婚前性行為，以及性伴侶

人數不應僅止一人的開放觀念，平均每十人當中就有二人持贊同的態度。交大柴松林教授以為造成此結果，導源於整個社會長期以來對性教育的疏忽，以及一些資訊過分強調「性」的重要，導致民眾對愛情、婚姻，欠缺正確的認識，以為是建構在滿足性需求上。另一方面，民眾遇有感情、婚姻問題，找不到提供正確認知的諮詢場所，也是關鍵因素。試婚、約婚（契約婚）、群婚、盪婚、循環婚（代橋計畫）、開放婚、同性婚，都是婚姻的變體，也都不合乎我國的婚姻倫理。

㈠試婚（Trial Marriage）：試婚的方式是同居（nonmarital and bisexual cohabitation），不正式結婚，經一段時間後，如兩人覺得有必要時再補行婚禮，有些女子在試婚前對試婚並無概念，只是單純的因為「失身」於某男子，就一路「試」下去。這種情況，也發生在涉足婚前性行為者身上，由於曾經和摯愛的異性有過親密行為，因而就「理所當然」地過著「性」生活，而不假思索自己追求的情愛究竟是什麼？以及婚前性行為可能導致的後果是否有能力承擔？

今天有許多男女以「同居」來逃避結婚，他們可以享受性生活與伴侶的樂趣，卻不必為一個自己也不確信的婚禮儀式而煩心，更不須遵守傳統的「珍愛對方，此生不渝」的誓言，似乎他們已對婚姻失去了信心，但是，從撫育下一代的角度來看，婚姻才是一項最安全與穩固的制度，也是最能讓下一代在成長中獲得完整父愛與母愛的保證（註六三）。因此，同居或試婚絕對不是婚姻的替代方式。

試婚在國內還處於只做不說的局面，現代人對青年男女的同居，採取比較容忍的態度，有待商榷。

日本演藝圈最近對試婚話題有很多的描述，而非正式問卷調查也顯示，每三人中就有兩票贊成試婚，國內類似情況也正不斷增加，其原因何在？由於國人觀念較保守，不管同居或試婚，似乎搬不上檯面，但是年輕人心中卻「肯定」這是愛情進行式的自然過程，也是婚前為

男女兩人舉辦的模擬考。友緣基金會主任廖清碧指出：一、二十年前試婚曾在國內流行，銷聲匿跡後，最近又死灰復燃，但選擇試婚的男女，心理負擔很大，尤其是女性。婚姻專家林蕙瑛表示，男性的人際關係，習慣以事為主，相對會藉肉體上的親密來表達情愛，但女性往往難以將性和愛分開，因此，真有試婚考慮的兩性，務必要先溝通和討論，否則勿輕易蹚入渾水。（註六四）趙寧教授說：「試婚必須付出相當代價，尤其是女性，那不只是代價的問題，更是牽連到一生的幸福，試婚並不是逃避結婚或決定結婚的好辦法，況且也不實際。」（註六五）

㈡約婚（契約婚）：指婚姻只在有限時間內有效，期滿後如不續約，婚姻關係即行終止。這種婚姻，純以現實與個人自由為出發點，只重視現在，既無理想，也無信心，常對生育子女不負責任，造成許多社會問題。

㈢群婚（Group Marriage）：由男女數人（通常三至六人）構成婚姻關係，有一夫多妻與一妻多夫的特徵，可免一夫一妻制的性單調，解決外遇問題，免因離婚造成子女孤苦無依，但很少能維持長久的。

㈣盪婚（Swinging）：即換婚，企圖維持一夫一妻制，又想解決外遇問題。

㈤循環婚（代橋計畫）：個人一生至少結婚兩次，男女老少循環配對，男子20至25歲間，第一次與40至45歲曾婚女子結婚，約二十年（少夫老妻型），到他40－45歲時，與妻子分離，再與另一位20至25歲的女性結婚，約二十年（老夫少妻型），60至65歲以後，如有需要，再與年齡相當的女子結婚（老夫老妻型），是為退休婚。

㈥開放婚（Open Marriage）：維持一夫一妻制的形式，為改變傳統婚姻的獨佔性與封閉性，主張把夫妻間的關係開放，擴大性愛的範圍，不因結婚而喪失自己，婚後仍保持個人的興趣、愛好、生活方

式及家庭外的社交關係，兩人同意無妨與婚外的人發生性愛關係。

㈦同性婚（同性戀婚）（homosexual marriage）（註六六）

十、婚姻的變奏曲——婚姻暴力、婚外情（外遇）、離婚

　　幸福美滿的婚姻是大家所企求的，人家說「一夜夫妻百夜恩，百夜夫妻似海深」，夫婦是最親密的人際關係，婚姻關係是親屬關係中最重要的一項，沒有婚姻，就沒有其他的親屬關係；然而婚姻關係也是所有親屬關係中最常發生問題的一項，並不是每個人的婚姻都幸福快樂，甚至於還吹起了變奏曲，最嚴重的三項是婚姻暴力、婚外性（外遇）、離婚，所以西諺說：「結婚是戀愛的墳墓」，苦苓說：「婚姻這個東西表面上看起來很簡單，反正就是你愛我，我愛你，兩個人就在一起『從此過著幸福快樂的日子』，事實上卻一點也不容易，而且可能是蠻困難的，否則也不至於離婚率越來越高，怨偶越來越多，搞得年輕男女都退避三舍，寧可當個『單身貴族』，『為自己活』了。」（註六七）

　　薇薇夫人說：「除非人類已經沒有婚姻制度，除非結了婚的人（包括他們的子女），全部幸福，否則婚姻問題永遠是個值得討論的問題，而且永遠有探討不完的內容，因為人類的生活，觀念在不斷改變中。」（註六八）她的話一點也沒錯，根據近年來暢銷書排行榜上的統計顯示，許多探討愛、婚姻關係、外遇問題的書籍和雜誌，總是書籍市場上的寵兒，而有關愛的演講和座談會，也最能得到廣大聽眾的熱烈支持。從這些現象可以看出現代人的愛情和婚姻，正面臨著層出不窮的困擾，而隱伏許多危機，因為性要求隨性知識的開放而增多，職業婦女劇增，子女教養方式產生變化，離婚率提高。

　　婚姻關係是一切人際關係的根源，是由兩個不同背景的人相結合發展出來的共生體。而兩個價值觀念、生活習慣不同的個體，要如何

在婚姻關係中互相協調，和諧親密地共同生活，則是一大課題。在婚姻上最普遍的問題，是金錢、性生活、子女教育、分擔家事，甚至於未婚媽媽、離婚率增高、婚姻衝突、親子關係衝突、姻親關係衝突、外遇、婆媳困擾等，社經地位較低的夫婦，集中在經濟問題、虐待、酗酒、遺棄（未負養家之責），社經地位較高的夫婦，則在性問題、閒暇時間的利用、子女關係等。

沒有比婚姻上的衝突更普遍的衝突，也沒有比夫妻之間的親密更親密的同志。所以，夫妻應共同檢討婚姻問題，解決婚姻問題，當婚姻問題發展到危機階段，婚姻面臨決裂邊緣時，必須求助外人，才能挽救婚姻。

根據美國康乃爾醫學院所做的一項調查，38％的美國新婚夫婦，每週至少有一次「大戰鬥」，三分之一表示，他們夫妻之間的「戰鬥」，會持續數小時。該學院的鮑克博士對　346對結婚平均六個月的夫妻所做的調查，還有如下的發現：

①重新考慮現在婚姻問題：50％懷疑他們的結合是否可以永久，4％至少分居一個晚上，3％有婚外情。鮑克說：「雖然他們因愛結合，但他們發現共同生活比預期的困難多了。」

②性：46％需要更多的性；30％需要更多的親密動作；37％需要更多的「緊張冒險」；　22％的太太和11％的先生則性趣缺缺。

③戰鬥：42％大叫；　4％默默承受，15％衝到屋外；　8％甩東西，4％對打。

④衝突：金錢23％，姻親事務14％，家事12％，嗜好11％，只有　5％為性問題爭吵。鮑克說：「性問題是一個意味深長的問題，大多數人都不願為它爭吵。」（註六九）

婚姻幸福不是那一紙婚約或熱戀的海誓山盟可以保證的，相愛容

易相處難。俄國大文豪托爾斯泰曾說：「所有幸福的家庭都是相似的，但是每個不幸的家庭，都有它自己的不幸。」家庭如此，婚姻又何嘗不是呢？在婚姻的過程裡，不同階段出現不同的問題，問題不見得會釀成危機，危機也未必使婚姻破裂，端看當事人如何面對處理。（註七〇）

1.容易導致婚姻衝突的主要因素：

美國學者Klemer 及 Saxton的看法：

①對婚姻期望過高、過低、或不一致：夫妻雙方的期望，不切合實際，不合情合理。

②爭勝負的習慣。

③破壞性爭吵方式：不聽對方說，翻舊帳，作人身攻擊。

④消極反抗：阻礙溝通。

⑤挫折感作祟。

⑥觀念體系的差距。

⑦嫉妒心理：對自己無信心，對配偶不信任。

⑧因不信任而要求時刻在一起。

⑨配偶個人的不良適應。（註七一）

美國婚姻專家麥艾倫認為，婚姻破裂都有跡象可尋，聰明的夫妻，對於這些信號很警覺，也能夠及時修補關係之間出現的裂痕。婚姻破裂常見的七種跡象是：

①夫妻不再一同言歡，彼此不感到新鮮和驚喜。

②性生活變得乏味。

③當你把心給了別人，頭腦裡充滿風流的幻想。

④彼此總朝著壞處看。

⑤夫妻不再回味過去，也不信任。

⑥不再培養共同的興趣和愛好。

　　⑦故意躲避對方。

　　東吳大學楊孝濚教授認為，夫妻之間的磨擦，可分下列幾方面：

　　①本身的問題：相處時的態度，行為溝通方式，性生活和諧與
　　　否，應讓對方瞭解自己的期待和感受，獲得豐富的性知識及
　　　身體檢查相當重要。

　　②子女養育問題：父母衝突及各持己見，才是對孩子最壞的影
　　　響。

　　③奉養上一代的問題。

　　④社會的壓力。（註七二）

　　社會學家瞿海源教授，認為社會型態的改變，減低了婚姻的隱定
性，造成婚姻不隱定的因素是：

　　①婚前浪漫刺激的約會，於婚後變成平實的生活，兩人由片面
　　　的認識，進入全面的瞭解，其間需要一段轉換過程。

　　②對部分知識分子而言，婚姻不僅是兩情相悅，更希望在婚姻
　　　中獲得知性和理性的交流，且仍能追求自我的理想與抱負。

　　③由於社會流動的頻繁，往往因為夫妻一方工作的調動，而使
　　　兩人南北分隔，不能朝夕相處。

　　④社交的公開，使雙方接觸異性的機會增多，偶遇心儀的異性，
　　　便易造成感情的轉移。（註七三）

2.婚姻的五大殺手

　　婚姻亮起紅燈，原因千奇百怪。友緣基金會最近將兩年來由婚姻
諮詢專線處理的二百多件個案，歸納整理出一份「婚姻生活衝突排行
榜」，發現導致婚姻衝突的變項，主要有五大類：

　　①人格特質與行為類型的差異，為達40％，該會廖清碧表示，
　　　人格特質不同所造成的生活習慣迥異，經常在日常生活瑣事
　　　裡形成摩擦，如襪子脫後的丟放處所、牙膏從那一頭擠、碗

洗乾不乾淨的標準等，又如妻子操縱性太強，先生穿什麼衣服都要干涉，或太沒自信，碰到丈夫不會同意的購買行為，會不惜以瞞騙獲得支持等。

美國著名的心理學家柏吉斯與華林（Burges and Wallin），曾把婚姻幸福與不幸福的兩種人格特質，列表對照，值得參考：（註七四）

幸福	不幸福
情緒穩定	情緒起伏
體貼	挑剔
謙讓	霸道
合群	孤僻
自信	沒有信心
感情依賴	感情自足

②人生觀不同，宗教信仰不同，婚姻觀有距離，要或不要小孩的爭執佔27.5%。人生觀不同，是婚姻較難解決的問題，不像人格特質不同，可經由包容與協調獲得解決，而必須把較深層的思考模式，加以修正，才能有所改善。

③對子女教育的態度不同，佔22.5%，是夫妻合作不良所致。

④姻親關係處理不良，佔7.5%，是夫妻合作不良所致。

⑤性生活不協調，佔 2.5%，廖清碧以為，這並不表示中國人的婚姻性生活的困擾比較少，而是一般人不肯說而已，許多夫妻無法共同面對這個困擾，習慣以其他理由做托詞，使對方不明就裡，以致掩蓋了真正問題的所在。夫妻間的性問題，的確是現代婚姻的大問題，如何長期維繫性關係和諧，一直是現代婚姻最大的負擔。

3.解決婚姻衝突的方法

　　友緣基金會提供數點建議，如「認清自我」，知道自己希望得到的「被愛與愛人的方式」是什麼，請配偶儘量用這個方式來愛你，而你也要儘可能滿足他的要求。訓練自己具備良好的「溝通能力」，培養不說服、不批評、不嘮叨的溝通態度，更別輕忽小問題，一有衝突便立刻溝通，以免積少成多，由小變大，積重難返。

　　徐愼恕也提供「自省」的良方，她覺得夫妻在面對問題時，應有勇氣詢問專家，以剝皮的方式，層層找回形成自己性格的根本原因，才能對症下藥。廖清碧提醒戀愛中的男女，不要荒廢時日，只享受愛的感覺，而應想清楚彼此的思考模式、人生觀、價值體系的差異性，免得婚後徒生困擾。（註七五）

　　當夫妻關係出現破裂跡象，或希望婚姻更美滿時，該怎麼辦呢？江蘇省心理諮詢中心主任錢壽海的意見是：

　　　　①作一次認眞的談話。

　　　　②別忘了交流和傾訴。

　　　　③花些時間尋開心。

　　　　④作個細心的配偶。

　　　　⑤多體貼對方。（註七六）

　　以上所述這些婚姻問題，只是婚姻的困擾，是婚姻變奏曲的前奏而已，眞正嚴重的婚姻問題，則是婚姻暴力、外遇與離婚。

4.婚姻暴力（Marital Violence）－與狼共枕

　⑴什麼是婚姻暴力

　　婚姻暴力是指締結婚約、曾締結婚約或同居關係中的一方遭另一方以精神、言語、肢體、性……等方式虐待。虐待行爲包括摑打、揍踢踢搯或使用器具傷害對方、性暴力、逼娼、恐嚇性的言行和舉動、以孩子或其他關係人的生命要脅等，使對方被傷害的程度從不需治療、傷害甚至死亡。

(2)婚姻暴力的嚴重

在人生的旅程中，人們的互動愈來愈頻密，而夫妻的相處，那就更不用說了。但是夫妻的相處，往往有暴力行爲產生。婚姻暴力形形色色，譬如砸東西、肢體暴力（甩耳光、拳腳相向）、道具暴力、性虐待等。救國團張老師表示，丈夫忽視家庭，使太太傷心，構成精神虐待，形成另一種婚姻暴力。丈夫毆打太太，造成身體傷害，的確是嚴重的婚姻暴力，但是，不關心子女、家庭、甚至於輕視太太，用言語歧視，則構成汙蔑人格，對太太的精神和自尊傷害極大。婚姻暴力的承受者，多半是體力處於下方的女性，夫受妻的暴力極少。

婚姻暴力過去一直屬於婚姻黑暗面的問題，清華大學陳若璋教授，有一次發表投注了極大心血才完成的有關婚姻暴力的學術研究，還遭到一批男性學者的批評，認爲這是家務事，有什麼好研究的。近年來婦女團體奔走呼籲之下，婚姻暴力的嚴重性，才逐漸浮現檯面，日益受到重視。（註七七）婚姻暴力是婚姻生活中最不良的溝通方式，不再純是家務事，而已成爲社會問題之一。

現今國內外的婚姻暴力都相當嚴重，先談談外國的情形吧！

在美國，生活於家庭暴力或婚姻暴力陰影之下的婦女人口，就將近三百多萬，即使是 1991年九月十四日出爐的1992年美國小姐卡洛琳‧蘇珊‧莎普（Carolyn Suzanne Sapp），也未能倖免，只是卡洛琳最後憑著無比的勇氣與毅力，才逃脫那段曾困擾她多年的夢魘，使美國人在欣賞她的美貌之餘，還能拿她做爲一個克服人生困境的最佳借鏡。讓卡洛琳遭受身心重創的是她的未婚夫，26歲的努法拉（Nuu Faaola），他原本是個極爲出色的紐約噴射機足球隊隊員，但是幾次事業上的挫折，使他失去自制力，連番對卡洛琳施暴之後，不但害自己失去這位美國民眾心目中的美女，還淪落爲一名碼頭卸貨工人，目前還在接受心理治療。三次死裡逃生，才使卡洛琳深深了解唯有自立

自強，才能擺脫暴力陰影，下定決心離開努法拉。由於美國小姐的身分，代表著的是美國婦女的言行舉止，卡洛琳的走出夢魘，找到自己，對美國民眾來說，她給了美國婦女一股重生的勇氣。（註七八）

據美國聯邦調查局的數字推測，大約每年約有1500萬到2600萬的女子，被其婚姻配偶毆打。（註七九）

在英國的一項調查，幾乎一半的毆打使用武器，包括皮帶、刀子、剃鬍刀、瓶子等，大約有30％的被毆打者，有一根或更多的骨頭斷裂的情況。（註八〇）

法國不久爲其全國兩百萬名受虐婦女成立求助熱線，以提供身心受創婦女專業上的援助。「國家婦女團結聯盟」，將主持該熱線，他們預計一年將處理約四萬通電話。在該熱線啓用典禮上，法國女權暨消費次長奈爾茨呼籲受虐婦女：「別以爲第一次挨打是最後一次，趕快採取行動並採取法律行動。」根據官方統計，法國夫婦中，有10％婦女爲身心遭受戕害的受害人。由於其中三分之二的受害人無固定工作，因而常遲疑要不要採取行動。法國最近修改家庭暴力法律，加重加害人刑責，加害人可判處五天至兩年的有期徒刑，以及罰鍰245至3774美元。（註八一）

被老公施暴的意大利婦女，常謊稱家庭意外，一年內約有八十萬名意大利婦女到醫院接受治療，且以「家庭意外」爲名義，但實則大多數是遭丈夫毆打所致的，大約每三名婦女，就有一名遭丈夫虐待。「不幸婦女中心」主任羅莎指出，自1991年初以來，已接獲超過六千通求助電話。這些求助者只代表被虐待婦女的極少數，大多數婦女寧可保持緘默，義大利各階層女性及各地區都出現被毆打的婦女，不管是職業婦女、家庭主婦、或是南部貧窮地區的婦女。（註八二）

至於我國的情況如何呢？從1980－1989年家事法庭離婚案件統計中，以「受他方虐待」爲由訴請離婚的，十年來一直高居第二位。而

提出告訴的受虐者，以女性佔絕大多數。

又根據北區婦女福利中心及台大社會系副教授馮燕主持的婚姻暴力事件康乃馨專線追蹤訪問，78年度向該專線求援者有1162人次，接受協談服務者有217人；79年求助者暴增爲4168人次，接受協談的也高達640人次，求援者最多爲家庭主婦，學歷以高中程度最普遍，年齡層多半在31－35歲之間，其次是36－40歲，婚齡爲在6－10年間，暴力發生頻率有43.1%是不定期，其次15%是數天到一週，且有67.1%的人，都有身體受傷症狀，暴力行爲發生時間，以吵架時最多，其次是不定時發生及酒醉後，比例約在29.4%左右，調查顯示第一次出現者占23.5%，在暴力發生時，有34.8%施暴者是當著子女面前施暴，最喜歡用手打，其次用腳踹或用家具器皿砸及撞牆等方式。有57.8%的女性，在面對暴力時，最常見的處理方式，就是忍氣吞聲，其次投訴娘家、反擊、驗傷、消極報復、暫時出走，或向朋友哭訴，最後才向社會機構投訴。81年 8月14日《中國時報》載：不少外科醫師發現，最近越來越多的婦女到醫院要求驗傷，顯示家庭暴力情形嚴重，有些婦女僞裝病例，醫師雖一眼看穿，卻不便拆穿。台北市立醫院部分外科醫師指出，最近幾個月來，婦女前往要求驗傷的個案增加許多，有時一個月高達五、六十件。一位醫師指出，前來要求驗傷的婦女，平均以四十歲上下爲多，有些被丈夫毆打滿臉瘀傷，有些宣稱被丈夫吊起來打，傷痕累累。

又據81年10月29日《中國時報》載：台北市收容不幸婦女的善牧修女會、天主教福利會、基督徒救世會及勵馨基金會，人滿爲患，不幸婦女包括獲救的雛妓、未婚媽媽及遭受婚姻暴力的婦女。

婚姻暴力發生後，妻子爲什麼通常加以忍受呢？根據專家的研究，因爲：①懾於丈夫的淫威，②傳統文化鼓勵女子忍受虐待，③小時經歷過暴力，長大後增加對暴力的忍耐力，④覺得不使婚姻破裂是自己

的責任，⑤希望丈夫能改過，⑥怕經濟生活失去保障。（註八三）

　　根據輔導人員的經驗，在婚姻暴力求訴的個案中，並非每個人認為有必要為此而離開對方，結束婚姻，對某些謀生能力較差者來說，離婚獨自謀生的壓力，有時更大過於被揍，使得他們寧願選擇當一朵生活在暴力陰影下的菟絲花。

　　⑶婚姻暴力的原因

　　婚姻暴力其來有自，丈夫失業、大男人主義、夫妻婚前交友的問題、婚前同居者，較容易發生婚姻暴力，而夫妻年齡差距過大，對丈夫不了解，缺乏自信的婦女，被毆程度較為嚴重。

　　北區婦女中心劉梅梅指出：婦女是否遭丈夫施暴，與雙方的教育程度和社經地位，並無太大關聯，有些個案本身或對方是研究所博士、碩士，甚至於有大學教授或醫院主治醫師。

　　雖然大部份的婚姻暴力，是基於丈夫的焦慮或壓力無法疏解而引起，但妻子不願去理解或協助，也容易挑起丈夫的暴力衝動。美國明尼蘇達大學社工系教授隆納德、魯尼指出，有些揮拳者實際上也不想出手，但到時就是控制不住自己。（註八四）要追究婚姻暴力的真正原因，或許應該歸咎於親子教育中缺少良好的兩性教育。兩性教育的重要性與日俱增，國內已有大學準備開辦兩性教育課程，讓年輕人在結婚之前，先學習正確的兩性觀念和相處的方式，父母也應該不要忽視教導孩子與異性相處之道，尤其是青春期的孩子，對異性充滿好奇與幻想，更需要父母從旁提醒與引導。（註八五）

　　天主教美滿家庭服務中心主任梁桂雲分析，上一代的父母相處，如果有拳頭相向的習慣，會影響下一代，有時不知不覺中反應在自己的婚姻模式中，而大男人主義作祟，用力氣處理問題，則是個人因素造成的，潛意識的出手打人，如情緒失控，屬個人行為模式或學習不良，都是不尊重自己，也不懂愛護別人的表現。另一類是太太的一方

引起的，如本身表達需要或溝通技巧不良，常以凶惡或一副歇斯底里的態度，做為溝通的行為，先生如在氣頭上，常會覺得太太是「欠揍型」的對象，不自覺拳頭就揮了過去。（註八六）

台北醫學院家庭醫學科主任謝瀛華醫師表示：溝通不良、家庭暴力及外遇，是婚姻危機中的主要終結者，而「攻擊當事者」，則是共同的致命傷，這種「與敵人共枕」的夫妻相處模式，自無婚姻品質可言，難怪暴力相向的頻繁了。（註八七）

根據調查，發生婚姻暴力的家庭，多係兩性關係不協調、意識型態差距太大所致，而與經濟收入多寡無關，值得注意的是，其中許多毆妻者的教育程度在專科以上。

社工員葉孟珠說，施暴者與受虐者的性格表現，受家庭影響很大，這就是所謂的婚姻暴力循環說，例如父母感情不睦，經常爭吵打架，或父親一遇有不順心事，就毆打母親和子女，在耳濡目染下，男孩就容易學習父親的角色，自己成家以後，一旦與妻子發生爭執或工作壓力太大時，情緒就難以控制，潛意識出現當年父親施暴的情景，自然地以同樣模式解決。

當然，大多數的男性並不希望用暴力解決問題，除了個性使然外，如果太太不能體諒其所受的工作壓力，回到家後不斷嘮叨，限制太多，一旦情緒控制不了，也會試圖用暴力制止。

心理學家認為，毆妻者多有強烈的父權意識，對婚姻角色的觀念十分保守，認為男人是家庭的主體，妻子只是成就男性事業及家庭組織的工具，應該任勞任怨，無求無我，對妻子百般要求，自己卻不願花時間來提高夫妻關係的品質，使家庭氣氛顯得嚴肅而緊張。

雖然現代社會講求男女平等，但是傳統婚姻女性「三從四德」的觀念依然存在，女人婚後必須扮演相夫教子的角色，將重心放在家庭，觀念保守的女性，可能從此放棄工作，不再應酬交際，生活圈變得狹

窄封閉，久而久之，與丈夫的立足點愈來愈遠，男人高高在上，女人成爲孤立的弱者，遇有爭執，不知尋求何種方式解決。（註八八）

溫小平以爲婚姻暴力的根是①家族傾向，②妻子過於能幹，③妻子跟不上時代，④丈夫不得志，⑤大男人主義作祟，⑥心理不平衡。

根據台北市政府社會局北區婦女中心的「康乃馨婚姻暴力求助專線」，自1988年10月至 1991年1月的調查，受虐者認爲其婚姻暴力產生原因的統計如下：

①不良嗜好：酗酒、嗜賭。

②夫妻溝通不良：常指責、批評。

③金錢處理問題。

④個人因素：粗暴性人格。

⑤觀念差異：價值觀、大男人主義。

⑥配偶外遇。

⑦佔有慾強：易吃醋。

⑧配偶家庭模式：成長在暴力家庭中。

⑨生活壓力：工作、經濟等。

⑩性關係不協調。

⑪其他：宗教信仰、配偶挑釁。

據清華大學陳若璋教授的研究，受虐婦女都有共同的人格特質，例如「缺乏自信和自我概念」，與丈夫爭執時，採行「激將型」和「挑釁型」溝通模式的婦女，容易遭到丈夫的毆打。

政治大學陳皎眉教授表示，把婚姻暴力的原因都歸諸男性，也有失公允，比較持平的說法，應是雙方的溝通出了問題，有男性抱怨妻子的嘮叨與挑釁，是「精神暴力」，是動手的原因，所以雙方都有責任。（註八九）

根據Walker對婚姻關係中虐待行爲的研究，有所謂暴力循環論，

將婚姻暴力分成三個階段或週期，第一階段是緊張升高期，施虐者在言語上刺激或辱罵受虐者，而受虐者忍氣吞聲，產生失眠、失落、沮喪等症狀；第二階段是暴力期，施虐者毆打被施虐者；第三階段是蜜月期，夫妻兩人感情復合，施虐者表示悔意而道歉，博取對方諒解。

(4)婚姻暴力的影響

許多人只視婚姻暴力為夫婦間的事，頂多再涉及子女而已，事實上，其暴風半徑絕不止此，上至雙親，旁及鄰人，都可能遭池魚之殃。

婚姻暴力對夫妻感情造成非常嚴重的傷害，早在前幾年，某雜誌曾做過問卷調查，竟然發現「丈夫暴力」，遠比外遇更容易造成離婚。

社會學家的研究發現，父母親婚姻的衝突，感情的不睦，天天冷戰，甚至於熱戰，造成家庭成員相處失調的不友好氣氛，充滿緊張、焦慮、恐懼、煩憂、苦悶、悲恨的煙霧，如一不慎，很可能引發家庭倫理悲劇事件。

婚姻暴力影響子女尤其大，即使父母婚姻生活的交惡情況，沒有嚴重到爆發家庭悲劇，但至少會深深地影響子女性格的正常發展及社會生活的良好適應。生長在父母不和睦，甚至於破碎家庭的孩童，在情緒反應上，時有妒忌、害怕、恐懼、鬱悶、神經質等困擾行為；在社會行為上，時有撒謊、搗蛋、蠻悍、偷竊、打架，甚至於暴力犯罪等不良事件。（註九〇）更值得注意的，生長在婚姻暴力家庭的孩子，易有自殺的傾向。

婚姻暴力是給孩子最壞的榜樣，男孩即使同情母親，但是日後會下意識地以毆妻來解決問題，換句話說，婚姻暴力將對下一代的兩性觀念，產生極不良的影響。依據台北市北區婦女福利中心許多的輔導個案中，有婚姻暴力的家庭子女，尤其是3－5歲的孩子，常因模仿父母行為而出現欺負或毆打玩伴的現象，而具有婚姻暴力傾向的男性，有時是因受到上一代影響，而不知不覺地將肢體行為帶入夫妻相處模

式裡。（註九一）專家發現，婚姻暴力事件層出不窮，常源於夫妻雙方幼年家庭暴力的產生，在暴力陰影下成長的下一代，未來容易成爲受虐者或施暴者，衍生另一個家庭的悲劇。

(5)婚姻暴力的解決

對於婚姻暴力，如果一再容忍，則有鼓勵作用，已面臨婚姻暴力危機的家庭，只有儘快解除危機，才能避免婚姻品質惡化，不至對孩子產生負面的影響。台北市社會局北區婦女福利中心康乃馨專線社工員葉孟珠表示，遭受婚姻暴力的女性，不敢對外人提起自己的遭遇，可能有幾種原因，有的女性是不能承受可能會引起的議論，覺得周遭親友必然會說出：「一定是妳太兇，太不賢淑，不會持家，不懂得相夫教子，先生才會氣得動手，教訓妳也是應該的」之類的閒話。

夫妻難免會爭吵，萬一發生爭吵時，爲免二次危機，專家建議千萬不要做人身攻擊，畢竟對方是配偶，而不是敵人，也不要故意說些刺激對方的話，諸如「你打啊！打啊！」，當雙方「有話要說」時，請保持適當距離。當婚姻暴力發生時，天主教美滿家庭服務中心主任梁桂雲以爲，雙方必須以冷靜、思考的心來處理，彼此要有面對問題、誠意溝通的共識，道歉方式需要技巧，太太可以引導不傷自尊的原則，接受對方道歉，可主動問：「你有沒有道歉的意思嘛？」由對方表情，不難看出一般拙於言詞的先生有無悔意，面對道歉時，最好不要一副得理不饒人的高姿態，認錯和原諒都需要相當程度的心理準備和勇氣。（註九二）她也曾提供化解夫妻衝突的七原則（註九三），頗值得參考：

①學習明確表達自己的感受，如言拙很難表達，不妨用文字代替。

②絕對不用不說話的溝通方式，即冷戰，這是專家以爲最頑劣且不公道的做法。

③當夫妻吵架經溝通而有好轉跡象時，應積極的反應，正面的

回應，較易雨過天青。

④溝通時只就事論事，絕不離題，更不翻舊帳。

⑤說話時以自己爲主體，如我覺得、我以爲，而不要你應該如何。

⑥不但要聽另一半的意見想法，也要顧及對方的感受，較能良性溝通。

⑦找個心平氣和的機會，重新檢討過去沒有溝通或溝通不良的問題，而仍以就事論事，不要新帳牽舊帳。

另有專家提出解決婚姻暴力之道是：

①彼此坦白：直率公正、坦白，是對一個人的感覺要直率的、眞誠的、仔細的傾吐，因爲厭煩、不在乎或認爲對方早已明白自己想法的錯誤印象，配偶間常高估了對方對自己的瞭解。

②用「我」的語句以避免攻擊。

③給予回饋（feed back）

④審愼選擇爭執的時地。

⑤將惱怒集中在特定的爭端上。

⑥清楚爲什麼爭執。

⑦對特殊改變的要求有準備，對妥協要公開。

⑧有意願改變自己。

⑨不要想爭勝。（註九四）

當然，預防勝於治療。丈夫會不會打老婆，其實在婚前就可以看出來，只要多觀察彼此交往時的互動模式，就可瞧出蛛絲馬跡。婚前男女雙方在交往時，就可透過去對方家裡作客的機會，看看他們父母相處的情形，特別是在發生爭執時，對事情處理的態度，或者在婚前就溝通好「吵架模式」。男女雙方在交往階段，除享受愛情的甜蜜外，必須理性地認清，即使在自由戀愛時代，婚姻仍是兩個家族的結合，

尤其個人性格、習慣，受家庭影響極大，應充分了解對方家庭、為人處事、工作態度，再進一步決定是否結婚。如果交往時期，男方就有罵人及摔東西等習慣，就應特別注意；如果出手打人，就應更加小心，必須設法使其改過，如果為了愛情而一再容忍，可能被對方視為沈默的同意，婚後反而會變本加厲。研究證明婚前交往時間短，很快就結婚，婚後容易發生婚姻暴力；婚前曾發生性行為或「奉子女之命」結婚的夫婦，發生婚姻暴力的機率會提升許多。

夫妻兩人培養共同興趣和嗜好，妻子多瞭解丈夫的工作情形和工作環境，但不要加以干涉，丈夫遇到問題或挫折時，才有談話的對象，不嘮叨，彼此互信互諒互敬，是預防婚姻暴力的根本之道。

當然，婚姻暴力一旦發生後，向心理或婚姻輔導機構諮詢求助是必要的，婚姻暴力的庇護所遍佈全省，目前各縣市所提供的婚姻暴力保護內容不盡相同，有的設置緊急庇護所，有的則安排免費的法律諮詢服務，有的可替逃離家中的受暴婦女申請生活補助費。但是大部分縣市未設求助專線，而由當地縣市政府的社會局或社會科的電話暫代；接案的都是社工員，仍然有充分的專業能力，為受暴婦女提供必要而適當的協助。除台北市外，設有婚姻暴力庇護所的，還有基隆市、台北縣、新竹市、新竹縣、桃園縣、台中市、雲林縣、花蓮縣、台東縣和高雄縣。目前各縣市政府社工人員不足，影響服務品質，唯有擴大編制，加強人才培訓，才能針對困境中男女實施婚姻及個別輔導和治療。我們也要籲請醫院多予配合，因為據北區婦女中心劉梅栖憤憤地指出，目前仍有許多婦女受傷後到醫院請求開具驗傷單時，遭受男醫師訕笑或拒絕，讓婦女受到二度傷害，而且台北市社會局編列 150萬元的預算，委託各公私立醫院予以遭婚姻暴力的婦女免費醫療檢查，並開立診斷證明書及驗傷單，但據報載各醫院的配合程度極欠理想，有待改進。（註九五）

　　這裡提供幾線電話，並將全省家庭婚姻心理諮詢中心，抄錄於本書的附錄，給遭受婚姻暴力的婦女參考運用。

台北市婦女展業中心　（02）5058089

台北市晚晴婦女協會　（02）3819769

台北縣婦女會　　　　（02）9651938

高雄市婦女服務專線　（07）5613838

高雄縣婦女求助專線　（07）7313024

台南市婦女求助專線　（06）2639501

台北市婚姻暴力服務網路初探圖

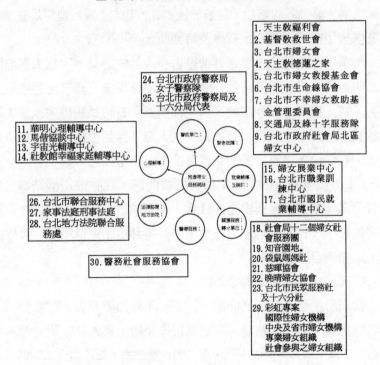

24. 台北市政府警察局女子警察隊
25. 台北市政府警察局及十六分局代表

11. 華明心理輔導中心
12. 馬偕協談中心
13. 宇宙光輔導中心
14. 社教館幸福家庭輔導中心

26. 台北市聯合服務中心
27. 家事法庭刑事法庭
28. 台北地方法院聯合服務處

30. 醫務社會服務協會

1. 天主教福利會
2. 基督教救世會
3. 台北市婦女會
4. 天主教德蓮之家
5. 台北市婦女救援基金會
6. 台北市生命線協會
7. 台北市不幸婦女救助基金管理委員會
8. 交通局及綠十字服務隊
9. 台北市政府社會局北區婦女中心

15. 婦女展業中心
16. 台北市職業訓練中心
17. 台北市國民就業輔導中心

18. 社會局十二個婦女社會服務團
19. 知音園地。
20. 袋鼠媽媽社
21. 慈暉協會
22. 晚晴婦女協會
23. 台北市民眾服務社及十六分社
29. 彩虹專案
國際性婦女機構
中央及省市婦女機構
專業婦女組織
社會參與之婦女組織

資料來源：《社區發展》季刊第61期137頁

5.外遇（婚外情）－婚姻之癌

(1)外遇的定義

外遇是平常的用語，在學界常用「婚外性趣」（extramarital sexuelity）來稱呼。在理論上是指夫妻中的一方和配偶之外的第三者發生性行為的關係。過去有所謂的「早妻」、「午妻」、「出差」、「外食」、「紅杏出牆」等，所指的都是婚外性行為和外遇。它可能是①有性行為但無感情，②有性行為且有感情，③有感情但無性行為三種。如再從外遇者的意願程度與時間長短，可分為四類：①暫時願意型，指一時心血來潮，所形成的外遇事實，②非暫時願意型，指自己無膽量，卻又嚮往，在半推半就之下形成，③穩定願意型，④穩定非願意型。前二者的結合，遠多於後二者，基本上表示他還是愛家的，待其恢復平衡和理智時，就會及時回頭。（註九六）

所謂「食色性也」，婚外情是古今中外的通象，因為人類無論如何文明進化，仍然潛藏著動物的本能。這種現象，其普遍性所引起的共鳴，有人視同春夢朝雲般，為一種偶然；有時長相憶，以淒美脫俗的詩詞，留芳千古萬世；有人則走火入魔，迷到色膽包天，無法適可而止，無法以人生旅途上的美景看待，竟至蹧躂之，甚至害人損己。（註九七）造成嚴重的家庭問題與社會問題。在除去這個婚姻之癌，才有美滿幸福的家庭與安全的社會。英國前首相柴契爾夫人在赴日本訪問時表示，日本的經濟力強大，主要是拜離婚率低所賜。少外遇發生，離婚率自然就低。

(2)《節婦吟》詩中的婚外情

我國唐朝張籍有首《節婦吟》詩：「君知妾有夫，贈妾雙明珠。感君纏綿意，繫在紅羅襦。妾家高樓連苑起，良人執戟明光裡。知君用心如日月，事夫誓擬同生死。還君明珠雙淚垂，恨不相逢未嫁時。」

詩中的女主角顯然經歷了一段婚外情。該君企圖破壞女主角的家

庭，明明知道她已是有夫之婦，還刻意送她雙明珠，表達要和她成雙成對之意。女主角的娘家是富有人家，她的丈夫是皇帝的侍衛，可說是門當戶對的夫妻，可是面對男主角的追求，卻受贈雙明珠，還「感君纏綿意，繫在紅羅襦」。最後還是垂淚含恨地歸還，結束了這段婚外情。（註九八）

(3)外遇的嚴重性

美國著名的性學專家金賽博士（Dr. Kinsey），早在四、五十年代的調查統計，指出50％四十歲已婚男子，26％以上的已婚婦人有婚外性行為的經驗。他的追隨者估計在70年代婚外性行為已更普遍，其百分比，已婚男性已高達65％，女性45％左右。美國有幾份女性雜誌也做過調查，已婚女性有婚外性行為經驗者，大致在一半之譜，足見在美國，外遇已很普遍。然而，美國的社會已逐漸重視家庭倫理，絕大多數美國女性在最近公布的一項民意測驗結果中表示，即使沒有人會發現，也絕不會考慮發生婚外情，對男性所作的類似調查中，採取同樣反應的百分比略低，但已可顯示，儘管離婚率上升，美國人的婚姻，可能比學者和政界人士所認為的更堅強，兩項調查都是由《自身》雜誌主辦。該雜誌說，86％的女性表示，她們不考慮發生婚外情，該雜誌在1992年 2月號刊出的一項調查結果顯示，67％的男性反應相同。（註九九）

最近英國王妃的婚外情，鬧得王室及整個英國雞犬不寧，舉世皆知。

我國對婚外情，恐怕沒有統計數據。但見諸報章雜誌的婚外情，似乎已司空見慣了。民國七十六年八月，彰化縣福興鄉的劉和慕，組織「實踐家庭」，一口氣娶了十三個太太，牽涉到宗教、道德、倫理、法律、社會等複雜問題，頓成全國爭議與非議的風雲人物。據藍采風教授的研究（1985年），曾調查268位離婚受訪者的外遇經驗，其中

53.6％的人，認為他們的配偶是忠實無外遇的，僅30.8％的人認為其配偶是誠實的，而30.5％承認曾經對配偶不忠實（有外遇）。（註一○○）

　　民國74年3月8日，政治大學柴松林教授發表一篇「婦女最關心什麼問題」的研究報告，「外遇問題」正是婦女最引以為憂的心頭夢魘；而國內各輔導機構處理的個案數之中，家庭或兩性情感問題，幾佔總案數的一半強。（註一○一）台中晚晴負責人林惠美說，成立一年來，求助個案已接近 400人，並不低於台北地區，而這些個案中，有八成左右是先生有外遇，只有二成是夫妻個性不合或籠罩在家庭暴力陰影中。（註一○二）我國外遇的嚴重性可見一斑了。

　　(4)外遇的原因

　　世界著名的性學專家金賽博士（Dr. Kinsey），認為男人外遇的原因如下：

　　①由於早期對性生活的約束，造成以後的反抗。

　　②擔心年老喪失性能力，在不服老的狀況下引發外遇的行為。

　　③由於配偶本身對性有太大的禁忌與約束，所以在婚姻生活中不能有好的溝通。

　　④事業的忙碌，減少了與太太間的性生活，卻是大大的增加了婚外與別人交往的機會。

　　他又認為女性外遇的原因如下：

　　①婚外性行為有吸引力，因為婚外的性因與新伴侶可得到不同的性經驗。

　　②因為配偶有外遇，所以自己也因此有外遇，藉之以報復配偶的不忠。

　　③為了表示自己獨立的，不受約束，而外遇是一種獨立不受約束的最勇敢的行為。

④要得到一種新的情緒上的滿足，先生既然不能滿足她情緒上的
　需要，只好到外面尋求滿足。

⑤有時女性的婚外性經驗，可以增加原有夫妻性關係的情調。

⑥有時是先生鼓勵太太有外遇，以換取自己有外遇的心安，或減
　低自己本身不能克服的缺憾與虧疚。（註一○三）

　　金賽博士顯然從性的立場來探討外遇的原因，其實，外遇的原因
很多，沒有定律可循，和婚姻品質與性沒有絕對的因果關係，既不一
定是另結新歡，也不見得是性失調的結果。換句話說，性並非外遇發
生的唯一原因，良好的性關係，不能阻止外遇的發生。東海大學簡春
安教授從學理上探討外遇的主要原因，有下列六項：（註一○四）

①夫妻之間溝通不良：在傳統社會中，夫妻之間的角色非常固
　定，即使兩人溝通不良或感情不睦，很少成為外遇的原因；
　但是，在現今的時代，婚姻品質提高，夫妻要求良好的溝通
　與分享，在婚姻輔導的個案中，有不少的臨床案例是夫妻溝
　通不良所造成的。

②夫妻之間的角色協調不當：夫妻角色不能配合，配偶不能欣
　賞對方的優點和長處。

③問題處理技巧不足：夫妻遇到困境危機時，不能同心去克服，
　而導致離異。

④夫妻性格不合。

⑤夫妻觀念與認知的衝突：夫妻的價值觀及人生觀有差距。

⑥夫妻性生活不協調。

　　其實，說起來外遇的原因是相當複雜的，依據各方專家學者的看
法，我們把它歸納為下列五點：

①婚姻不美滿：包括性生活不協調，夫妻性格不合，角色協調
　不當，溝通不良，觀念與認知衝突，性格不合，處理問題技

巧欠當，受到配偶的輕視等。

②生理因素：夫妻性生活不滿意或不協調，向外發展找刺激，或當配偶一方身體有殘缺或惡疾，配偶生理障礙，無法生育，或太太懷孕，先生逮到尋花問柳的藉口。

③心理因素：對配偶失去新鮮感，好奇心想尋求性經驗的改變；不服老，想藉外遇證明還有吸引異性的魅力；太太社經地位比先生強，內心壓力大，向外尋求發洩與情緒支援；夫妻認同與期望有偏差與不滿意，想尋婚外情慰藉；以外遇來報復配偶的外遇，或對配偶某些事情懷恨在心，以外遇作爲報復手段；對一夫一妻的婚姻制度反抗與挑戰；或尋求感情上的滿足，純爲尋歡樂而外遇。

④社會環境因素：職務上酬酢需要逢場作戲；色情場所的氾濫，誤入溫柔鄉；職業上或工作上相處，互相關心，日久生情；通勤家庭分離時間太長；婦女受教育和就業普及，地位提升，性觀念或行爲開放；工商社會競爭劇烈，爲事業忙碌，冷落配偶，不甘寂寞；社會風氣不好，道德與宗教對人的約束力日漸式微；或者跟異性朋友由友情而發展出性行爲的關係；或婚後碰見自己理想的對象；家中有位好朋友，與太太情同姊妹；或是先生生意上的合夥人，經常往來，日久生情；或者遇到舊情人而舊情復燃；夫妻社交機會不均，未能同時交際應酬；受到朋友的慫恿，助桀爲虐；受電影、電視、小說、廣告的不良影響；封建社會的納妾遺毒，大男人沙文主義或因生意失敗，都可能發生外遇。

⑤其他因素：受到配偶的鼓勵，如古時妻子鼓勵丈夫納妾，以生子嗣，傳宗接代；或聽信算命先生的話，以爲自己帶有桃花運，或命中有三個太太或丈夫，成爲外遇的藉口。

(5)外遇的類型

簡春安教授認爲從外遇產生的原因與當事者的動機背景來分析，將外遇分爲三類：

①本性型外遇 （Natural EMA）：因外遇者本身「風流成性」或「水性楊花」、「不安於室」而發生。

②合理化型外遇 （Rationaly ational EMA）：如可憐對方，義不容辭拔刀相助；或是在偶然的機緣碰到舊情人；或婚姻生活不睦；或因默契良好，日久生情；或感恩圖報，以身相許；或因配偶無情無義，以外遇作爲情感的歸宿。

③環境型外遇 （environmental EMA）：如近水樓臺，日久生情；風月場所，假戲眞作；家人有外遇的「前科」。

簡教授又根據三百個個案分析，將外遇分爲下列幾種類別：

①拈花惹草型（Casanova EMA）：情感不穩定，朝三暮四，生張熟魏。

②傳統型 （Traditional EMA）：權貴之士，文人墨客，自詡風流倜儻，有外遇後，對元配並不絕情。

③保護型外遇（Protective EMA）：男子急公好義，樂於助人，女子大半略具姿色，或頗有氣質，由於身世可憐，男子拔刀相助，女子感動，感恩圖報，以身相許，男子身不由己，半推半就。

④報復型外遇（Revengeful EMA）：配偶另結新歡，或與配偶發生衝突，以外遇來報復。

⑤舊情復燃型外遇（Rekingling EMA）：與舊情人因故未結合，結婚後在某場合邂逅，而本身的婚姻不美滿，遂與舊情人重續前緣。

⑥色情場所型、情境型外遇（Carnal- place or situational

　　EMA）：在牌局、地下舞廳、歌廳等色情場所掉入情感漩渦，
　　或因工作場合關係而發生外遇。

　⑦火花型、感性型外遇（Impulsive EMA）：夫妻一方太過於
　　感性，一方太過於理性，無法溝通，如在某一場合中感性的
　　遇到另一非常感性的人，相見恨晚，互動頻繁，發生外遇。

　⑧性需求型（Sexual EMA）：夫妻性需求不能滿足，又無法溝
　　通，向婚外尋求滿足，產生外遇。（註一〇五）

外遇的類型與發生的次數、百分比：

外遇類型		次數	百分比
casanova	（拈花惹草型）	131	43.67
protective	（保護型）	18	6.00
compensatory	（報復型）	22	7.33
rekindling	（舊情復燃型）	25	8.33
carnal-place	（色情場所型）	39	13.00
impulsive	（火花型）	8	2.67
work-place	（工作型）	40	13.33
sexval	（性需要型）	7	2.33
other		8	2.66

　　資料來源：簡春安《外遇問題的分析與處理》65頁。

　　根據統計，在國內的外遇狀況中，以「拈花惹草型」外遇最多見，
約有五分之二左右；情境型外遇也不少，如把「色情場所型」與「工
作型」列入「情境型」，則共有26.33％，其他是舊情復燃型的外遇。
（註一〇六）

　　至於外遇的對象，根據調查，有四分之一是老朋友，三分之一是
相識的朋友，真正陌生人只佔少數。（註一〇七）77至79年，台北市
基督教家庭協談中心個案統計分析，外遇對象：

A第三者		B職業		C藉口		D年齡分佈		E金錢來源	
酒（舞）女	68%	經　商	36%	應　酬	26%	36-40	21%	賭　博	20%
妓　女	7%	銀行界	14%	打麻將	24%	31-35	18%	加班費	18%
同　事	6%	公務員	13%	加　班	26%	41-45	13%	額外收入	17%
女　佣	6%	工程師	11%	出　差	18%	46-50	10%	財　產	15%
舊情人	4%	醫　師	7%	其　他	11%	51-55	8%	借　錢	11%
歌　星	3%	教　師	6%			60 以上	6%	股　票	10%
妻　友	2%	其　他	13%			20-25	5%	其　他	9%
他人之妻	2%					56-60	4%		
其他	2%								

　　據82年1月5日《民生報》載：台北市生命線最近完成一項調查，發現已婚男性外遇最多的年齡，在35歲到50歲間，職業以從商者最多，佔52.9%，其次是教職，佔11.1%，已退休的佔5.6%，軍警、法界及農工各佔3%。以職位而言，任高級主管者最多，佔52.9%，中級主管其次，佔25.5%，一般工作人員佔15.7%，無工作者佔5.9%。至於婚齡，女性受害人以結婚11至15年，先生有外遇者最多，佔27.5%；其次是3到5年，佔 20.3%，6到8年者，16到19年及20年以上，都各佔11.6%，一年以下最少，只佔2.9%。

　　⑹外遇的後果與影響

　　外遇對婚姻、個人、孩子、家庭和其他親屬關係都造成重大的傷害，可說三敗俱傷，還連累到無辜的下一代，許多問卷調查顯示，外遇一直是導致婚姻破裂，造成家庭破碎的首要因素，所以說外遇是婚姻之癌，有時可能毀滅一個人的事業與前途。美國在性方面相當開放，但是政治人物最怕婚外情，因為一旦發生類似的醜聞，政治生命就告終結。一般人發生婚外情，無人過問，除非違反了法律，但是政治人物有此行為，則立刻成為報紙的頭條新聞。（註一〇八）雷根總統的

正式離婚，無損於他的人緣，甘迺迪的私會祕書，則是大忌諱。美國總統競選人哈特，與唐娜絲小姐的幽會，使他與總統的職位無緣；日本首相宇野宗佑包養藝妓吧女的緋聞案，造成自民黨的陣腳大亂。足證一個「成功的男人」，背後如有「不只一個女人」的話，不再是風雅美事，反而可能是壞了大事的醜事惡事。（註一〇九）

當配偶有了外遇時，受害的一方，通常會覺得遭到背叛，湧起憤怒、驚嚇、心碎、自憐、徬徨、沮喪、不信、焦慮、不滿、委屈、反擊、極力挽回、衝動、忍氣吞聲等情緒反應；而外遇者的心態是：保護色、憐憫者、慚愧、惱羞成怒、一不做二不休、冷淡、煩、拖、施以暴力、求饒、答應條件、結束外遇或隱瞞對方。在外遇的三角關係中沒有贏家。

據簡春安教授的分析，一般而言，外遇對當事人是苦果，其影響是：①造成心理上的傷害，②帶來生理上的危害，③帶來事業上的危機，④畢竟對名節有損，⑤對子女有最惡劣的影響，外遇本身是最不好的家庭教育，⑥外遇關係經常以恨收場。（註一一〇）

外遇又影響當事人與介入者的工作，必然工作士氣低落、表現不佳、上司的信任度降低。對當事者在情緒與心理上的影響是：①使外遇者有罪惡感，使受害者有自責感，②後悔，③受害者對婚姻的期望破滅。對親子關係的影響是①當事者與子女的關係疏遠，②當事者忽略子女的教養責任，③在教養子女方面感到力不從心。對親友關係的影響是：受到親友的輕視，甚至與他拒絕往來，對受害者而言，會得到親友的可憐同情。（註一一一）

外遇對家庭的影響更大，據專家的分析有①使夫妻共同討論孩子的情形減少，②使夫妻共同討論金錢的次數減少，③使受害者與配偶（外遇者）共同討論工作的情形減少，④使夫妻間彼此情緒與感覺的分享減少，⑤使夫妻在人生觀方面的溝通和分享減少，⑥使夫妻間的

爭吵增多，⑦夫妻間的性行為頻率受到影響，⑧夫妻間的性滿意度受到波及，⑨影響當事者對婚姻生活滿意的程度，⑩使夫妻一起用餐的頻率減低，⑪使夫妻一起做家事的情形減少，⑫使夫妻一起休閒活動減少，⑬使夫妻間一起購物行為減少，⑭使夫妻間一起討論家庭收支開銷的機會減少，⑮使夫妻一起探訪親友的情形大大減少，⑯使夫妻不願意在一起交際應酬，⑰影響與子女相處情形。（註一一二）

(7)外遇的處理

當然預防勝於治療，夫妻須共同努力經營婚姻，夫妻之間應力求成長速度的平衡與對共同生活價值的認同，以免雙方的思想與價值觀差距過大，要確定明瞭配偶的需求，照顧好孩子，盡力侍奉公婆，扮演好父親或母親、媳婦的角色。

健全婚前教育與輔導，實施全人格教育，強化婚姻溝通品質、技巧與面對挫折的能力，要做到：①儘量以關懷、合作、讚美、同情、身心滿足的暗示，來取悅配偶，②多想想配偶的好處，少想缺點，③常常想到雙方平常工作的辛勞，相互安慰，增加生活情趣，④不要和別的夫妻做比較，⑤不要用激烈的方式試圖改變配偶，也不要做正面的指責，⑥多關心少干涉，⑦培養正確的心態，學習成熟的責任感，堅持真愛，忠實於情感，而非忠實於一時的迷戀，⑧減少與異性私下在浪漫場合接觸的機會，⑨夫妻雙方都應努力增加家庭對個人的吸引力。

但是，外遇的因素如前所述，相當複雜，必須敏銳察覺外遇的徵兆，而消弭於無形。其實，外遇並非無跡可尋，而是有徵兆、可預警的，其徵兆例如：

①當配偶生活形態突然改變。

②夫妻一方脾氣變壞，動輒罵人，態度冷淡或心神恍惚，魂不守舍，善於偽裝。

③突然對自己衣著、打扮、身材、容貌較平常留意，買新衣、香水、打扮得較年輕。

④常藉口有應酬、出差、加班，下班晚歸。

⑤對另一半每天的作息時間突然關心起來，想打聽得清清楚楚。

⑥衣上有口紅，口袋中有兩張電影票根。

⑦夫妻間親熱時，另一方只有形式而無內涵。

⑧金錢的開支突增，或暗藏私房錢，減少買菜錢。

⑨家中常有來路不明的電話，接電話的聲音變小，神色有異，或說「打錯了」。

⑩對以往沒興趣的活動，如跳舞、打球、晨跑等，突然熱心起來。

對以上的徵兆，還須巧妙求證，千萬不可在罪證確鑿之前就疑神疑鬼，庸人自擾，弄巧成拙，逼出外遇來了。

外遇事件對任何當事人來說，都是極大的衝擊，不但情緒高亢，而且立場迥異，因此，當外遇發生時，最重要的是接受事實，冷靜面對。究竟要容忍或選擇離婚，必須審慎考慮，畢竟婚姻的危機，也可能是轉機，千萬不要意氣用事，抱著寧願玉碎，不為瓦全的心理來處理婚外情。

浪漫熱情的法國女人，如何處理婚外情呢？法國Vocici雜誌，特別走訪526名法國女性，對於配偶不忠的態度，做了一次抽樣問卷調查，根據該調查，有57.1%的受訪者，認為對配偶忠誠是絕對必要的，然而，當自己成為婚外情的受害者時，有39%的受訪者第一個反應是：試著了解為什麼？然而有23%的現代女性，選擇離開他。訪談問卷過程中，有個有趣現象：愈是年輕，愈不能原諒配偶的不忠，最能以體諒的心情面對丈夫的婚外情，以介於35-40歲的女性為主。顯示年紀愈長，閱歷愈豐富的女性，遇到先生出軌不忠，持較豁達寬容的態度。

婚姻絕不是兒戲，當配偶不忠實時，最好保持頭冷心熱，外弛內張，千萬不要逞一時之氣。冷靜審慎地解決婚姻危機，比生氣、哭泣都有用，從婚姻的陰影中走出來，海闊天空，才會發現在痛苦中，學習了不少，也成長了許多。（註一一三）

當然，外遇的當事人或配偶，必要時須請教婚姻輔導專家。外遇是婚姻的第一殺手，如何促使每個人的家庭幸福，避免外遇發生，是婚姻輔導的重要課題。但是，美國婚姻診斷開拓者穆德博士說：「婚姻顧問的工作，是幫助那些有婚姻困難的人，實際上觀察他們的婚姻，分析他們的婚姻。婚姻顧問像一面鏡子，如果有婚姻問題的人站在鏡子前面，鏡子可以幫助他發現缺點，至於改正缺點，再高明的婚姻顧問，也無能為力。」（註一一四）因此，婚姻問題專家已經作出了共同承認的結論：「婚姻問題只有當事人才是最有能力解決問題的人。解決問題的步驟是自己檢討、自己解決，別人最大的能力，只不過是在一旁作些提示而已。」（註一一五）

那麼，要如何自己解決呢？簡春安教授提出處理外遇的方法和重點是：

　　①注意夫妻間的維繫力或吸引力強不強。

　　②強化夫妻間的生活規劃。

　　③提高夫妻溝通的品質。

　　④注意夫妻的角色有無衝突。

　　⑤警覺到人性的軟弱。

　　⑥了解外遇不好玩。

　　⑦遇有外遇方面的問題時，儘快找專家處理。（註一一六）

6.離婚（Divorce）

婚姻暴力及外遇的可能結果，就是離婚，這三者有連帶關係。尤其外遇，不僅是法定離婚原因之一，也是離婚者最常提出的原因。當

配偶不貞時，就成爲婚姻破裂的暗礁。一對夫妻的分手，代表一個家庭的破碎，意味著孩子將永遠背著父母失敗婚姻的十字架。（註一一七）

(1)離婚的定義

穩定的家庭婚姻關係，乃是一個互動人格的統一體，離婚乃是這個統一體破壞的過程，簡單地說，離婚乃是夫妻關係的解除，換句話說，離婚是婚姻所建立的法律聯繫的合法解散，其目的是使解體的婚姻，解除平時嚴格而繁重的婚姻控制。（註一一八）李永然律師也說：「離婚是指非因死亡原因的婚姻解消，也就是夫妻生存中消除其婚姻關係；進而言之，是指婚姻所建立的法律連繫之合法解散，其目的是使已解體的婚姻關係，解除其平時繁複的婚姻控制。」（註一一九）

(2)七出

最早離婚叫絕婚，絕兩性之好。我國古代無「離婚」的名詞，而有離婚的事實，叫做「七出」。古時離婚爲男家的專權，女子以夫之家爲家，所以對女子而言，離婚說是「出」。「七出」是古代休妻的七種原因，又叫「七去」、「七棄」，儒家的經傳，如《儀禮・喪服》：「出妻之子爲母」疏、《大戴禮記・本命》、《孔子家語・本命解》、《列女傳》、《公羊傳》莊公二十七年＜大歸曰來歸＞注，都曾經提到七出。《大戴禮記・本命》說：「婦有七去：不順父母，去；無子去；淫去；妒去；有惡疾去；多言去；竊盜去。不順父母者，爲其逆德也；無子，爲其絕世也；淫，爲其亂族也；妒，爲其亂家也；有惡疾，爲其不可與共粢盛也；多言，爲其離親也；竊盜，爲其反義也。」又說：「婦有三不去：有所取無所歸，不去；與更三年喪，不去；前貧賤後富貴，不去。」（所謂「貧賤之交不可忘，糟糠之妻不下堂」，就是本此義。）

就七出的本質來說，其目的不是爲保障婚姻的持久，也不是專爲

男子離婚的便利，而是爲建立在宗法基礎上以維護家族的利益，所謂的「逆德、絕世、亂族、亂家、離親、反義、不可與共粢盛等，無一不以宗法爲依歸，凡此都足以暴露封建時代宗法意識的濃厚，與對離婚制度的惡毒。

《唐律》又有「義絕」的規定，《疏義》說：「毆妻之祖父母父母，及殺妻之外祖父母、伯叔父母、兄弟姑姊妹；若夫妻祖父母、伯叔父母、兄弟姑姊妹自相殺；夫妻毆詈夫之祖父母、父母；殺傷夫外祖父母、伯叔父母、兄弟姑姊妹；及與夫之緦麻以上親，若妻母姦；乃欲害夫者，雖會赦，皆爲義絕。」（註一二〇）

唐張籍有《離婦詩》，云：「十年來夫家，閨門無瑕疵，薄命不生子，古制有分離。託身言同穴，今日事乖違。念君終棄捐，誰能強在茲。堂上謝姑嫜，長跪請離辭。姑嫜見我往，將決復沈疑。與我古時釧，留我嫁時衣。高堂拊我身，哭我于路陲。昔日初爲婦，當君貧賤時。晝夜長紡績，不得事蛾眉。辛勤積黃金，濟君寒與飢。洛陽買大宅，邯鄲買侍兒。夫婿乘龍馬，出入有光儀。將爲富家婦，永爲子孫資。誰謂出君門，一身上車歸。有子未必榮，無子坐生悲。爲人莫作女，作女實難爲！」描述一個棄婦的苦情，淋漓盡致。又古詩《孔雀東南飛》，亦即描寫焦仲卿的妻劉蘭芝，被其婆婆休妻的悲劇，令人浩歎。

七出屬於夫方專權離婚的事，就現在來說，實在極不合理。

(3)離婚的方式

我國自唐律一直到清律的離婚，分爲棄妻、義絕、和離三種，棄妻爲片面離婚，義絕爲裁判上的強制離婚，和離則爲兩願離婚。

依當事人意願及雙方是否平等，可將離婚分爲下列四種：

　　①強制離婚：當事人以外的第三者有權利解除雙方當事人的夫
　　　妻關係。

②片面離婚：當事人之一方有權利不徵求對方的同意，擅自離婚。

③兩願離婚：當事人雙方同意解除婚姻關係。

④判決離婚：當事人一方有法定理由時，直接向法院請求判決准許雙方離婚。

而我國現行《民法》所規定的離婚方式，只有兩願離婚和判決離婚兩種：

①兩願離婚：又叫協議離婚或和離，是指夫妻雙方根據協議，消滅原來的婚姻關係。

《民法》第1049條：「夫妻兩願離婚者，得自行離婚。但未成年人應得法定代理人之同意。」

第1050條：「兩願離婚，應以書面為之，有二人以上證人之簽名，並應向戶政機關為離婚之登記。」

第1051條：「兩願離婚後，關於子女之監護，由夫任之。但另有約定者從其約定。」夫妻間的婚姻關係破壞而無復合的希望時，以兩願離婚方式達成，是較明智之舉，因為可以透過雙方平心靜氣的考慮，對於離婚後的生活及子女的利益，預做適當的籌謀和安排，並避免離婚後可能帶給自己、子女及他人的種種惡果，能使家庭事務不外揚，保持彼此的自尊和名譽，並且可以節省一筆訴訟費。

②判決離婚：又稱為裁判離婚，是當事人之一方根據法定的原因，請求法院判決讓兩人離婚的一種方式。

《民法》第1052條規定：「夫妻之一方，有下列情形之一者，他方得向法院請求離婚：

①重婚者。

②與人通姦者。

③夫妻之一方受他方不堪同居之虐待者。

④夫妻之一方對於他方之直系尊親屬爲虐待，或受他方之直系
　尊親屬之虐待，致不堪爲共同生活者。

⑤夫妻之一方以惡意遺棄他方在繼續狀態中者。

⑥夫妻之一方意圖殺害他方者。

⑦有不治之惡疾者。

⑧有重大不治之精神病者。

⑨生死不明已逾三年者。

⑩被判處三年以上徒刑或因犯不名譽之罪被處徒刑者。

有前項以外之重大事由，難以維持婚姻者，夫妻之一方得請求離婚。但其事由應由夫妻之一方負責者，僅他方得請求離婚。

尤美女律師指出：協議離婚只要雙方同意即可，但判決離婚則是由其中一方有傷害、通姦、虐待等過失，經由法院判決後成立，離婚當事人對離婚後權益的要求，法院也是根據當事人所提的項目，逐條審理判決。如當事人什麼也未提出，法院也不會越俎代庖，而僅就離婚本身判決。協議離婚時，雙方所有的權利義務，都應載明在離婚協議書內，如當時未及載入，事後再要求無效。

(4)離婚的嚴重性

離婚率的計算方式有二種，一種是全年離婚數除以該年新婚數再乘100，另一種是全年離婚數除以該年全部結婚數，再乘100。

美國是全世界離婚率最高的國家，美國全國衛生統計中心說，1990年成婚的240萬對新人中，配偶是再婚者的婚姻，占總數的46％，較之1970年的31％，增加近五成。其因素之一是：1990年有119萬對夫婦離婚。事實上人口調查局說：離婚女性有64％再婚。其中以白種女性平均在26.5個月後再婚的間隔時間最短。至於寡婦再婚比率只有23％，因其平均年齡爲五十五歲，可選擇的對象有限，另離婚女性的

平均年齡為28歲，相關調查，每四位女性中有一人離婚二次，每十人有四人的初婚是以離婚或先生亡故收場，結婚女性中，女性離婚時的年齡愈輕，再婚的可能愈大。（註一二一）

　　法國的離婚率，由1970年的每十對中一對離婚，到1990年代的每三對有一對離婚，其中巴黎地區以每二對中一對離婚，居法國之冠。（註一二二）

　　英國有四分之一的婚姻以離婚收場，即使再婚的人，仳離的比例也高達40％。從1972年以來，英國人結婚的統計數字一直穩定地下降，而離婚的數字卻直線上升，目前的情況，已經發展到每三對夫妻之中，就有一對離婚。（註一二三）

　　我國的情況又如何呢？根據內政部一項最新人口婚姻狀況統計資料顯示，我國已躍升為亞洲離婚率最高的國家，民國八十一年的離婚對數即高達29191對，離婚率為千分之一點四一，較日、韓、新加坡高。自民國三十六年有人口統計資料以來，至81年底止，離婚率已足足成長三倍之多。以民國八十二年發佈的二月份婚姻狀況資料統計，台閩地區二月份離婚對數為2744對，月離婚率為千分之0.13，推估年離婚率約為千分之1.72，可能較去年的千分之1.41來得更高。

　　根據資料顯示，民國六十年國內人口粗離婚率為千分之0.36，七十年為千分之0.83，八十年則增為千分之1.38，去年更高達千分之1.41，成為亞洲離婚率之冠。（所謂粗離婚率，係指一個國家或地區，在一年內離婚對數對同一時期人口總數的比率）。我國69年至81年離婚狀況統計一覽表如下：（註一二四）

年　別	離婚對數	粗離婚率(0/00)	年　別	離婚對數	粗離婚率(0/00)
69	13614	0.77	76	22987	1.17
70	14889	0.83	77	25013	1.26
71	17078	0.93	78	25128	1.26
72	17592	0.95	79	27482	1.36
73	19111	1.01	80	28313	1.38
74	20713	1.08	81	29191	1.41
75	22185	1.15			

資料來源：內政部

　　根據北市教育局的資料，台北市國中生約有6.6％來自破碎家庭，其中父母離婚、分居者，就佔了破碎家庭的46％。再根據高雄家協寄養家庭實施報告，目前該家協中心所處理的個案中，有60％的寄養兒童來自離婚或其他破碎家庭，而貧窮家庭背景者佔40％。另根據行政院經濟建設委員會一項研究指出，台灣地區的離婚率逐年增加，25年來增加了四倍以上，而在民國60年至71年間，離婚率正以每年平均9.1％快速成長，換言之，每三十分鐘就有一對怨偶仳離。（註一二五）。根據行政院經建會人力規劃小組委員會報告顯示，民國72年台灣省每當四對新人步入紅毯那端的同時，大約就有一對怨偶走向法院辦理離婚。

　　台大婦女研究室副召集人胡幼慧表示，台灣的離婚率沒有西方國家高，但離婚率的變化，並不能直接用來說明婚姻或道德的好壞。

　　簡春安教授表示，內政部是以離婚對數與總人口數做比較而得出離婚率，但是一般婚姻諮商，是用「當年離婚對數，與當年結婚對數」做比較，較能看出婚姻現象，用此方式計算，我國80年台北的離婚率約為一比四。（註一二六）這樣子看來，「十年修得同船渡，百年修得共枕眠」的緣份，已十分難得了。

　　根據統計，近十年來離婚年齡層，以35－39歲最高，占二成三，其次是50－60歲年齡層，占一成八。可見「七年之癢」，似乎有幾分道理，而中老年人對既有婚姻不滿，採取離婚手段解決的人數，也比以往要多。（註一二七）

　(5)離婚的原因探討

　　從美國的情形來看，離婚的主要原因，有下列七種：

　　①子女問題。

　　②性生活失調。

　　③婚姻暴力。

　　④賭博與犯罪行為。

⑤經濟與就業問題。

⑥不滿現狀。

⑦夫妻之間的角色衝突。（註一二八）

據柴松林教授的推測，將來離婚更形普遍，原因有：

①人口向都市集中，人際疏離，使離婚者易被社會接納。

②女性受教育的普及及水準提高，在經濟上較過去有獨立謀生
能力。

③夫妻雙方對於婚姻的要求提高，目前婚姻生活難以實現其對
婚姻的抱持之理想。

④觀念進步，更能以理性方式解決問題，明白勉強同床異夢，
不如分手各自尋求新生活。（註一二九）

簡春安教授以為我國的離婚問題日益嚴重，大致可以歸納為下列
幾個社會性的原因：

①家庭功能的改變，家庭功能日漸低落，婚姻不如以往受重視。

②婦女的經濟獨立，不必像以往非靠先生不可。

③觀念的改變，已有愈來愈多的人，視婚姻為個人快樂的結合，
當兩人有所不快時，就比較輕易的走向離異的道路。

④道德和宗教力量的減弱，離婚者已逐漸為大眾所接受。（註
一三○）

而謝高橋教授的看法是：

①宗教影響力的減弱。

②離婚法律容忍度增加。

③工業化減低了家庭的功能。

④都市化減低了鄰里相互間的控制力。

⑤生育控制造成夫妻缺乏子嗣的比率增加。

⑥區域流動性增加，使地方影響力降低。

⑦高度的垂直社會活動，造成了婚姻伴侶對社會環境有不同的適應。

⑧社會的異質性大，增加文化與社會不相投合的機會。（註一三一）

東吳大學心理系教授林蕙瑛曾針對一群離婚婦女做調查報告，發現造成離婚的因素，依序為①個性不合，②彼此已無愛情，③婆媳問題，④經濟問題。

高淑貴的意見是：

①第三者的介入。

②染上不良嗜好。

③生活面臨窘境。

④長期別離。

⑤久婚不孕。

⑥個性不合。

⑦一方飛黃騰達。（註一三二）

筆者歸納各學者的看法，得到離婚的原因如下：

（A）個人因素

①受兒童時期家庭生活的直接影響：婚姻學者曾經調查社會上很多不愉快的家庭，發現其父母原來就不愉快，不是父母分居，就是父母離異。

②個人的宗教信仰：天主教徒禁止離婚，基督教徒的離婚率，據統計和非教徒的比率是 1比50。

③錯誤的婚姻觀念導致：太多的自由戀愛與幸福美滿的期望，對婚姻認識不夠，又認為離婚是一種再婚補救之道。

（B）家庭因素

①婚姻不幸福美滿，發生婚姻暴力、家庭暴力、婚外情、虐待、

　　遺棄。

②生活習慣不同、思想方式不同，價值觀不同。

③親子教育。

④婆媳關係上的歧見。

⑤性生活不協調。

⑥個性不合。

⑦結婚的目的改變，對婚姻的期望過高。

⑧婚後不孕。

⑨經濟問題：家庭經濟貧窮，所謂「貧賤夫妻百事哀」，而家庭經濟富裕時，則「飽暖思淫逸」，丈夫感情不專一。

⑩丈夫出差，長期離家。

⑪職業發生重大的改變，如生意失敗。

⑫婚姻被算命仙所左右。

（C）社會因素：

①社會變遷，工業化的社會，流動性大，約束力小，男女雙方彼此的控制力小，受都市化現代化浮華生活的引誘，經不起考驗。

②離婚觀念越來越普遍被接受，婚姻本身已不像從前是一種感情最終的誓約，傳統上「嫁雞隨雞、嫁狗隨狗」、「從一而終」的觀念，已隨著社會經濟發展而顯得淡薄了。

③家庭功能改變，大家庭變成小家庭。

④道德制裁力減低，傳統社會倫理道德禮俗制度約束力日趨轉弱，宗教容忍或影響力減輕。

⑤再婚的可能性增加。

⑥婦女地位變遷，教育機會增加，水準提高，經濟法律地位與男性平等，就業率增加。

　　⑦法律對離婚的限制約束太寬。

(6)離婚的後果及影響

　　社會學家認爲離婚有其正面的意義，如①結束衝突的環境，②使當事人得與能夠調適的異性再婚，而增加快樂成功的家庭，③有促進道德的功用，置夫婦雙方於平等的地位，離婚使性的失調時，不會有婚外性關係。（註一三三）

　　然而，「離婚不是美麗的名詞，也不是愉快的過程」，其負面後果及影響卻相當的大，英國婚姻研究中心主任傑克、多米尼安（Jack. Dominian）博士指出：「婚姻破裂已成爲現代社會中首屈一指的社會心理問題了。」（註一三四）因爲離婚給當事人、家庭、子女、社會，都帶來極壞的影響。有人曾經把我們一生中所經歷幾個重大挫折所造成的痛苦程度做一比較，離婚經驗是最嚴重者之一。（註一三五）

　　離婚對男女雙方當事人的影響，藍采風博士從下列四種角度來探討：

　　　①情感上的影響：情感不愉快，尤其是不願離又不得不離的一方，所受的傷害，絕非短期可以平復。美國人離婚時大多抱著「好聚好散」的心理，而國人則離婚給兩家上中下三代，都帶來隱憂、痛苦、甚或仇恨。

　　　②社會關係的解組：離婚後擔任新地位、身分、角色，失去朋友，斷絕很多社會關係，不再受他人尊敬，與子女及姻親關係成爲不確定。

　　　③人格受損。

　　　④經濟上的影響：離婚後依規定夫方付妻方贍養費，但是離婚的家庭主婦面臨生活危機，經濟自給乃當務之急。求職與升遷都受影響。

　　　⑤性生活的影響：藍采風博士根據一項調查指出，美國離婚者

有四分之一與原配偶還有性關係，那是因爲他們基於經濟來往與小孩的緣故，及剪不斷理還亂的舊情，保持友好關係的原故。而我國人一旦離婚，往往反目成仇，且中國女性保守，心靈創傷未平復，無法談感情，更遑論性生活了。（註一三六）因此有一方必須受寂寞和缺乏性伴侶的苦悶。

⑥失去自信心，內心受到創傷：離婚的雙方都是犧牲者，在離婚後第一年，雙方在感情上所承受的壓力特別重，自尊大受影響，認爲自己是失敗的配偶、失敗的父母，更懷疑自己維護婚姻的能力。對婚姻與異性產生偏激的看法，緊張、空虛、孤單、罪惡感，對別人的批評敏感，對以前的配偶憤怒、焦慮、自怨自艾、多疑，對社交場合畏縮。

對子女的影響：

「與其讓小孩生長在不快樂的家庭中，倒不如離婚，皆大歡喜。」這是離婚夫婦一般的看法，這種論調，不曾遭到心理學家或社會學家的詰難，但是新的研究顯示，父母離異對孩子的傷害影響，遠比當初的看法來得深遠。坎特州立大學心理學教授格杜波迪說：「專家多年來表示：一旦離婚的最初震撼消失，小孩即會自我調適。然而這些調適健康嗎？大量證據顯示，情況並非如此。」他力陳法律和社會習俗過於縱容離婚，他說：「人們只是不願盡力挽救婚姻。我認爲爲了孩子維持婚姻的古老論調，仍是最好的想法。」（註一三七）

任何拆散的婚姻，都會撕碎子女的心靈，一對夫妻的分手，代表一個家庭的破碎，意味著孩子將永遠背著父母婚姻失敗的十字架。（註一三八）父母離婚對子女的影響，當然非常重大，至少有下列幾點：

①影響子女未來的婚姻觀：部分美國心理專家調查，成長於離婚家庭（包括未離婚但夫妻不合的家庭）的人，對婚姻往往有兩種相反的態度，甲型是極端重視婚姻和家庭，絕對不讓

上一代的故事重演；乙型是對婚姻悲觀、無信心，害怕歷史在自己身上重演。乙型男士說：「我對婚姻完全沒信心，我永遠只看到婚姻中不完美的一面，即使朋友中有恩愛夫妻，我也會挑剔出他們的瑕疵，覺得不樂觀。其實不僅是對婚姻，我對「人」基本上就沒信心。『人性本賤』，不是嗎？否則我母親百依百順的容忍父親，他還是有外遇，拋棄了她，我不僅恨父親，也無法原諒母親的懦弱。」（註一三九）

②影響子女的學業與學術成就：大部分的研究都發現離婚對子女的學習負面影響多於正面影響，因為子女在情緒上受到極大的打擊，學習不能專心，甚至於以功課退步來作為對父母無言的抗議。心理學家蓋·約翰博士指導研究「論離婚生活對學童的衝擊」中，說明了父母離異的學生，一般在學術成就、溝通與社會影響力、快樂與健康方面，比同學們低弱。（註一四○）

③影響子女的性格與人格：孩子對父母離婚的情緒反應是拒絕和沈默，六歲至九歲的兒童，對於父母親的離婚，最驚人的反應是傷心和悲哀，喪失一切興緻，有些孩子甚至於會持續一年之久；九歲至十二歲的孩子，他的怨憤，常在學校藉說謊、學業退步、攻擊同學來表現。

子女面對父母離婚後的再婚情形，喜懼交集，心情常是既酸又甜，不得不痛苦地確認他的生身父母已不可能破鏡重圓了。美國費城兒童輔導診所離婚與再婚中心主任林伯拉德－高德柏博士說：「再婚結褵心情，子女不可能有同樣感受。雖然大人處在蜜月階段，子女的心情可能還在為過去種種而悲痛。」子女對父母再婚的反應，因年齡而不同，學前兒童有時會緊緊依附繼父或繼母，深怕他們也會離去，年紀大一點的子女，

則常表現憤怒、混淆的情緒。任教休士頓貝勒醫學院的家庭醫學副教授布瑞說：「正值青少年期的子女，對其父母再婚常感困惑。」費城傑佛森醫學院兒童少年與家庭精神病學教授蕭勒華博士說：「雙親仳離後，女生比兒子善於處理新的關係，但離婚父親或母親再婚後，情況正好反過來。」（註一四一）

④對子女的自我觀念有不利影響：父母離異後子女適應不良，拒絕自我，對自我不滿、不信任、缺乏安全感。

⑤令子女對性別角色產生衝突：Hetherington（1966）指出：父親在男孩四歲以前離開，則在測驗中男性化分數較低；又離婚家庭的女孩結婚時，其對象比較偏向嫁一個比自己年輕、沒有穩定薪水，且觸犯過法律，教育程度又不高的丈夫，在社交場合會害羞。據研究發現，沒有父親一同生活的女孩，長大後很難跟男人相處。

對社會的影響：

離婚家庭的子女，身心受到極大的衝擊，失去親情的關愛與家庭的溫暖，極易走入歧途，成為少年罪犯，增加社會制度的不安全，而導致整個社會秩序的不安定。

對家庭的影響－單親家庭

離婚時，子女的監護權是重要的議題，西方傳統上，母親獲得監護權，而父親付扶養費用及享有探親權，除非母親被證明「不適合為人母」，在美國，父母離婚的子女，有 86％與母親同住，而且大部分是父母庭外和解後所做的決定；而在我國，監護權通常歸父親。

父母親離婚，孩子不管由誰來監護，勢必產生許多單親家庭。父母離婚、配偶亡故、或未婚媽媽所造成的單親家庭，是真性單親家庭；如因工作調動產生的通勤家庭，因外遇導致一方離家而尚未離婚的家

庭，配偶一方因疾病導致癱瘓的家庭，小留學生家庭等，是假性的單親家庭。以父母親離婚而造成的眞性單親家庭爲多，問題也較嚴重。

根據美國普查局的統計，1990年美國全國18歲以下的孩子，有25％是生活在單親家庭，其中跟母親住的占22％，跟父親住的占3％，而1970年時，18歲以下跟單親家長同住的孩子只有12％，跟母親同住的占11％，跟父親同住的占1％（註一四二）

根據行政院主計處勞動力調查資料，民國72年5月，單親家庭占台灣家庭類型的8％，漸成爲社會新的結構，據最近的資料顯示，台灣的單親家庭比例，已增爲10％，其中的61％爲女性單親。（註一四三）又據80年11月28日《中時晚報》報導台北市單親學童比例逐年增加，目前全市有26355名單親學生，佔全市學生數的6.23％。

全市國中小學單親學生調查

	國　中	國　小	占全市學生之比例
全市學生人數	136,378	284,215	
全市教師人數	7769	11038	
全市行爲偏差學生人數	1719	9,666	1.2%(國中)3.4%(國小)
單親家庭行爲偏差人數	545	2,632	0.3(國中)0.92(國小)
佔行爲偏差人數百分比	31%	27.32%	
輔導老師人數	264	838	4(國中)7.59(國小)
單親人數	8,650	17,705	6.3(國中)6.23(國小)

資料來源：台北市教育局

單親家庭的結構，並非傳統的家庭類型，單親家庭的增多，不僅影響整個社會的家庭結構，更導致其家庭成員身心適應及和外界互動的問題。單親母親面臨的主要問題有①經濟困難，②角色壓力，③被孤立、寂寞，她不但要養家、理家、母兼父職，會比較傾向權威型的管教態度，怕子女因爲沒有父親而學壞。單親父親主要面臨的問題是①角色壓力，②父子關係改變，③生活型態改變，父兼母職不易，對家務陌生，子女的照顧問題，如保母的時間或孩子上下學時間，與父親工作時間不能配合，如遇加班或出差，就會發生問題。單親父親往

往對孩子比較溫和，與孩子比較親近，孩子也比較合作，尊敬父親。

單親家庭的孩子，由於特殊的家庭背景，往往比較敏感、早熟，因此需要更多的關愛和支持。人際的適應是單親孩子的主要困擾，行為表現方面呈現兩極化，不是行為偏差，就是有優異的表現，但是在大部份的個案中，以行為偏差者居大多數。

單親家庭的孩子不等於壞孩子，但其心靈較脆弱，打罵易生反效果，更需耐心，由於父母親疏於照顧，不但無法導正其行為，進而因缺乏親子溝通，往往使子女變為受虐兒，為能健全其身心發展，首應重視子女人格成長過程，給予適時的鼓勵，切莫以一種放任或嚴厲管教方式，因為這種方法對子女的人格行為都是致命傷。（註一四四）

單親家庭所遭遇的困難，以經濟、時間分配、親子溝通及社交人際需求為主，美國的單親，常處於貧困的掙扎邊緣，而台灣的情況較好，根據中央研究院徐良熙副研究員針對單親家庭的研究，發現家庭扶助中心輔導的單親，經濟情況較差，但親子關係密切，白領單親因程度高，經濟壓力較輕，但對外約會、社交活動多，親子關係較差。

在時間的分配上，男性單親可能有親戚分勞，女性單親必須為家計忙碌工作，與孩子相處時間減少，親子教養的問題，對離婚者尤其明顯，不僅要協助孩子調適父母離婚後的生活，還得改變教養方法，如果單親經常換男伴或女伴，也易造成孩子錯誤的訊息，有時單親喜歡從孩子身上套消息，基本上須注意技巧，不要加諸個人的憤怒與不平，避免孩子對你產生不信任的態度。（註一四五）

沈靜在＜正視單親家庭子女＞一文（註一四六）中，認為多數單親家庭的子女，在生活環境改變之下，性格難免受到若干影響，如：①成為父母的訴苦對象，使孩子承受過多壓力，②早熟，在同學間受歧視，以致善妒、易怒、缺乏安全感，性格偏激，③父母的補償心理或期望過高，使孩子感到惶恐，④缺乏對性別角色的認同與學習，⑤

父母婚姻不幸，使子女對交友、戀愛、結婚成家，抱持不信任態度，甚至不敢嘗試。

　　單親教養孩子成了一個問題，但是只要成人具有成熟和理性的態度，來處理孩子的歸屬問題，以及設法心理重建，心中不要有恨有怨，以關懷與愛，讓孩子的心富足，那麼，單親父母也可以給孩子一個安詳的家。（註一四七）離婚後對子女的教養，林蕙瑛教授的建議是：

　　①子女探視問題：牽涉法律與情緒問題，當女方到男方家探視兒女時，一定受到前婆婆奚落，這時就要用減敏感法化解情緒，用相對抑制法想快樂的事情。

　　②適當理由解釋離婚。

　　③言行給予愛的保證。

　　④了解同情子女的情緒。

　　⑤分享未來的計畫。

　　⑥不溺愛，不離間。

　　⑦生活重心不可放在小孩身上，也不可專注於自己身上，宜並重。（註一四八）

　　單親不是孩子的選擇，父母離婚後，如何協助子女適應單親生活，是父母雙方的責任，而學校與社會更須和單親家庭配合，合力照顧單親孩子。

　　(7)對離婚的對策

　　離婚本身帶有相當的複雜性，很難以偏概全，但千萬不可因逃避一時的感情糾紛或現狀而走向離婚。在面臨離婚的抉擇時，許多人堅信自己是跨出了婚姻的墳場，但是根據統計，離婚五年以上的人中，感到非常後悔的男人與女人，竟然各占了五分之一的比例。離婚是現代家庭最大的精神及經濟危機，所以至今還沒有人敢創設「婚姻保險」來加以保障。（註一四九）

　　社會學者林振裕提出離婚的對策如下：

　　①鼓勵並輔導婚前對擇偶有責任的、明智的、慎重的態度。

　　②利用講座、大眾傳播工具灌輸正確的婚姻觀念。

　　③婚姻與家庭生活教育與訓練。

　　④對家庭破裂及繼父母所帶來的不良環境，應爲子女提供一個
　　　適當的監護人。

　　⑤將造成婚姻失調的原因消除，以解決衝突，獲致協調。

　　⑥儘可能減輕離婚對社會的不良影響。

　　⑦對於婚姻失調，不可過分強調性方面失調。

　　⑧除夫婦利益外，也應兼顧子女及社會的利益。

　　⑨重視婚姻關係之準備，以保障有關當事人能在婚姻及家庭關
　　　發揮其功能，如身體檢查、心理測驗、經濟能力證明等。

　　⑩對離婚須有嚴格的法令規定。

　　⑪加強社會福利與社會安全的措施。（註一五〇）

　　此外，對於單親家庭，應給予必要的協助和輔導，如台北婦女展業中心與台北市社會局合作，曾推出油麻菜籽專案，協助單親父母適應單親家庭生活，同時爲單親的子女們輔導課業。該中心主任謝曾芳蘭說：「81年6月底第一梯次的專案計畫中，不但爲單親父母辦成長團體，也請大學社工系高年級學生，爲單親家庭的孩子們輔導課業，個人的心理調適以及對孩子的教養照顧，是單親父母們最需要幫助的，特別是離婚造成的單親，如果心理調適不當，很容易把婚姻帶給自己的傷害和陰影，轉移到孩子身上，對孩子的成長極易產生負面的影響。」該中心提供這些服務是免費的，在此專案中，也安排婦女單親家庭的親子互動活動，以旅遊或知性休閒的動態方式，讓親子增進情感。又該中心曾於81年5月31日舉辦單親家庭表揚大會感恩禮拜，九位單親媽媽接受表揚，評選標準是單親二年以上，子女尚幼，而能堅強獨立

扶養子女，使家庭能和諧維繫著。（註一五一）該中心的電話是：（02）5057999。

又晚晴協會曾開設單親家庭再教育研習班，針對離婚男女設計課程，探討單親家庭子女再教育問題，授課內容包括離婚女性面臨婚姻挫折的工作壓力、生活的調適、離婚女性再就業等問題，也藉以幫助離婚男女能面對問題。該會並印製《單親家庭手冊》上下冊，提供無法前去上課的婦女自行研讀，有需要的民眾可以自由索閱（註一五二）。

在學校的配合方面，國小及國中應建立單親家庭名冊，擬訂年度輔導計畫，並且多舉辦單親父母座談會，提供適當的管教子女方式。

十一、美滿婚姻十要訣

一項針對婚齡25至44年的夫婦所做的調查顯示：美滿婚姻有十大要訣：

1. 互信、互諒、互重、互愛。
2. 對婚姻有強烈的責任感，包括對配偶忠實。
3. 具有良好的溝通能力。婚姻美滿的夫婦與一般夫婦一樣也會有爭執，但他們總能技巧的設法協調。
4. 不沈湎於過去，或老提會刺痛對方的往事。
5. 背景相當，培養共同嗜好。
6. 欣賞對方優點，包容缺點。
7. 對生命的意義具有共同信念，這通常包含宗教成分。
8. 尊重對方為獨立個體，給予相當的活動空間。
9. 關愛子女，不過，調查中發現，婚姻極美滿的夫婦，能白頭偕老的首要因素不是子女，而是因為他們彼此深愛對方，希望長相廝守。
10. 當「空巢期」來臨時，攜手積極參與多種活動，不在家中自怨

自艾，互相悲歎。（註一五三）

【附　註】

註　一：黃右昌《羅馬法與現代》163頁。

註　二：趙雅博《家庭倫理問題面面觀》26頁。

註　三：同註二。

註　四：李永然《婚姻與法律》32頁。

註　五：詹文凱《結婚與離婚》2-3頁。

註　六：Liv.Ballard Social Institution,Chapter 4.白秀雄《社會工作》452頁引。

註　七：尹蘊華《家庭教育》16頁引。

註　八：同註七。

註　九：朱岑樓《婚姻研究》390頁。

註一〇：龍冠海《社會學》263頁。

註一一：張宏文《社會學》252頁。

註一二：白秀雄《社會工作》453頁。

註一三：尹蘊華《家庭教育》16頁引。

註一四：國立空中大學《社會學》下冊74－75頁。

註一五：賴瑞馨等《婚姻面面觀》21－25頁。

註一六：朱岑樓《婚姻研究》59頁。

註一七：賴瑞馨等《牽手一輩子》29頁。

註一八：賴瑞馨等《婚姻面面觀》113頁。

註一九：鄭爲元、廖榮利《蛻變中的台灣婦女》，大洋出版社，民國74年。

註二〇：黃麗琴《性別角色與社會意識型態－論變遷中婦女問題》135－136頁。（台大三民主義研究所碩士論文，民國75年）。

註二一：朱淑怡＜男大當婚女大當嫁－看單身貴族的婚姻觀＞，《大家健康月刊》70期 20頁。

註二二：賴瑞馨等《婚姻面面觀》31頁。

註二三：高淑貴《家庭社會學》37－38頁。

註二四：高淑貴《家庭社會學》38頁。

註二五：張乙宸譯《婚姻關係》專文討論－問題婚姻和婚姻問題。

註二六：朱岑樓《婚姻研究》5頁。

註二七：陳顧遠《中國婚姻史》90頁。

註二八：童養婚是育有子嗣的家庭，抱養別人家的小女孩爲養女，待兒子和養女到達適婚年齡，就讓他們結婚。

註二九：白秀雄《社會工作》454頁引。

註三〇：林振裕《社會學》180頁。

註三一：《拾穗》雜誌革新023期42頁，80年9月號。

註三二：王志敬《家政學》33頁。

註三三：王志敬《家政學》34－35頁。

註三四：王志敬《家政學》55－56頁。

註三五：81年5月24日《聯合報》

註三六：《衛生教育》半月刊第759期，81年2月29日出刊。

註三七：80年10月15日《聯合報》

註三八：陳艾妮《婚姻契約》67－74頁。

註三九：陳顧遠《中國婚姻史》131－133頁。

註四〇：吳自甦《中國家庭制度》18頁。

註四一：81年5月7日《中央日報》第七版。

註四二：所謂血親，是指和自己有相同血緣的親屬。

註四三：所謂姻親，根據《民法》第69條規定，是指血親的配偶，如嫂嫂、弟婦、姊夫、妹夫、姑父、姨丈；配偶的血親，如岳父母、公婆、小姑、小叔、小姨、小舅子；配偶的血親的配偶，如連襟、妯娌等。

註四四：李永然《婚姻與法律》12－13頁。

註四五：周何《古禮今談》50頁。

註四六：周何《古禮今談》61－62頁。

註四七：證書用粉紅紙鑲金邊，左右配以彩色龍鳳案，外加大紅金字尼龍封　　　　　夾。內容依據內政部61年8月3日台內民字第445783號代電、台灣省　　　　　政府民政廳61年8月16日民甲字第15109號代電。

註四八：依據內政部62年3月21日台內民字第510006號函及台灣省政府民政廳　　　　　62年3月 27日民甲字第6727號函。

註四九：詹文凱《結婚與離婚》10－11頁。

註五〇：81年1月18日《民生報》。

註五一：蔡文輝《家庭社會學》110－111頁。

註五二：W.M.Kephart,The Family,Society,and the Individual,Boston:Ho-　　　　　ughton Mifflin Compamy,1961,pp.311-312,朱岑樓《婚姻研究》345　　　　　頁引。

註五三：81年3月17日聯合報。

註五四：同註五三。

註五五：阮昌銳《中國婚姻習俗之研究》79頁。

註五六：阮昌銳《中國婚姻習俗之研究》319－320頁。

註五七：阮昌銳《中國婚姻習俗之研究》320－321頁。

註五八：阮昌銳《中國婚姻習俗之研究》321－322頁。

註五九：阮昌銳《中國婚姻習俗之研究》317頁。

註六〇：楊懋春《中國家庭與倫理》10頁。

註六一：阮昌銳《中國婚姻習俗之研究》333頁。

註六二：阮昌銳《中國婚姻習俗之研究》334頁。

註六三：Maureen Green 原著，張乙宸譯《婚姻關係》（marriage）,1987，3　　　　　－ 4頁，（遠流大眾心理學全集）。

註六四：81年4月12日《大成報》

註六五：《婚友情報》創刊號9頁。

註六六：見張宏文《社會學》262－263頁。

註六七：80年3月27日《中央日報》16版。

註六八：張乙宸譯《婚姻關係》專文討論－問題婚姻和婚姻問題。

註六九：80年1月3日《中央日報》20版家庭與生活。

註七〇：賴瑞馨等著《牽手一輩子》3頁。

註七一：Klemer 1970, Saxton 1972，戴傳文《婚姻與婚姻諮商》138頁。

註七二：賴瑞馨等著《婚姻面面觀》93頁。

註七三：賴瑞馨等著《婚姻面面觀》31頁。

註七四：Maureen Green 原著，張乙宸譯《婚姻關係》168頁。

註七五：80年2月25日《中國時報》。

註七六：錢壽海＜永保美滿的婚姻＞載《婚姻與家庭》月刊第六卷第一期。

註七七：80年1月30日《民生報》婦女版。

註七八：80年10月29日《中國時報》，取材自《人物雜誌》。

註七九：New York Times Oct,9,1977,35，李紹嶸、蔡文輝合譯《婚姻與家庭》209頁。

註八〇：同註七九。

註八一：81年6月20日《民生報》據《法新社》報導。

註八二：80年10月8日《民生報》據《法新社》報導。

註八三：李紹嶸、蔡文輝合譯《婚姻與家庭》210－211頁。

註八四：80年4月24日《中央日報》。

註八五：80年2月27日《中時晚報》。

註八六：80年4月24日《中央日報》。

註八七：同註八六。

註八八：《衛生教育》半月刊第765期，80,12,30出版。

註八九：81年3月18日《聯合報》。

註九〇：王連生《親職教育》75－76頁。

註九一：80年2月27日《中時晚報》。

註九二：80年4月24日《中央日報》。

註九三：80年4月20日《中央日報》。

註九四：李紹嶸、蔡文輝合譯《婚姻與家庭》185－189頁。

註九五：81年8月5日《中國時報》。

註九六：張宏文《社會學》306－307頁。

註　九七：80年3月5日《自立早報》莊柏林＜紅杏爬出牆，繼而謀害親夫＞。

註　九八：參考80年9月號《拾穗》48頁。

註　九九：81年5月27日《民生報》。

註一〇〇：賴瑞馨等著《牽手一輩子》168頁。

註一〇一：賴瑞馨等著《牽手一輩子》149頁。

註一〇二：80年10月30日《民生報》。

註一〇三：簡春安《外遇的分析與處置》34－35頁。

註一〇四：簡春安《外遇的分析與處置》32－33頁。

註一〇五：簡春安《外遇的分析與處置》60－64頁。

註一〇六：簡春安《外遇的分析與處置》64頁。

註一〇七：賴瑞馨等《牽手一輩子》105頁。

註一〇八：81年8月19日《中央日報・社論》。

註一〇九：陳艾妮《婚姻契約》156頁。

註一一〇：簡春安《外遇的分析與處置》85－86頁。

註一一一：簡春安《外遇的分析與處置》88－89頁。

註一一二：簡春安《外遇的分析與處置》102－111頁。

註一一三：80年12月1日《民生報》。

註一一四：李牧華譯《創造美滿的婚姻》43頁。

註一一五：同註一一四。

註一一六：簡春安《外遇的分析與處置》154－156頁。

註一一七：彭駕騂＜吵架的藝術＞，載台北市社教館《幸福家庭講座》34頁（76年）。

註一一八：朱岑樓《婚姻研究》342頁。

註一一九：李永然《婚姻與法律》33頁。

註一二〇：《唐律疏義》卷十四。

註一二一：80年2月22日《民生報》林秀清報導，取材自《今日美國報》。

註一二二：80年6月8日《民生報》。

註一二三：柴松林等著《開放的婚姻市場》81－82頁。

註一二四：賴瑞馨等著《牽手一輩子》189頁。

註一二五：80年3月26日《中國時報》。

註一二六：81年4月27日《聯合報》。

註一二七：81年3月8日至3月14日《中央日報‧星期天》216期。

註一二八：Kitson and Sussma,1982，王輔天《夫妻角色認知、感情惡化情況及丈夫外遇行為》11頁，台大心理系碩士論文。

註一二九：柴松林《倫理情理經理》53頁（省訓團訓練叢書78年）

註一三〇：簡春安《外遇問題的分析與處置》17頁。

註一三一：謝高橋＜轉型社會的離婚現象＞，載《張老師月刊》119期10－11頁。

註一三二：高淑貴《家庭社會學》167－169頁。

註一三三：白秀雄《社會工作》470－473頁。

註一三四：張乙宸譯《婚姻關係》15頁。

註一三五：重大的挫折而造成苦痛有：①喪偶②離婚③分居④入監⑤家人去世⑥傷痛或疾病⑦結婚⑧被解僱⑨婚姻調停⑩退休⑪家人生病⑫懷孕⑬性無能或困難⑭夫婦爭吵⑮子女成長遷出⑯親家或婆家問題⑰妻子開始外出工作或轉職。

註一三六：賴瑞馨等《牽手一輩子》199頁。

註一三七：80年2月22日《民生報》。

註一三八：彭駕騂〈吵架的藝術〉載《幸福家庭講座》34頁,76年。

註一三九：80年3月6日《中國時報》家庭版。

註一四〇：Claire Berman《一樁不錯的婚姻》，Family Circle 1991,5 李淑珠譯，載《婚姻與家庭》月刊第六卷第五期。

註一四一：80年4月9日《民生報》22版，中央社譯稿。

註一四二：81年10月23日《中國時報》。

註一四三：81年1月3日《中央日報》家庭與生活版。

註一四四：81年3月18日《自由時報》。

註一四五：81年1月3日《中央日報》家庭與生活版。

註一四六：《我們的雜誌》20期129－133頁。

註一四七：履平《與單親家庭互勉》81年5月15日《中央日報》。

註一四八：台北市立社教館《幸福家庭講座》49－50頁（76年3月）。

註一四九：Maureen Green 原著 "Marriage"《婚姻關係》，張乙宸譯，129頁。

註一五〇：林振裕《社會學》183－184頁。

註一五一：81年5月21日《聯合報》，81年6月1日《中國時報》，81年6月16日《民生報》。

註一五二：81年5月21日《聯合報》。

註一五三：《吾愛吾家》9202期。

第四章　夫婦的倫理

　　天地二氣相交而萬物生，男女相交而夫婦成，人類生命因而延續，生生不息。《易經》〈序卦傳〉說：「有天地然後有萬物，有萬物然後有男女，有男女然後有夫婦，有夫婦然後有父子，有父子然後有君臣，有君臣然後有上下，有上下然後禮義有所錯（措）。」《中庸》說：「君子之道，造端乎夫婦。」陳立夫先生說：「人倫之造端，始於夫婦。有夫婦一倫，然後父子兄弟二倫以立；父子之一倫，由家擴展至國，遂有君臣之一倫；兄弟之一倫，由家擴展至社會，乃有朋友之一倫，此爲人倫進展之序也。」（註一）

　　因此，夫婦一倫是人倫的開端，也是人類生命之本。夫妻關係是人類最親密的一種人際關係，現代人的流動性較農業社會爲高，朋友的情誼已不是永恆，即使親如手足，也可能難得相聚，只有配偶永遠生活在一起，惟有夫妻關係才能恆久，夫妻之愛，有其不可取代性。

　　牟宗三先生九十歲生日時，有位記者訪問他，當時他說了一段很發人深省的智慧之言，他說：「夫婦在科學家講是男女，夫婦同男女有很大的差別，如何可以成爲好的夫，如何做個本分的婦，有文化的因素在其中，是要學習的，要把過往一代一代人的感性生活、經驗，都匯集在身上。」（註二）誠然，夫妻關係是維持家庭生活的基礎，有幸福美滿的夫婦關係，才有健全的家庭；有健全的家庭，才有健全的社會與富強的國家，這就是《大學》中所說的「修身齊家治國平天下」的道理。

　　本章探討夫婦的倫理，分爲夫婦一體的意義、夫婦的角色、夫婦的共同責任、夫婦相處之道等幾項加以說明。

一、夫婦一體的意義

夫婦關係是人類最親密的一種人際關係，因為夫婦是一體的。在人類歷史的第一個婚禮裡，撮合亞當、夏娃的月下老人－－神，給這一對新人的勉勵詞只有三句話：「人要離開父母，與妻子連合，二人成為一體。」（註三）這三句簡單的話，其中所蘊藏的真理卻是振古鑠今，閃耀出最高智慧的光芒。

《周禮》說：「媒氏掌萬民之判。」注說：「判，半也，得耦而合，主合其半，成夫婦也。」兩半才可合成一體；《白虎通》說：「妻者齊也，與夫齊體，自天子至庶人，其義一也。」《儀禮》〈喪服傳〉說：「夫妻一體也，……夫妻伴合也。」所以，在我國的傳統裡，視夫妻為一體，而歸於「天作之合」。

然而所謂夫妻一體的真義，是夫妻雙方結伴共同生活，可以分享喜樂，分擔憂苦，是「我泥中有你，你泥中有我」的情境，而不是互相依賴，因為不論誰依賴誰，對於對方都是一種負擔，依賴者和被依賴者都會有被牽絆的感覺，那豈不是成了「絆侶」，所以夫妻雙方必須保有自主性及自由性的生活空間，才能成為真正二位一體的好伴侶。在夫妻的婚姻關係中，根本沒有「你輸我贏」或「你贏我輸」，而只有「我們贏」、「我們輸了」，雙方要體認彼此的處境和困難，兩人共同解決任何一方所發生的問題，共同享受幸福美滿的婚姻生活。我們俗稱妻子為「牽手」，夫婦不但要手牽手，而且要心連心，情投而意合，共同開創未來的人生。夫妻完全是處在平等的地位的，所以我們稱夫妻為「匹配」、「配偶」要基於夫妻一體平等的觀念上，才能建立一個平權幸福的家庭。

二、夫婦的角色扮演

　　我們在母體中孕育的時候，性別就已經決定了。在生理上，由於生理基因和性荷爾蒙的不同，男女在體質上確實有差異，所以俗說「男女有別」，社會學上稱此為「性差異」（sex differences），而個人對自己性別的認知，是心理學上所稱的「性別認同」（gender identity），這是個人的主觀性別認知。

　　據外國學者Inge K.Brovermen的研究，典型性別角色特質如下：

女姓	男性
缺進取	進取
缺獨立	獨立
富感情，不隱藏感情	無感情，隱藏感情
非常主觀	非常客觀
服從，易受影響	支配，不易被影響
易對小事激動	對小事不激動
被動	主動
無競爭性	有競爭性
不合邏輯	合邏輯
無商業才能	有商業才能
轉彎抹角	直接了當
無冒險性	有冒險性
難下決心	有決心
欠自信心	有自信心
無野心	有野心
多話的	沈默的
靈巧、溫和	直爽、粗魯
能解他人的感情	不瞭解他人的感情
安靜	嘈雜

需安全感　　　　　　稍需安全感

對文藝藝術有興趣　　對文藝藝術無興趣

能表示溫柔的性情　　不易表達溫和的性情（註四）

　　當然上述性別角色的特質，不能一概而論。我們常以性別來安排男女的社會角色，例如在我國傳統社會裡「男主外，女主內」的觀念便是。其實，男女角色的分別，最主要的因素還是在文化上，文化對男女兩性角色的界定，是傳統性的，不一定很合理。社會學上把男性的以事業成就爲中心的角色，稱爲「工具性角色」（instrumental roles），把女性的以柔順和情感的付與爲中心的角色，稱爲「情感性角色」（expressive roles）。（註五）

　　在當今變遷的社會中，男女兩性的角色，需要重新加以定位，整體來說，性別角色有兩個明顯的趨勢：

　　①性別角色態度較趨向現代化，男性比女性有更多傳統的性別角色態度，教育程度較低者，表現出較傳統的性別角色態度。

　　②妻子外出就業固然會使丈夫參與家事的機會增加，家務分工方面的態度或行爲改變，還是較爲緩慢。（註六）

　　根據1977年紐約時報與哥倫比亞廣播公司合辦的民意測驗，男人與女人應更具雙性向角色的想法，已被大約一半的美國民衆所接受，約48％的美國人，願意分擔婚姻的兩性角色任務。（註七）

　　兩性角色的改變，提高了女性社會地位，改變了男女關係，人們不再那麼拘束於「男主外，女主內」的界限，女性在家庭內的地位，也由副屬地位而提高到平等地位，夫婦之間的關係，不再是主從關係，夫婦明確分工的時代已經過去了，家務的彈性分工，才是符合時代需要的新趨勢，這種趨勢的重大意義是：

1.對成人小孩都有絕對益處

　　(1)經濟效益提高。

(2)下一代可以學習到彈性的性別角色。

(3)有助於性別刻板印象淡化，剛柔並濟的個性發展。

2.彈性分工有賴男性的行動支持

年輕男性對女性的尊重，及對參與家事的觀念已在調整。（註八）

因此，夫婦不應堅持嚴格的角色界限，應相扶相攜，才會有和諧的關係，而不致發生角色衝突。

三、夫婦親密關係的特質

夫婦是最親密的人類關係，也是人類生活裡最複雜的人際關係，有下列幾項特質：

1.全人格發生反應：夫妻的人格互動是獨特的和全部的，因為反應只給予一個特定的對象－配偶，而不能轉移別人；而且是對夫或妻一人的特質和背景，作全盤的反應，以統一的和自然組成的「我」，自發自由地發生反應，以真正的感情進入關係之中。夫婦的人格互動，包括人類經驗各方面的期望、態度、情操和習慣。婚姻關係不是一種契約，而是無限制的承諾，各自將對方的全部幸福一肩擔當起來。

2.溝通縱深且橫廣：夫婦間溝通的範圍和方式，很少有所限制，可利用語言、肢體語言，以及其他無聲的和隱秘的行為，作為溝通彼此心理的工具，因而「心心相印」。愈親密的夫妻關係，彼此的心理佔有（psychological possenssion）愈強，而二人合為一體，福禍與共，休戚相關。

3.私人滿足高於一切：彼此心裡都知道自己被配偶接受，被配偶需要，而彼此直接獲得福利和安全感，妻是夫的「粉紅知己」，而夫則隨時隨地給予妻安全和快樂。寇伯屈（Kirkpatrich）認為夫妻之間的婚姻關係，是一種特殊的友誼，因為兩個人的性別不同，又在社

會認可下正當地發生性行為,經過由模倣(Imitation)、暗示(Suggestion)、同情(Sympathy)、認同(Indentification)、投射(Projection)、投入(Introjection)、自我理想修正(Modification of ego ideal) 等過程,產生人格傳染(Contagion of personality),在某種情況之下,會產生成功的補償或角色的互補。(註九)

四、夫婦的婚姻經營與調適

不論男人或女人,最大的成功應該是婚姻的成功,任何學業事業的成功,都沒有辦法彌補婚姻的失敗。然而幸福美滿的婚姻,是靠經營得來的,在婚姻的花園裡,如果不經細心灌溉,是無法綻放出幸福的花朵的。

根據美國婚姻專家大衛、梅斯(David Mace)長達二十多年的婚姻觀察,真正屬於「天作之合型」的夫妻,大約只佔3%,「前世冤業型」的夫妻,也不過5%或6%,90%以上的夫妻關係,都必須經由不斷的調適和學習,來維持婚姻生活的甜蜜,鞏固彼此的感情。(註一○)

《人生光明面》一書的作者皮爾夫婦的婚姻,一向為人所稱道,然而皮爾夫人在《為妻的心路歷程》一書中說:「婚姻並不是天作之合,更不是天生美眷,我們的幸福婚姻,是靠雙方努力經營而得來的。」然則在婚姻中並沒有安全而確定的航道,只能靠夫妻雙方的力量導向成功之路。

1.幸福婚姻的特徵

幸福婚姻的真正意義,乃在乎夫妻二人同時間彼此的委身,肯用意志去愛對方,去克服一切婚姻成長的障礙,維護雙方應有的權利,努力開拓前面新的境界,發掘彼此的潛能,讓婚姻一起成長、茁壯。

　　曾經擔任美國「夫妻家庭療法協會」會長的羅勃、貝瓦茲，認為幸福的婚姻具有六個特徵：

①夫妻能力、程度差距不大，思想、情感、個性互補。

②夫妻能夠互相尊重，了解「界線」存在的必要，個人人格界線很清晰。

③不要總是回顧過去，要正視現在，展望未來。

④要尊重彼此的自主性。

⑤要具備商量的技術。

⑥夫妻雙方都具有積極、肯定的生活態度，具有幽默開朗的性格。（註一一）

　　朱岑樓教授以為理想的婚姻關係，是夫妻兩個半周所合成的一個圓。我們常以「花好月圓」來祝福新婚的夫婦，事實上夫婦的人格不同，很難合成一個天衣無縫的圓，而且人格在變，環境在變，如果不作動態的調適，以求發展步調一致，不僅裂縫擴大，而且可能南轅北轍，背道而馳，趨於破碎（註一二）。

2.婚姻調適

　　所謂婚姻調適，是指夫妻二人在願望、態度和情操方面，互相進行個人調適，求其協和與順應，以滿足雙方生理的、心理的、文化的和社會的需要。

　　根據蘭逖斯（J.T.Landis）的研究，婚姻調適包括六方面：①性關係（Sex relation），②家庭收入支配（Spending the family income），③社會活動（Sccial activities），④夫妻雙方親屬關係（In-law relationships），⑤宗教活動（Religions activities），⑥共同朋友（Mutual friends）。（註一三）

　　夫妻是同船人、同林鳥，是合為一體的，所以在精神上要有和衷共濟的意願，無怨無悔；在感情上要有琴瑟和鳴的心曲，甜美和樂；

在溝通上要有暢通直達的熱線，少有意見上的衝突。怎樣做到這種境界呢？王連生教授的意見是：

①相互適應，找出最適合自己的模式，千萬不要和別家比。

②中斷依賴，建立自己的家庭，不必讓上一代介入生活。

③完全接受，避免愛之深、責之切，尤其不應要求對方完美。

④體貼對方，常懷感激讚美之心，不要將對方的努力視爲理所當然。

⑤美麗迷人，永遠爲悅己者容，特別是職業婦女，切忌「回家像糟糠，外出美又嬌」。

⑥學習溝通，確保婚姻成功。

⑦維持自我，不要成爲彼此的負擔，女性特別應培養自己的態度、價值及興趣，有自己的朋友，才不會覺得爲家犧牲過多。

⑧一起成長，永爲最佳拍檔。

⑨興趣相同，發展互補的需求，使彼此的付出及得到，可密切配合。

⑩除了有個人目標，更要設立共同目標，如有假期、購屋、事業。

⑪支配時間，找出共有的時光。

⑫解決衝突，減少破壞性，如果爭吵，千萬不要說狠話，想贏對方，翻舊帳，擴大事態或打架。（註一四）

而夫妻婚姻的調適，必始自婚姻開始時期，且在婚姻生活中繼續不斷進行。康克爾（Kenkel）曾爲婚姻關係開始時期的調適，列舉以下九項重要的工作：

①發展決定家庭政策的能力。

②編製互相滿意而切實際的家庭收支預算。

③達成雙方稱心如意的性關係。

④取得和享受在社區和親友間的婚姻地位。

⑤表現和容忍彼此的差異。

⑥建立血親姻親間的良好關係（特別是雙方的父母）。

⑦學習夫妻親密生活必須的合作。

⑧訂立料理日常家務的程序，使操作與娛樂二者配合無間。

⑨完成作父母的準備。（註一五）

　　總而言之，佳偶本非前定，怨偶也絕非孽緣，夫妻應該互相調適。婚姻調適的目的，在期使夫妻有共同的價值觀、人生觀、生活目標、經濟生活、宗教生活與社會關懷，而使婚姻關係維持長久，幸福美滿。婚姻成功是婚姻調適的目的，而婚姻調適是成功婚姻的途徑和手段。

五、愛、性與婚姻幸福

(一)愛的真諦

　　1.美國當代人道主義的心理分析學家佛洛姆（E. Fromm）說：「愛是一種態度，一種品格的指南，它是一種主動的活動，在保持自己的個性與完整的條件下，帶著關懷、責任、尊重與了解的態度，以專注、耐性、無上關心和格律的行動，與別人進行良好人際關係的共生結合。」（註一六）他認為成熟的愛有四個基本要素：①主動關懷所愛的人和其成長，②對所愛的人生理與心理需求的責任感，③尊敬所愛的人，視其為獨立而有尊嚴的個體，④瞭解自己、對方以及愛情的本質。（註一七）

　　2.愛是一種心理狀態，表現之於行為者。愛與仁通，潛在內心之謂仁，表現於外之謂愛。倫理精神就是一個「愛」字，所謂「愛」，自心理學言之，就是同情心的具體表現。同情心為仁，其具體表現為愛。愛又與慈通，《說文》：「慈，愛也」，上愛下曰慈。愛必本心仁，由於禮義，方為正愛。（註一八）

　　3.柴松林教授說：「愛是一種能將自己伸展出去，與他人密切相

連的心理作用，包含照顧他人、承擔責任、尊重對方、同情理解四個元素。愛是需要學習的情感，是一種主動的歷程，只有個人經由實踐才能培養出來的特性，要主動實踐愛的行為，勿以為愛會主動的降臨。」（註一九）

　　4.愛是人類心靈的交會，感情的昇華，精神的慰藉，透過真誠的關懷，民主的尊重，透徹的了解及莊嚴的責任等適當態度與具體行動，來達到增進別人良好成長、更好發展及美滿生活，增益幸福的目的。愛是人類社會倫理綱常的精髓，也是其維繫的主要支架，它不但是家庭生活愉悅和諧的源泉，也是社會國家進步安和的動力。（註二〇）

　　5.從本質上說，愛與喜歡同是一種甜美的情緒，一種內心需求的獲得滿足，只是程度的差別而已，愛是喜歡的極致，愛的感受比喜歡更為濃烈。從行為上說，兩者著眼點不同，喜歡主要是利己的，而愛則同時包括了先利人再利己的雙重效果。當喜歡到願意與他共享生活中各個主要層面（生活的思想面、生理面、心理面、社會面、娛樂面、物質面等），或者願意為他喜怒哀樂和真正的生活需求的滿足負起相當責任時，就是愛他。愛會為生活帶來溫馨和甜美，消逝時內心則充塞著煩悶、苦澀的滋味。（註二一）

　　6.愛不僅是一種熱烈的情緒和甜美的感受，愛是能夠令愛人的人和被愛的人獲得充實及不斷成長的一系列態度和行為，包括身體的（physical）、智能的（mitellectual、情緒的（emotional）、及社會的（social）四個層面。（註二二）

　　7.愛情是指男女間之情。愛就是在異性身上發現自己的理想，因此對對方產生了愛。各人的理想不同，所以尋找的對象也不同。理想可以分別為美貌、財富、門第、地位、才幹、學識、性格、風度等等，對這些理想，我們不能下一斷語，肯定的加以評論厚非，然愛情是雙方的，二人的理想相同，才能情投意合，才能發生真愛。……愛情可

以抹煞了掩蓋了對方的老、醜、貧、賤，也就是俗語所說的「情人眼裡出西施」。（註二三）

8.眞正的愛情和迷戀是不同的，愛情是由雙方的瞭解，吻合自己的理想，重視對方，時時爲對方著想，願爲對方服務，專情於一人，相信對方，彼此眞誠坦率，情感堅強持久，不受一切干擾，能容忍能控制，心理是正常的，注重二人間的彼此關係，更能增進關係而求發展，否則將是迷戀，迷戀不能達成理想，也是形成痛苦的源泉。（註二四）

9.眞正的愛情並不是突然間發生的，如果有人說：「我們一見鍾情」，其意其實是說：對方和他心中的理想對象恰好符合。不管有沒有察覺出來，我們大部分人在心裡面都會塑造這些理想對象。因此，當我們發現某個人的外貌、舉止和言談，和我們所想像的這個人一樣時，我們就被「吸引」住了。（註二五）

10.愛是兩個人共同創造自己，來適應這個愛的世界。愛不是詩人和哲人所描述的那麼唯美和完美，也不是有某種條件的交易，愛必須眞誠地把自己交與對方，但是仍保有個人的自主性。……也要將部份的個人特質和對方相互融合。愛情來臨時，個人需保有和對方融合或不融合的自由，這好像很矛盾，換句話說，就是自己先衡量彼此的感情，然後讓自己的一部份和對方融合在愛的世界裡，融入的這一部份，便需要做某些調整和改變，而另外的一部份保留，使它獨立自主，以原來的風貌出現。要了解愛情，便要了解彼此融合與個別獨立之間之協調。眞正的愛情，應該是彼此可以共同相處，分開後也可以獨立生活。（註二六）

11.愛是一種強烈的情緒感受，有一種極爲滿足、溫馨且希望與他親近的感覺，還希望對方也能從你身上得到同樣的滿足。……羅曼蒂克的愛，震人心絃，絕對忠實排他，令人嫉妒；成熟的愛，悅納對方

優點，也不排斥其缺點，無佔對方便宜或完全佔有對方之企圖，各自發揮才華自由。（註二七）

12.愛情不是高明的騙局，是高明的藝術。喜歡不等於愛，而我愛妳，卻表示我喜歡妳。愛情是彼此奉獻（付出），不是完全佔有。Sullivan說：「愛是將對方的需要和成長，看得和自己的需要及成長一樣重要。」（註二八）

13.美國心理學家史登柏，研究18歲到70歲中五十個有過愛情經驗的男女，結果認為一個完全、無上的愛，包括三個因素，即親密、激情、許諾，同時這三個要素等質的分配，才能形成一個完全的愛。（註二九）

從以上引述的觀點，我們可以得到愛的正確理念，愛就是尊重－清楚認識對方，完全尊重，接受對方的特質；愛就是關懷－主動關心，設身處地關懷對方；愛就是了解－儘可能投入對方的世界去了解他；愛就是責任－自動為所愛的人負起責任。

愛是行為的潤滑劑，人性有很多的弱點，唯愛能補救這些弱點；人生有無數的缺憾，唯愛能彌補這些缺憾；人際關係有無數的間隙和鴻溝，唯有愛能填平這些間隙和鴻溝。（註三〇）愛能使柔弱者變得堅強，能使兇殘者變得溫馴。托爾斯泰說：「愛之所在，即有上帝。」人人都需要別人的愛，更需要把自己心中的愛推給別人。

愛情是夫婦婚姻的基礎，沒有愛情的婚姻，無法天長地久，幸福美滿。維持愛情，增進愛情，是夫妻雙方共同的責任，夫妻彼此要克己、奉獻、關懷、謙虛、寬恕，才能獲得對方的真愛。

（二）性

性是動物的本能之一，人類的性，在正常的兩性關係中，是表現互信、互諒、互愛的最佳方式，是非常美好的事，是和諧的、歡愉的，只有在兩情相悅才會發生的自然行為表現。但是，它也具備神聖、人

格和責任的一面，人之所以成爲萬物之靈，有別於禽獸者，端在這毫釐之間。在傳統的社會中，總認爲性是骯髒的，是見不得人的，大家都避而不談，這種錯誤觀念，反而導致犯罪率的增加。

　　性與愛不同，愛是精神的，是受教育培養的，而性是肉體的，是本能的，性可以助長愛，但不是愛的唯一條件。性是愛的極致，但是性並不等於愛，性也永遠不能驗證愛，不過夫婦間的愛，卻要靠著性來表達，愛情、婚姻與性，代表心理、社會與生理三個層面，單一層面無法完全滿足一個人，兩個毫無血緣關係的人，藉著愛與性在婚姻關係中合而爲一，是三者最理想的配合，因此，在中國傳統社會裡，只有婚姻關係中的性，才被認爲是正當的，除此之外，婚前及婚外的性行爲，都不能爲社會所接受。雖然，時至今日，夫妻之間忠誠的觀念逐漸式微，然而我們要再三強調性忠貞是健全婚姻與夫妻情感的要素之一。從另一個角度來說，性即使是一道有力的鎖，也難保能鎖住夫婦兩人一輩子，夫婦還須培養共同興趣、互相關懷。

　　性、愛、婚姻三者合一，才是最完美的情況，缺一都是遺憾。有性愛無婚姻，缺乏法律的保障；有性、婚姻而無愛，性只是義務的履行；有愛、婚姻而無性，也未臻於理想與幸福。

(三)夫婦的性調適

　　性在婚姻中有其特殊的地位，它能滿足雙方的性慾，繁衍子孫；夫婦間的性生活，是婚姻中最直接最親密的部份，夫婦兩人由性行爲而合爲一體，體認到丈夫屬於妻子，而妻子也屬於丈夫。婚姻中的性關係，能強化夫妻的感情，是愛的極致表達，幫助夫妻減少衝突，當彼此有了爭執或衝突之後，能借著彼此相愛的性行爲來化解，所以俗語說：「夫妻的感情全在一張床上」，又說「夫妻床頭吵，床尾和，枕畔語絲甜蜜多，夫妻沒有隔夜仇。」但是，這絕非表示夫婦兩人打得死去活來時，丈夫用暴力方式要求性行爲之後，便能使雙方關係再

度和好。

　　夫婦性關係是否和諧圓滿，常是主宰婚姻幸福與否的關鍵，因此，夫婦之間的性調適，是建立幸福家庭的一種考驗和重要課題。我們在上一章已討論到當今離婚率昇高的嚴重性，而夫婦性關係不能調適，正是離婚的原因之一。當今社會益趨多元化，夫妻關係常因性而起變化，由性的品質低落，而到分床、分居生活，夫妻怎能不離婚呢？

　　每個人都有性生活的反應，但是每個人對性的要求或滿足卻並不完全一樣，而且用來滿足性需要的方式也不完全一樣，夫妻對性的配合，無疑是雙方協調的重要工作之一，若性趣不一致或達不到美滿，會大大影響婚姻，甚至於造成外遇，使家庭解組。

　　性如何調適呢？台北醫學院泌尿科主任江漢聲說，現代的婚姻生活中，最常見的性問題，是來自雙方無法溝通，不僅是對生活的細節，對事情的觀念都無法一致，乃至對性的需求、性的感覺都無法啟口。

　　一對夫婦共同生活幾十年後，一旦有性功能退步或困擾，就會因而隔閡愈來愈深，終究完全放棄性生活。

　　兩個人在一起如何開始談「性」呢？專家們的建議是由閒聊中談起，由閱讀或討論，甚至看比較挑情的書或影片做為刺激，比較不會尷尬。

　　一旦雙方開始做性的對談時，必須著重傾聽對方的意見，保持目光的接觸，並提供回饋意見，在「性」的交談上，保持心境輕鬆愉快是溝通的第一步。

　　其次要學習如何提出要求。大部份的人很難啟齒問對方有何「性」的要求，而提出要求時，更易被對方拒絕，所以很多夫婦的性生活是在半推半就之下進行，如果雙方能很自由地表達所需，而給對方很自在的感覺，性生活才真是兩情相悅，如魚得水。

　　事實上在性生活方面，有很多細節必須要溝通的，像性生活的頻

度、時機、每次性行為時的氣氛、過程、時間等，絕對不可能兩人都很稱心的，在長期的婚姻生活中，必須要培養這種默契，很自然地去表達個人對這方面的期望。

除了正確地表達之外，在性生活中難免會批評對方，在親密關係中，人們總會有一些抱怨，並要求改變，對於「性」的批評，常會有不同的結果。如果要有建設性的批評，必須選擇適當的時機和地點，而且善用讚美來緩和批評帶來的反應，並以漸進式的做法來讓對方接受批評，才會有最大的效果。

這在較保守、內向的夫婦尤其重要，有時一兩句無心之言，會使丈夫性功能失常，妻子性冷感，或是在性生活方面更難進行。然而對方如果能接受批評建議，在「性」方面做更盡善盡美的改變，那麼夫婦感情必定更為融洽。

如果要拒絕對方，也要學習如何說「不」，在性生活中才不會造成僵局。沒有一個人在任何時候都想要做「性」的事情，如何說出「親愛的，今晚不行」這句話，其實是很重要的，因為勉強的情況下去進行，會使「性」的歡愉不再被期待，長久下去，性慾必定減低。但是拒絕一個人的剎那，總是會使對方愕住，而有情緒上的反應，往往僵局容易形成而不容易打開，當言語溝通不容易再進行的時候，應該嘗試做非語言性的溝通，包括從臉部表情、身體接觸所表示的歉咎和慰藉，緩和彼此的對立，這時或許可以停止討論，等待下一個機會，彼此都再考慮對方感覺時，再把問題提出來。（註三一）

性關係良好是幸福婚姻的必要條件，但不是充分條件，所以良好的性關係，並不保證一定能擁有幸福的婚姻。許多女性刻意以性的吸引力來挽住丈夫的心，這是錯誤的觀念，每個人必須在婚姻中建立起性關係以外的吸引力，以取代性的吸引力，如努力成為良好的精神伴侶，培養成熟的風度，善良的心地，寬廣的胸襟，有深度的見識等。

（註三二）有些女性把性視爲義務，限定在何時從事或完成，或以性作爲懲罰丈夫的工具，或是取代對對方的歉意，都是不正確的觀念，有害於夫婦之間性的調適。

(四)不可誤解開放的婚姻

開放的婚姻思想，形成於第二次世界大戰以後，而盛行於最近幾年。所謂開放的婚姻，並不是作妻子的發揮女性的魅力，也不是做丈夫的發揮男性的狂熱，更不是「性自由」或「改變家庭形態」或背棄婚姻的法則。

有些人誤解「開放」的意思，認爲開放是解除所有的責任和行爲限制，結果做出破壞婚姻的種種行爲。

實際上，開放的婚姻是把夫妻兩個人從限制中釋放出來，消除婚姻行爲所帶來的壓迫感，是夫妻互相承認個人的權利，由自己安排自己的工作，負擔自己的行爲責任。男人從「男性」的角色，女人從「女性」的角色束縛中釋放出來，各自發揮潛能，可選擇自己的生活方式，但須盡可能配合他的配偶的目標（註三三）。

(五)貞操與婚姻幸福

和諧完美的兩性關係，僅存在於一夫一妻制的婚姻關係中，以兩個伴侶之間完全忠誠和絕對的信賴爲基礎的一夫一妻關係，才是最安全的一種性關係。

貞節是古代女子的第二生命，在各姓氏的族譜中，都有特別規定，貞節的婦女，除娶來的婦人要記錄，就是嫁出去的女子也要記錄，妾原本不列入族譜，但如果是貞節，也要記載；相反的，若不貞節的女人，如因罪而出，或夫死改志的，都要從族譜中除名。所謂「在家從父，出嫁從夫，夫死從子」的「三從」，是古代農業封建社會的觀念，當然不適合於今天，今天對寡婦改嫁的事，已無古代的禁忌，可是對婚姻外的性關係，仍然是不被接受的。

　　從倫理道德的觀點來看，男女相愛結婚，生兒育女，乃是天經地義的事，然而夫或婦不守貞操，做丈夫的拈花惹草，爲妻子的紅杏出牆，原本就違逆常道，後果不堪設想，如破壞婚姻，家庭解組，又牽涉到墮胎、私生子、未婚媽媽等嚴重的法律及社會問題。

　　夫婦間的倫理道德，我國所最看重的是貞節，是一種極好的傳統，不但應當努力維護，而且應該努力發揚。可惜貞節變成了片面的道德，通常只責婦謹守，未求夫共遵，於是丈夫有外遇，旁人不以爲恥，夫置姬妾，旁人不以爲非，如果太太加以阻撓，旁人就譏其婦爲妒婦。其實，貞節是男女相對等的價值觀念，是夫婦須共同遵行的倫理。男女因婚姻而結成夫婦，欲白頭偕老，自須相互肩負貞操的義務。貞操是夫婦對未來貞節的誓約，而不在於追溯既往。

(六)婚前性行爲是婚姻的病媒

　　所謂婚前性行爲，是指一個人在未結婚之前，有性行爲發生，就是未婚的性行爲。

　　就美國社會來說，八〇年代美國人的性觀念及性關係，未必比七〇年代保守，根據聯邦衛生與行爲研究人員的報告，在1988年所做的調查顯示：有51.5％的人在二十歲以前曾發生過婚前性關係，這個數字，幾乎比1970年增加一倍，其中十五歲以下的女孩有25.5％，十九歲以下的女孩有75.3％曾有婚前性經驗，此一比例即使和七〇年代相比，仍有過之而無不及。

　　而我國的情況呢？婚前性行爲在年輕人中愈來愈被接受，根據1984年《人間雜誌》在六所大學的抽樣調查，發現受調查中有五分之一曾經發生過婚前性行爲。（註三四）根據 1990年的一則新聞報導，台灣的女學生在每年的九月開學後，醫院的青少年門診性諮詢專線，常常成了熱線，而從統計來看，十到十二月間前往婦產科醫院驗孕及施行人工流產的女學生，較其他月份多，依一般的推理，暑假是易於

性衝動的季節。再根據台大公共衛生研究所1990年底所做的「全國高中（職）以上在校學生與異性交往」的調查顯示，逾 6%的男生，與30%的女生，認為「婚前性關係沒啥不可」，至於發生性關係者，男生有十分之一（實際比例相信還要高些），如將年齡層往上推，則統計數目一定呈正比例增加。據台北市家庭計劃中心前主任江千代稱：國內女性未婚懷孕的比例約為 2%，根據調查，未婚生育的情形，有77.6%為父不詳，表示未婚媽媽的比例偏多。另從二十歲以下生育的婦女調查中發現，67.4%為婚前懷孕。（註三五）又據台北市衛生局的統計，台北市民國76年未婚懷孕者有二千四百多人，佔新婚個案的15%，81年度仍有二千零三十四人，佔新婚個案的12%，此一數據可能低估，因為有許多未婚媽媽懷孕後未結婚，不在訪視中。（註三六）

　　根據 Reiss（1960）的研究，在美國社會裡，同時並存著四種婚前性行為的道德標準：

①絕對的禁慾（abstinence）

②雙重標準（double standard）：對女子的婚前性行為不能接
　受。

③考慮感情因素的性開放（Sexual permissiveness with aff-
　ection）：不論男女，在相愛的情況下，婚前性行為被接受。

④性放任（Sexual permissiveness wihout affection）：為性
　而性，不考慮感情因素。（註三七）

而Kinsey贊成婚前性行為，現代人不把忠實視為理所當然，而且避孕方法發達，墮胎容易，男女雙方均把性行為視為享樂的活動，有些人甚至以此作為婚外性關係的藉口。

　　然而，我們認為男女在婚前不應有性關係，通常父母親對子女的婚前性行為，都抱持著反對的態度，宗教信仰也不贊同；在五十年代，社會性觀念相當保守，一般人認為女孩子須為婚前失貞負責，而

今九十年代，婚前性行為仍必然會感到生理的、心理的、家庭的、社會的、倫理道德的壓力。茲就婚前性行為的原因與後果加以析論，以明婚前偷嚐禁果的代價。

1.原因

(1)遭人強暴

民國82年 3月12日《聯合晚報》載：中央研究院社會科學研究所研究員伊慶春在調查雛妓問題時，訪問台北縣市四所國中403個女學生，發現都市地區的國中女生中有1.7%曾遭強暴。

現代婦女基金會護衛中心曾指出，從民國77年10月成立輔導被強暴婦女，到80年底，三年多來共輔導了 265位遭強暴的受害女性，經進一步統計顯示，熟人強暴為數甚多，加害人與被害人相識的比例，平均高達72%，而被自己相識的人強暴的情況中，加害人又以朋友最多，其次分別是同事、上司、鄰居、親戚。（註三八）

強暴是悲傷而嚴肅的人性課題，強暴的故事，永遠是兩性關係中最扭曲、痛苦的一章。美國賓州大學人類學家 P.R.Sanday，在分析過世界156個原始民族的人類學資料後，曾對男性的強暴行為，得到以下的結論：「在女人地位較高、男女關係和諧、競爭性不強的社會裡，男人不會或少有強暴女人的事件發生。。只有在女性地位低落、容許暴力、鼓勵男性勇猛和競爭的社會，才會有偏重的強暴發生率。」（註三九）

強暴問題不只是單純的生理上的「性慾問題」，從文化、社會等角度來看，它是暴力犯罪問題與兩性的倫理問題。強暴並非由性或情慾所引起，而是一種敵意、暴力、玩弄擺佈受害者的行為，不管是男人強暴女人，或女人強暴男人，性的亢奮並非來自滿足，而是來自對方的驚怖。（註四〇）有些女孩子因被強暴而懷孕，在心理上及生理上都受到極大的傷害。

⑵誤認婚前性行爲是對愛情的肯定

有些女孩子以貞操的奉獻，來表示對愛情的忠貞，有些男孩子以性慾的不滿足，而懷疑愛情的眞實性。男孩藉此以控制女友移情別戀，而女友以性手段制約男人，結果常因此不但喪失了愛情，也喪失美好的前途。千萬不能把「性」當做試驗愛情的東西。

⑶女孩子輕信男友的誓言，因男友發誓要娶她，就爲他獻出了貞操。

⑷女孩子以爲醫學發達，性行爲使處女膜破裂，必要時可整形，用不著擔心。又以爲今日避孕工具、技巧普遍被應用，不擔心懷孕。

⑸受時代潮流的影響：人口集中都市，休閒活動場所增加，性觀念越來越開放，一般人的價值觀越來越混淆，以爲婚前性行爲才夠新潮。

⑹受時下電影、電視、小說劇情的影響：以男歡女愛爲劇情的電影、電視、小說、錄影帶，比比皆是，對青少年男女產生負面的影響。

2.婚前性行爲的後果

⑴生理方面

①有懷孕的可能：如果懷了孕，可能男女匆促結婚，如果不能結婚，男方拒絕負起責任，使感情破裂，女方採取報復手段，或把孩子生下來，變成未婚媽媽，孩子成爲私生子，託人寄養或自養都成問題，如果不把孩子生下來，勢必要墮胎，造成身心雙重傷害。墮胎的婦女，尤其是少女，其罪惡感，往往如影隨形，難以抹滅；而且墮胎手術具有相當的危險性，常會發生細菌感染、出血、子宮頸裂傷、子宮穿孔、輸卵管發炎、休克……等併發症。有的因墮胎，使得子宮內膜受損、

輸卵管閉塞，造成婚後流產、早產、不孕的結局。

②感染性病或其他性行爲有關的疾病：例如美國籃壇巨星魔術
強森，因婚前濫交，罹患 AIDS，消息傳出，舉國譁然。雖
然美國是個崇拜英雄的國家，對於這位馳騁球場的運動名將，
沒有人敢輕言「活該」，可是後來終於有幾位仗義執言的女
性，挺身而出，直斥其非。（註四一）

(2)心理方面

婚前的性行爲無法成爲愛情的保證和肯定，反而帶來恐懼不安，
女方有強烈自責、罪惡感與焦慮，擔心男友變心離去。有些女孩子受
人面獸心的男友所騙失身，變得沈默寡言，遠離朋友同事，社會關係
退縮，精神恍惚，失眠、恐懼、焦慮、企圖自殺，造成精神分裂。如
果婚前性關係的對象，不是以後與自己結婚的男人，則自己心頭上必
然仍有一個永遠揮不掉的人影，對自己的丈夫有愧疚的心理。

(3)影響日後婚姻幸福

儘管調查顯示，大學男生中有95%以上認爲，只要男女相愛，便
可有婚前性行爲，然而調查同時指出，有90%以上的男生，卻希望妻
子是處女，（註四二）真是互相矛盾。根據蓋洛普徵信公司進行的「
台灣地區民衆性生活民意調查」顯示，有六成以上的男性不能接受其
配偶在婚前和其他異性有過性行爲。（註四三）有一個社工人員，曾
勸導過不下一百個新郎，不要在意新娘不是處女，但是，他自己結婚
時，巧的是其新娘竟然也不是處女，雖然滿口不在乎，可是心中的陰
影，卻久久不能消失。

有人以爲婚前性行爲的男女雙方，如果結婚了，並不影響其婚姻
生活，其實不然。婚前性行爲帶來的危害，不在戀愛時，而是在婚後，
因爲它降低夫妻間的信賴感，彼此疑忌形成控制，對美滿生活產生不
利的影響。

　　生命線和處理婚姻暴力的台北市社會局北區婦女福利中心，一致指出，許多不幸的婚姻案例，都肇因於婚前輕率的性行為，「奉子女之命」結婚者，婚後問題尤多。生命線表示，從求助個案中，可以發現不少家庭的爭吵，來自於男女雙方互相不了解就發生性關係，不管是否懷孕，不少男女因此結婚，婚後才發現兩個人要一起生活並不是那麼容易，爭吵遂無法避免。如果夫妻是「奉子女之命」結合，不管雙方多相愛，因剛結婚經濟狀況未穩定，兩人人格也未成熟，生下小孩後，常只是問題的開始，而就心理學分析，婚前性行為常發生在對自己責任較不重視者身上，使問題更形嚴重。（註四四）曾有這樣的個案：太太婚前失身於他人，夫妻的感情迸出裂痕，先生侮以「二手貨」，妻子內心所受的打擊，猶如絞切一般，毫無自尊，只能以淚洗面，夫妻兩人都嘗苦果。（註四五）婚前性行為的後遺症，也常容易導致婚外情或離婚，實為婚姻幸福的病媒。

　　(4)如與有婦之夫或有夫之婦有了性關係，甚至還可能官司纏身。

　　一個女孩子萬一在婚前有和他人發生性行為，結婚後都應該保留心中這樁秘密，別承認妳已不是處女，即使你的丈夫再三保證：「妳如果說實話，我還是愛妳。」也別冒這個險，因為絕大多數的男人，都不會原諒妻子曾失身給別的男人。

六、夫妻的溝通

(一)溝通的意義

　　溝通是指將一個人的觀念、思想、意見、資訊和感覺，透過共同的語言或文字，或一系列的行為，傳達給他人的歷程，其功能，在積極方面，可增進彼此的了解，情感的交融，建立和諧的人際關係；在消極方面，可以減少誤會、衝突、紛爭，化解敵意，如果溝通不良，會產生猜疑、迷惑、挫折、謠言、恐懼等。

社會心理學家和輔導心理學家強調，溝通是傳遞消息、感情、價值和洞察力的工具，旨在發展團體成員結合力和拘束力（cohesiveness and commitment），它不止於談話，是個人藉以分享和瞭解別人感情、目的和知識的意圖，這是一種雙向的過程（a two-way process）（註四六）。

(二)夫妻溝通的重要性

有人懷疑說，夫妻是最爲親密的人際關係，還需要溝通嗎？殊不知夫妻都是個獨立的個體，在結婚之前，有各自的生長背景、教育程度、經歷與價值觀、人生觀，和另一個人組成家庭以後，在生活習慣上、認知上、思想上有差距是難免的，必須藉著良好的溝通，使雙方共同面對衝突，解決困境，即使挑戰來臨，也能安然渡過。

葛蘭所著《超越伴侶》一書面世時，曾引起相當震撼，他提出人們都相信一段理想和健康的婚姻關係，應該建立在雙方能夠持續不斷地談論彼此的關係和想法。許多婚姻輔導專家與美滿婚姻促進會，也都一再強調溝通是開啓幸福美好的婚姻之鑰。（註四七）

夫妻關係的好壞，不在於雙方有無爭執，而在於如何溝通，以解決爭執，化解衝突。「美滿婚姻協會」（Association of Conples for Marriage Enrichment 簡稱 ACME）台灣分會的前主任張資寧先生，根據自己的婚姻經驗，以及身爲教會牧師所接觸到的婚姻問題，指出溝通不良是婚姻問題的癥結所在。他說：「導致婚姻關係破裂的因素有很多種，例如性關係不滿足、金錢處理不當或子女管教態度不一致等等，其實這些都是結果而不是眞正的原因，因爲雙方關係不良，才導致那樣的結果。而關係過程良好就得靠溝通，所以溝通不良其實是導致婚姻問題的元凶。」美國「美滿婚姻協會」的創始人大衛、梅斯（David Mace）也說：「沒有不良的婚姻，只有不良的溝通。」夫妻的衝突並不表示婚姻失敗，事實上，它正是婚姻潛能得以發揮之處，

良好的溝通是婚姻潛能得以成長的決定性因素。夫妻若能學習有效溝通，將可避免衝突，化解婚姻危機，增進婚姻幸福。夫妻溝通的良窳，是婚姻幸福美滿與否的關鍵。

(三)溝通的原則

1.歐尼爾五個有效溝通的原則（註四八）

(1)了解當時情況（Understand the context）

(2)時間的安排（timing）：挑個最好的時刻討論問題。

(3)清楚（clarity）：看到的才說，感受到的才講，不要批評。

(4)開放的傾聽（open listening）：注意聽－反應－思想情感的交流。

(5)回報（feedback）：溝通的完成。

2.Dr.S.Wahlroos 所提溝通的原則：（註四九）

(1)行動往往「說」得比言語更大聲，非語言的溝通比語言的溝通更有力。

(2)重要的就強調，不重要的就忽略。

(3)盡可能表達好而確實的溝通。

(4)溝通時要清楚具體

①表達語意時要說明清楚，也要求對方說明清楚，避免模糊不詳。

②不要接受對方語意不詳的話。

③對你的決定要解釋原因。

④造成問題時，要把有關你自己的部份說明清楚。

(5)言辭要切實際要合理，不歪曲事實。

(6)以言語表達來驗證你的每一個假設。在做之前要得到對方的贊同。

(7)承認每一件事都可以有多方面的看法。

(8)承認家人對你的觀察入微。

(9)不要讓好言的討論，變成惡言的爭吵，注意情緒和聲調，克制
　衝動。

(10)坦誠面對自己的感受，只要是有意義的問題就要提出來，不要
　怕煩擾了對方。

(11)不要用不當的溝通技巧，不要陷入惡劣的吵架。

不當的技巧：

　①假設對方作了不合理的要求或說了不合理的話。

　②讀出別人行為的動機，驟下結論，以偏概全。

　③轉移話題，反攻擊。

　④一次指責多件事情。

　⑤耍數字遊戲。

　⑥運用邏輯來掩飾真正的感情。

　⑦打斷。

　⑧身懷原子彈，威嚇、叫囂、爆發。

　⑨指責別人能力所不及或不可改變的事，不肯原諒別人。

　⑩侮辱對方，宣揚家醜。

　⑪把別人逼瘋，折磨人。

　⑫一哭二鬧三上吊，使人感到愧疚。

　⑬挖苦諷刺。

　⑭沈默不理、慍怒、繃臉、冷戰。

(12)溝通造成的效果比本意重要。

(13)接受一切感覺並試著去了解，不要接受一切行為，但也要試著
　去了解。

(14)要委婉、體貼而有禮地尊重對方和他的感受。

(15)不要說教或訓話，最好用發問的方式。

⒃不要找藉口。

⒄不要嘮叨、叫罵、發牢騷。

⒅得幽默時且幽默，當嚴厲時要嚴肅，不要以取笑他人為樂。

⒆學會傾聽，不要插嘴。

⒇不要玩惡意的遊戲。

3.藍三印教授所提溝通的藝術

　⑴要注意對方溝通的意願，察言觀色。

　⑵聆聽對方的意見。

　⑶協助對方思考問題而不代替他做決定或下空論。

　⑷要就事論事，不要把問題扯的太遠，尤其不能傷到對方的人格　自尊。

　⑸採用開放性的措詞，而非閉鎖性的措詞，閉鎖性是指不讓對方　有回答的餘地、表示意見的機會。

　⑹不可採取曖昧溝通方式（即不清不楚）。

　⑺儘量了解對方的人格特質，順其性而行。

4.錯誤的婚姻溝通

　⑴經常使用錯誤的溝通對話腳本

　　①使用絕對性的字眼，誇大事實本身，例如：

　　　你「永遠」不可能改過的。

　　　你「每次」晚歸都懶的打電話回家。

　　　你「絕對」不會幫忙打掃房間的。

　　　我就知道，你「一定」會把事情搞糟的。

　　　你「都」把外人看的比我重要。

　　②過多挑剔，專挑對方的缺點數落。例如：

　　　丈夫偶爾晚歸，可能在回家路上早已有了愧疚之心，但一回　　　到家，太太因等了一夜，心中積怨已深，一看到丈夫就忍不

住大罵一頓。丈夫本想道歉，這樣一來不免因「自我防衛」，而和太太大吵一頓。

③批評對方的「祖宗八代」，例如：

你果然是你媽的兒子。

我就知道，你爸爸從小沒管好你。

(2)不平衡

①一方很愛講，一方很不喜歡講。

②一方情緒較濃，溝通時情緒誇張；一方較冷靜。對情緒化的一方，應收斂誇張的情緒，以免嚇到對方；在表達自己的情緒之餘，別忘說出自己的期望。對冷靜的一方，應開「金口」，使對方了解你的感覺和想法。（註五〇）

（四）溝通的類型

1.混亂的溝通類型：經常藉口才和語言來攻擊、挑戰、指責、以及諷刺對方，或將自己的困難、不滿、委曲、不安，或個人的偏見，投射到對方身上，好像對方要為其個人的情緒負責似的，很容易導致爭吵。

2.壓抑的溝通類型：表現明理體貼，以被教導的是非和好壞觀念來運作，而不表現真正的感情，時時防衛他人的攻擊。

3.憂鬱的溝通類型：所投射出的訊息是無望、無助，以及罪過的，使家庭氣氛沉重和死氣沉沉。

4.神經質的溝通類型：由於神經系統上的歪曲，情感的轉移，或是投射作用，致使期望、需要、感受混亂不清，導致神經衰弱症。

5.精神分裂的溝通類型：溝通模式毫無組織，非常不明朗，在同一時間傳遞多重訊息，大多相互矛盾。

6.消息交換的溝通類型：只是傳遞消息，彼此無分享到彼此內在的感受。

7.理智說明的溝通類型：重邏輯，明辨是非，但忽略自己和對方的感受。（註五一）

七、夫妻吵架的藝術

（一）夫妻吵架的原因

　　夫妻原是兩個性別、出身、教養、思想、價值觀不同的人，用一條婚姻的鍊子束縛在一起，永遠生活在一起。在這種情況之下，要他們的信仰、思想、言行相同，是不可能的，因此夫妻之間的吵架成了必然的現象，婚姻專家早已下過結論說：「婚姻不和是正常的，不是例外。」不管多恩愛的夫妻，也很難得沒有吵過架的。

　　夫妻之間的爭吵，是兩個人努力克服困難的表現。吵架是一種很好很健康的溝通方法，有時藉吵架，才能了解到對方所不能忍受的事情，增進彼此的瞭解，知道如何去調適，把夫妻關係的發展，引向一個新境界，所以說夫妻之間適當的爭吵，不但不會毀壞婚姻，反而會增進婚姻的成長。傳統上，一般人的觀念裡，多半以為夫妻之間應該恩恩愛愛，避免爭吵，尤其將夫妻吵架的次數，視為婚姻幸福與否的指標，這是對婚姻的迷思之一，有這種婚姻迷思的人，當婚姻有衝突時，不敢面對衝突，而將問題壓抑下去，久而久之，不但問題未獲解決，雙方也就相敬如「冰」，用消極的態度去減少接觸和避免爭吵，對婚姻的成長非常不利。我們這樣的論斷，並不是在鼓勵夫妻爭吵，因為時常爭吵，沒有尋合理的途徑解決衝突的話，對婚姻也會造成很大的傷害。婚姻關係中最重要的不在有沒有發生爭吵，而是雙方必須學習有效處理衝突的方法，不可以失去理性的抱怨或吵鬧，也不可以採取鴕鳥心態來維持虛假的和諧。

　　導致夫妻吵架的因素很多，如生活習慣不同、為人處事的差異、交友、娛樂、時間的分配、家事的分工、管教子女的方式、家庭經濟

財產的處理、對對方親屬關係等，都可能帶來許多衝突。

（二）夫妻吵架的禁忌

夫妻的衝突與爭吵既然不可避免，然而爭吵的時候，必須注意下列幾項禁忌：

1. 人身攻擊，傷害對方的人格：人身攻擊對對方所造成的傷害是刻骨銘心、永難忘懷的，若爭吵演變成如此結果，不但不能解決問題，反而因受傷害而情感破裂，雖然表面上你贏了，但是自己的配偶受到如此重的傷害，其實也傷害了你自己，因為夫妻是一體的。

2. 在孩子面前吵架：父母親在孩子面前吵架，甚或打架，對孩子的心理會造成非常嚴重的負面影響，他們會恐懼不安，深怕父母親因此離婚，有時會以為自己是父母吵架的導火線而自責。父母親吵架，對胎兒也有影響，台大醫院李鎡堯教授指出，一般胎兒在五個月大的時候，就可聽到外界的聲音，並會有所反應。根據研究，準父母吵架的時候，肚子裡的寶寶也會聽到，並且會以胎動作為反應，他建議如果準父母一定要吵架，不妨改為「筆仗」對胎兒的影響可降到最低。（註五二）

3. 在吃飯前吵架：那有情緒及胃口吃飯呢？

4. 在睡前吵架：怎能睡得著呢？

5. 吵隔夜架：不要把吵架延續到第二天。

此外專家學者有如下的建議，也值得參考：

1. 夫妻雙方應事先約定就某一特定的主題來爭吵，以免漫無邊際，不知吵什麼。

2. 運用「我覺得」、「我感到……」的陳述方式來表達內心的感受，避免用「你根本……」之類的指責方式，以免對方產生抗拒的心理。

3.針對配偶的批評，要委婉而具體。

4.著重於當前的問題，而不要連老帳一塊兒算。

5.直接而肯定的表達內心的不悅，不要拐彎抹角，話中帶刺。

6.讓對方把話說完之後自己再說，不要從中打岔或斷章取義。

7.不要輕易使用「你總是」、「你從來不」的陳述，咄咄逼人，
　應讓對方有所退讓的餘地。

8.將心比心，學習尊重並願意接受對方內心的感受，設身處地為
　對方著想。

9.一旦問題澄清，情緒宣洩之後，則夫妻雙方應說明清楚，什麼
　樣的改變才會令他（她）滿意。

10.夫妻彼此應就該問題達成一項協議，並將該協議試行一週，以
　觀後效。

11.如果協議不盡理想，則可以尋求另一項協議再試一週，如此週
　而復始，直到雙方都滿意為止。

12.雙方約定，如果任何一方違反協議，則另一方可隨時「提醒」
　對方。

13.如果在爭吵之時，當事者無法控制自己，則應暫時離開「戰場」，
　待冷靜之後，再行協議。（註五三）

八、夫婦相處之道

（一）相敬如賓

　　我國東漢時有個梁鴻，每天自外做事回家，他的太太燒好了飯菜，
不敢在他的面前仰視，而舉案齊眉，成為後來夫婦間能盡互敬之禮的
典範（註五四）。當然在今天男女平等的時代與社會，妻子舉案齊眉
已不合時宜，然而夫妻仍然是必須相敬的。

　　婚姻是一種「愛的事業」（loving business）；夫妻是終身的

結合，情愛是聯繫夫妻關係最鞏固的基礎，要相敬以禮，相愛以誠。莎士比亞說：「一切真摯的愛，建築在尊敬的基礎上。」夫妻不可互相猜疑，「疑來則愛去」。天主教情侶的禱詞說：「我們發誓，無論環境順逆，疾病健康，貧賤富貴，我們要永久相愛。我們要牢記並實踐：『愛是含忍的，是慈祥的；愛不嫉妒，不誇張，不自大，不求己益，不動怒，不以不義為樂，卻和真理同樂。』」

(二)彼此尊重

夫妻在婚姻關係中，必須仍然各具獨立性及自我的價值，婚姻才易致美滿幸福。個體在結婚之後是平等的關係，各盡其夫妻的角色責任，任何一方都不應該在婚姻關係中失去自我及獨立性。所以夫妻要彼此尊重，要尊重對方的個別性和獨特的人格，承認他（她）是一個獨立的整體和自主的個人，不可心存利用或控制對方，或漠視他（她）的願望，並且要用行動來表達對配偶的重視與接納。楊國樞教授說：「現代的婚姻意義最好是：彼此儘量給予對方較大的自由度與獨立性，並尊重對方不同的興趣、個性、生活方式、人生價值與追求的目標。兩人能一樣最好，但絕對不強求。……婚姻不是讓兩個不同的人變成同樣的一個人，而是藉著互相成長與支持，更加發揮自己的特性。」（註五五）說得更為具體明白。

(三)以誠相待，互相信任

婚姻不僅建立在愛情之上，也建立在誠懇之上，夫妻要誠懇地面對自我與對方的實現世界。名女星茱麗亞羅勃茲以為「謊言」是婚姻生活中最大的殺手，她坦承不諱地表示，當自己在婚禮前夕，得知未婚夫凱菲和一位脫衣舞孃有著曖昧不清的戀情時，一時之間怒不可抑。但是，話說回來，夫妻之間的坦誠，只是一種原則性的，雙方是否毫無隱私，不應分彼此的透明相待呢？其實任何事情都對配偶誠實以告，有時對婚姻是無益的，如果向配偶表達真實情況，把一切都坦誠相告，

有時反而會傷害了兩人的關係。保有隱私以及適度的隱瞞，如果對兩人關係有利，而且對配偶是一種保護的話，就不應全部開誠佈公。（註五六）

信任是建立幸福美滿婚姻所不可或缺的，每一次真誠相待，創造一份信任；累積一生信任，成全一椿美滿幸福的婚姻。所以，夫妻之間要彼此信任，不可互相猜疑。欺騙是信任的大敵，它使我們不能了解自己和他人。婚姻生活中許多小小的搪塞或重大的欺騙，常被合理化，或以「慈悲」作藉口，夫婦各自認為他們用欺騙來「挽救」對方，以免造成更糟的結果，但我們不相信瞞著不說或直接說謊會幫助婚姻，也不相信長久的「慈悲」會帶來美滿的婚姻生活。（註五七）

（四）相互讚美

有一則笑話是這樣的：

丈夫：眼科醫生說我的視力有問題。

妻子：噢！難怪你從來未稱讚我的新衣和髮型。

這雖然只是一則笑話，卻很真實地反應夫妻極少互相讚美。美國《紐約時報》曾以「在太太心中，對丈夫最大抱怨是什麼？」以及「由丈夫觀點來看，對太太最大的不滿是什麼？」兩個題目，徵求讀者的意見，結果由來信中統計出的答案是：太太的最大抱怨是－我的丈夫對我既不重視，又不感激。丈夫的最大不滿是－我的太太對我嘮嘮叨叨，絮聒不休。在我國，夫妻不能彼此讚賞感激，那就更有過之而無不及了，由古以來太太被丈夫稱為「賤內」、「拙荊」、「糟糠之妻」可知。

卡內基曾說：「人有一種燃燒的渴望－渴望得到真誠的讚美與感謝。」Secord P.E.和 Backman C.W.二氏，根據社會交換理論解釋人類的愛情時，指出異性之間經常互相讚美和鼓勵，是提昇親密感的必要因素。很多人在婚前或婚姻外的人際關係中，總能毫不吝惜的讚美

別人，唯獨對婚姻伴侶卻難得說出一句好話，或許是疏忽，或許覺得不必要。尤其是傳統中的中國式夫妻，往往如此，這是不對的觀念。在夫妻之間，讚美是一種非常有效的「熱媒」，它使得情感得以昇華，而「批評」卻是一種阻斷劑，使得反應因而中止。在這裡我們要特別強調的，由於社會變遷，女性在各行各業表現傑出，有其一片天地，如果丈夫在不同領域或知名度不如妻子時，不可造成心理不平衡，甚至情緒反彈，而應該欣賞太太的成就，分享她的喜悅。花旗蛋糕負責人唐琪夫婦，就是個好例子，她過去是個演藝人員，後來轉入企業界，丈夫一直在學術界，可是唐琪說她最依賴丈夫。她的丈夫認為現代夫妻各有專業領域，表現不一，當互相支援，他一直尊重妻子的工作，尤其見到妻子戲演得好，蛋糕做得好吃，他覺得與有榮焉。

　　雖然面對知名度日益升高，神采飛揚的太太，不乏以「與有榮焉」坦然處之的先生，但是「明知道應該肯定她，情緒卻不聽使喚」的丈夫，卻仍大有人在。部分因工作成績出色或是參與社會公益活動而日漸出色的女性表示，先生似乎對自己越來越挑剔，總愛說些「妳不重視家庭生活，只要名不要家」之類的話，讓人氣結。救國團專任張老師郭璨瀯認為，此時女性最好避免用「你們男人就是受不了太太比你有名、比你出色」的大帽子，立即叩在先生頭上，因先生並不見得全然是因為「妳出名，讓我在外面抬不起頭來，被人嘲諷」，而覺得自尊受損，或許可能是由於太太分給家庭的時間愈來愈少，使先生一時無法適應所致。先生也應坦白自己的情緒，太太即時加以慰藉，並感謝他在背負如此沈重的心理壓力下，還能給自己充分發展的空間。（註五八）

　　讚美有時會把人嚇著，讓他受寵若驚，尤其是陌生人。但是隔遠些再回首，你會發現他們正陶醉在快樂裡。如果你覺得太太打扮得很美、髮型或衣服很漂亮、菜燒得很可口、衣服洗得很乾淨……，如果

你覺得丈夫很勤儉、對事業很專注、具有某一方面的才藝⋯⋯，何妨讚美她（他），欣賞她（他），並讓她或他知道你對她（他）的欣賞與誇讚。

(五)互相體貼

體貼是以自己的心去感覺、去體會別人，其中包含了不忍之心與關懷之意，表現在實際行為上，便是一方細緻的溫柔，當我們體貼別人的同時，必然會感受到極大的快慰。因此，體貼是一種非常高貴、細緻、接近完美的品質。懂得體貼的男人，一定是好丈夫、好情人、好父親、好長官；懂得體貼的女性，絕對會是個好妻子、好母親。

在婚姻生活中最起碼的禮儀，就是體貼對方。夫妻必然要同甘苦、共患難，互相體貼才能克服困難，共享快樂。

(六)彼此寬恕與容忍

寬恕在任何人際關係中都是必要的，其蘊含的意義有二，一是要求給予原諒，而且付諸行動；一是不再憎惡，停止所有用來懲罰對方的傷害性言辭和行為。（註五九）夫妻是最親密的一種人際關係，欲婚姻美滿幸福，自然要彼此寬恕，如果有磨擦、衝突，便會雨過天青。

夫妻在結婚之前，生長於不同的家庭背景，教育環境也有差異，必然會造成思想、行為、生活習慣的不同，而克服這些困擾，最重要的就是「包容」了。夫妻婚姻生活的一個秘訣，就是不要企圖去改變對方，愈想改變對方，則兩人之間的鴻溝便會越來越深，如果怎麼都合不來時，除了改變自己，接近對方，別無他法。夫妻原是「互補」的組合，包容和體諒方是夫妻溝通之鑰。夫妻的愛是由六個因素交織而成的，分別是感情的表達、衷曲的傾訴、容忍對方不愉快的一面、互相支持與鼓勵、內在未流露的感情及物質的支持。（註六〇）夫妻彼此要能容忍，捐棄成見。

(七)具有幽默感，培養生活情趣

　　幽默感是促進人際關係的潤滑劑，具有幽默感的人，必然有親和力，使人樂意和他相處；幽默感也可令人啼笑皆非，化解衝突或緊張的氣氛，增加生活的情趣。夫妻如有幽默感，婚姻生活必顯得更爲融洽。又夫妻如果能培養共同的興趣和健康的嗜好，譬如唱歌、繪畫、書法、戲劇、電影、種花、養寵物、游泳、爬山等，都能增加生活的情趣。漢代的張敞，爲太太畫眉，享不盡閨房之樂；清朝的沈復，和其妻芸娘伉儷情深，在其所著《浮生六記》中，對生活情趣，閨房之樂，作了深刻的描述，令人傾慕，難怪幽默大師林語堂先生要說：芸是中國文學上一個最可愛的女人。我們可不必效法張敞畫眉，但夫妻婚姻生活，確實須要幽默感和生活情趣。

(八)分工合作

　　婚姻是一項合作的投資，決不是一種互相競爭的買賣。我國俗稱自己的太太叫內子或內助，太太稱自己的丈夫叫外子，強調丈夫在外面工作，太太在家管理家務，這是夫妻最原始也最普遍的分工方式。當今夫妻的權利與義務，已經脫離了傳統的窠臼，權利與義務講求平衡，相互支持，不是夫唱婦隨，也不是婦唱夫隨，而是互唱互隨了。即使是夫唱婦隨，或婦唱夫隨，首先應當瞭解唱的是什麼，如果是合理合情的，對社會家庭有益的，就須互相支持，如果不合情理，對家庭無益，對社會有害，那麼站在夫妻關係上，絕不可互相支持的。

　　到底誰是一家之主呢？這是個有趣的問題。根據一項研究，家庭中重要大事，大部分夫妻認爲他們的決策模式是「共同決定」，民主至上。中央研究院中山人文社會科學研究所研究員伊慶春，曾發表一項有關「夫妻決策過程」的研究成果，在受訪的481對夫妻中，各有近六成的夫妻表示，在他們認爲重要的家庭決策上，是雙方共同決定。所謂重要大事，是子女教育、家庭經濟、人際關係等。（註六一）

　　問誰當家，不如問誰專家。政大陳皎眉教授建議，讓有興趣或較

懂的一方做決定，是最適合這個越來越平權的時代與社會。家庭是最親密的團體，任何決定都應考慮對方的感受，由誰「當家作主」並不重要，以買房子來說，誰比較懂，比較關心，或是有這方面的專長，就可能在決定時有較多的意見，如先生懂房地產，就由他來選地點，辦手續；太太喜歡室內設計、裝潢，就由她出主意。這種由專家分工的決策方式，在現代家庭越來越普遍。

　　一項以國內3803位25至59歲婦女為調查對象，並據以推論449萬台灣地區婦女生活狀況的問卷結果，顯示64%女性認為「料理家事」和「照顧小孩」是「女人天生的責任」，可見「平權家庭」要付諸實踐，仍有一段路程。（註六二）

　　在雙薪家庭盛行的今天，「家事分工」已成為家庭抗爭的熱門話題。根據美國雙親雜誌針對夫妻分擔家務的調查結果顯示：有 8%家庭的家事仍由太太承擔，76%大多數是太太做家事，先生只分擔部分，夫妻平均分擔者佔16%，「家庭煮夫」比例還不到百分之一。（註六三）

　　然而時代變了，家事不再是婦女專屬的工作，當婦女也分擔家庭經濟的同時，男士也該投入家務，不是喪失男士本色與尊嚴，而更能增進夫妻感情及家庭和諧。許多職業婦女，面對不做家事的老公，心中常憤憤不平。

　　雙性角色 （androgznous roles）是當代新男女角色平等的概念之一，男女均可互相扮演對方的角色，而不失去本來的性別角色。這種概念並不拘限於家庭內的重新分工合作而已，也可廣泛地影響今後男女擇業的新方向。女性融入傳統男性職業的角色而不受歧視或被另眼看待，同時女性與男性按其個別的專長與嗜好，而扮演其最適當的職業角色，且接受和男性一樣的酬勞。

　　夫妻不但對於家事分工合作，也要合作創業。以撰寫《大趨勢》一書而成名的奈斯比與奧伯汀夫婦，在其《女性大趨勢》的新著裡，

預測世界女性的未來，在政治、經濟、文化各方面，不僅和男性並駕齊驅，並且因著女性意識及女性觀點融入主流思潮，會使世界變得更美好。他們認爲夫妻共同創業是未來的大趨勢之一，因爲夫妻檔最大的好處是彼此知心明肚，容易配合無間，而且完全可信任，不虞對方吃裡扒外；再加上拜電腦之賜，配合傳眞機、大哥大電話機的普遍使用，助長了這個趨勢。總之，兩性關係已經改變，夫妻不再是主奴關係，而是事業上的伴侶，必須分工合作。

(九)適度的妒嫉

日本俚諺說：「不吃醋的女人，是隻不蹦跳的皮球。」意思是說一個完全不吃醋的女人，不會讓人覺得可愛。妒嫉往往是愛情的信號，愛得深，妒嫉也越深，毫不妒嫉的人，表示對對方已不發生興趣了，愛情也已開始衰退了。但從另一個角度看，妒嫉是對方愛情不專一的反應，也是向對方要求完整愛情的表示。心理學家認爲妒嫉是一種向所愛的人表示抗議的表現，是一種本已擁有卻面臨丟失的感情的拯救手段，有時可能有正面的效果，把將失去的感情挽回，或提升對方對自己的感情關懷。但因妒嫉有憤怒怨恨的特質，往往把事情弄得更糟，把原本就已開始顯現的裂痕，擴大到不可收拾的地步，尤其是當妒嫉是無中生有的猜忌而引起的，一個好好的關係可能就此發生裂痕而終至完全破裂。（註六四）輕易的妒嫉，過份敏感的妒嫉，尤其缺乏充分理由的妒嫉，是可怕的，是夫妻感情破裂的因素，是幸福生活的致命傷，是許多無謂煩惱的根源，是許多殘忍罪行的原因（註六五）。夫妻之間可妒忌，無傷大雅，但必須適度，眞有可妒才妒，不可疑神疑鬼，補風捉影。

九、我國丈夫心目中的壞妻子，妻子心目中的壞丈夫

(一)丈夫心目中的壞妻子

1.沈迷牌桌。

2.囉囉嗦嗦。

3.為了小事和先生爭吵。

4.對先生說話像下達命令。

(二)妻子心目中的壞丈夫

1.到不正當的場所交際應酬（酒家、舞廳、酒廊等聲色場所）。

2.對太太說話像下達命令。

3.只顧自己的娛樂，把太太丟在家裡。

4.沈迷牌桌。（註六六）

十、夫妻相互間的期待

(一)丈夫對妻子的期待

1.安頓一個溫暖的窩。

2.注意子女的教育問題。

3.孝順公婆。

4.對教養子女有一套合理的原則。

5.溫柔體貼。

(二)妻子對丈夫的期待

1.行為舉止能為孩子的榜樣。

2.關心孩子的健康和功課。

3.給太太安全感。

4.分擔教養孩子的責任。

5.孝順父母。

6.對教養孩子有一套合理的原則。

7.與太太的家人親友處得融洽。

8.管教子女與太太一致。

9.在別人面前給太太面子。

10.體貼太太。（註六七）

十一、我國夫妻的缺點

(一)丈夫的缺點

1.脾氣不好。

2.爭吵時不能拿出合理的解決方法。

3.行為舉止不能給孩子好榜樣。

4.不能改掉太太不喜歡的壞習慣。

5.和太太興趣不同。

6.不向太太示情。

7.不能瞭解太太。

(二)妻子的缺點

1.性生活不能主動。

2.無追求新知的熱忱。

3.不溫柔（有了小孩後）。

4.不能安頓溫暖的家。

5.不能製造生活情趣。

6.不瞭解先生。（註六八）

十二、良夫賢妻十誡

(一)良夫十誡

1.酗酒。

2.粗心。

3.自私。

4.專制。

5.剛愎。

6.吝嗇。

7.抱怨。

8.賭博吸菸。

9.對家庭缺乏照料。

10.對妻子停止慇懃。

(二)賢妻十誡

1.苛責。

2.奢侈。

3.拙於家務。

4.嘮叨不休。

5.不守時間。

6.過多光顧娛樂場所。

7.外界活動頻繁。

8.過於自作主張。

9.不重審美觀念。

10.對過多男性感覺興趣。（註六九）

【附　註】

註　一：陳立夫《人理學》73頁。

註　二：79年7月26日《中央日報》〈兩性作家談情－愛情是永恆的長篇，浪
　　　　漫的短篇〉。

註　三：《舊約聖經創世紀》2章24節。

註　四：Inge K.Brovermen,etal. "Sex Role Stereotypes: A Current App-
　　　　raissal," Gournal of Social Issues 28 （1972,P63）蔡文輝《家
　　　　庭社會學》36頁引。

註　五：蔡文輝《家庭社會學》37頁。

註　六：國立空中大學《社會學》上冊167頁。

註　七：蔡文輝《家庭社會學》39頁。

註　八：賴瑞馨等《牽手一輩子》52－54頁。

註　九：朱岑樓《婚姻研究》14－17頁。

註一○：賴瑞馨等《牽手一輩子》34頁。

註一一：岡堂哲雄著‧謝素美譯《現代家庭面臨的挑戰》85－87頁。

註一二：朱岑樓《婚姻研究》26頁。

註一三：朱岑樓《婚姻研究》23－24頁。

註一四：王連生《親職教育》160－161頁。

註一五：W.F.Kenkel,"The Family in Perspective",New York: Appleton-Century-Crofts,Inc,1960,PP.335-336。朱岑樓《婚姻研究》54頁引。

註一六：環宇出版社編譯《愛》46頁。

註一七：曾端眞《婚姻與家族治療》12頁引。

註一八：袁簡《中國倫理思想》362－363頁。

註一九：柴松林《倫理情理經理》16頁。

註二○：王連生《親職教育》67頁。

註二一：戴傳文《婚姻與婚姻諮商》111頁。

註二二：戴傳文《婚姻與婚姻諮商》110頁。

註二三：王志敬《家政學》25頁。

註二四：王志敬《家政學》25－26頁。

註二五：王桂花等《搭好姻緣橋》13頁。

註二六：王桂花等《搭好姻緣橋》9－10頁。

註二七：張宏文《社會學》336頁。

註二八：張宏文《社會學》337頁。

註二九：《訓育研究》第三十卷第二期51頁。

註三〇：朱炎《苦澀的成長－愛》。

註三一：81年8月29日《中央日報》醫藥與健康版。

註三二：施寄青等著《單親加油站》27－28頁。

註三三：李牧華譯《創造美滿的婚姻》202頁。

註三四：藍采風〈美滿家庭的特質〉，載於《婚姻與家庭》月刊第六卷第四
　　　　期，1992年 4月出刊。

註三五：79年11月20日《中央日報》。

註三六：81年8月15日《中國時報》第十五版。

註三七：戴傳文《婚姻與婚姻諮商》109－110頁。

註三八：81年2月21日《民生報》。

註三九：80年5月26日《中央日報》陳幸蕙〈強暴的故事〉。

註四〇：同註三八，陳幸蕙引性學權威瓊森語。

註四一：81年6月13日《自立晚報》郭維租－台灣史懷哲之友會長。

註四二：中華民國幸福家庭促進協會主編《幸福家庭手冊》20頁。

註四三：80年2月7日《自立早報》第十二版。

註四四：80年1月28日《中國時報》。

註四五：81年6月19日《自由時報》。

註四六：K.Wills J.T.Lovell: Supervision for Better Schools. Englewood
　　　　Cliffs,N.J.: Prentice-Hall,1975,PP.82-83.

註四七：《婚姻與家庭》月刊第六卷第二期3頁〈愛在不言中〉（吳家雯譯自
　　　　Marriage Encounter 1988,Nov）

註四八：歐尼爾著‧鄭慧玲譯《開放的婚姻》108－115頁。

註四九：Dr.S.Wahlroos 著‧鄭慧玲譯《家庭溝通》（Family Communication）

註五〇：劉憶雯〈錯誤的婚姻溝通〉，《中央日報‧星期天》第223期（81.4.
　　　　26～ 5.2）。

註五一：Lachman 1984, 廖榮利《婚姻諮商與家族治療》31頁引。

註五二：81年5月18日《中央日報》。

註五三：鍾思嘉主編，柯華威・游乾桂等著《兒童與家庭》51－52頁。

註五四：《後漢書・梁鴻傳》。

註五五：秦慧珠主編，柴松林等聯合執筆《開放的婚姻市場》3頁。

註五六：施寄青等著《單親加油站》24頁。

註五七：歐尼爾著・鄭慧玲譯《開放的婚姻》222－223頁。

註五八：80年3月26日《民生報》22版，翟敬宜特稿。

註五九：Lynn and Demetric liontos：Marriage Encounter，小梅譯：〈掃清傷痛與怨恨〉，見《婚姻與家庭》月刊第三卷第一期6頁。

註六〇：賴瑞馨等《牽手一輩子》13－14頁。

註六一：81年5月4日《聯合報》8版。

註六二：79年10月11日《民生報》22版。

註六三：80年1月10日《中央日報》。

註六四：蔡文輝《家庭社會學》51－52頁。

註六五：曾仰如《倫理哲學》513頁。

註六六：賴瑞馨等著《牽手一輩子》17－18頁（取材自台大心理系楊國樞教授演講。）

註六七：賴瑞馨等著《牽手一輩子》20－21頁（取材自台大心理系楊國樞教授演講。）

註六八：賴瑞馨等著《牽手一輩子》23－24頁（取材自台大心理系楊國樞教授演講。）

註六九：張振宇《家庭教育》36－42頁。

第五章　親子和婆媳的倫理

　　在家庭中最重要的份子是夫妻和親子，夫妻的倫理是倫理的開端，而親子倫理是一切倫理的核心。親子的關係包括父子、父女、母子和母女，都是血統的結合，而子女長大結婚以後，又衍生婆媳和岳婿的關係。在人倫關係中最難處理的，要算親子這一倫了，因爲夫妻合不來可以離婚，朋友難以相處可以不往來，然而親子關係是不能選擇的，如果發生問題，是不能一走了之的，因爲親子的倫理出自天性，所以叫做天倫。

　　親子的倫理在慈愛和孝敬，父母對子女慈愛，子女對父母孝敬，家庭自然和樂。然則當前我們的家庭，是不是都很和樂呢？其實不然，從調查資料顯示，家庭問題是國中學生最大的煩惱。就整體而言。最令國中學生煩惱的事，以家庭關係佔第一位，其次則是朋友關係、師生關係與異性交往。同學們認爲家庭關係中最煩惱的問題，包括親子溝通、家庭氣氛、手足不和、父母管教及父母關係；朋友關係比較煩惱的問題，包括朋友互動、人際關係和人際關係的解決；師生關係的困擾，則以師生溝通、老師管教和課業因素爲主。（註一）再者，青少年犯罪率的升高，也反應親子倫理的式微，值得令人關切。

一、養育子女對於父母的意義和價值

（一）意義

　　養育子女是父母的權利和義務，不論古今中外的社會，生育兒女，繁衍子孫，使社會的生命能不斷地延續下去，歷久不衰，是家庭最重要的功能和責任。

在我國傳統的倫理觀念裡，強調「不孝有三，無後為大」、「有子萬事足」、「延續香火」，是鼓勵生育的價值觀念，妻子假使不能生育，就成為男人納妾或休妻的藉口，在我們的社會裡，結了婚的夫妻沒有子女，對家庭來說，是件大憾事，而別人也會另眼相看。人生最大的成功和快樂，不是錢財、地位、學問，而是子女成材，望子成龍，望女成鳳是每個父母的期望。

一般人總認為生兒育女是自然的，可以使父母有責任感、維持心理健康、保障婚姻。父母最大的滿足，是有子女繞膝，子女給父母生命的意義和目標，父母擁有子女，也就擁有喜悅和希望。生育子女也是一種成就，有了子女，加深了父母對自我價值的肯定。子女在有形無形中，使父母提高了社會地位，在社交場合中，有關兒女的種種情形，常是絕佳的話題，百說不厭。

子女的來臨，無疑的猶如在其父母的結婚證書上加上一層保險。我們常以「愛情的結晶」來稱呼子女，就是最好的證明。

研究家庭的學者們，常把只有夫妻兩人組成的家庭叫做「夫婦家庭」或「不完全家庭」，一旦有了子女；就改稱為「夫婦子女家庭」或「完全家庭」。子女在其父母的婚姻生活上，佔有舉足輕重的地位，夫妻間的愛，可經由為人父母角色的扮演，而得到更深一層的溝通強化。子女在婚姻生活中猶如潤滑劑，當婚姻生活偶而發生磨擦或不愉快時，子女就成為最佳的居間調停者。父母看到子女的成長與成就，是一件多麼美妙的事。雖然養育子女是一件十分艱苦的工作，子女會帶給父母困擾，但是也會帶給父母歡笑，讓父母了解人生的真諦。

（二）價值

子女對於父母有其恆久的價值，依據美國學者Hoffman,L.W.and Hoffman,M.L,的看法，有下列幾點：（註二）

①成人的地位和社會認同（Adult Status and Social Identity）：

為人父母是一種身分，顯示父母在生理、心理及社會上都有了特殊的權利和責任。

②自我的擴展（Expansion of Self）：個人的血統和基因可以延續下去。

③道義（Morality）：在某些宗教信仰中，生兒育女是無私的美德，因為需犧牲父母本身的時間和心力。

④婚姻的鞏固（Primary Group Ties）：使夫婦二人有共同的感情投注和生活重心。

⑤新奇刺激、有趣（Novelty,Stimuletion, Fun）：子女出其不意的言行舉止，常使家庭充滿歡笑愉悅。

⑥創造力、成就感、能力（Creativity,Accomplishment,Competence）：從生育、養育、到教育，在在都須靠父母發揮其創造本能，克服困難，並培養各種能力。

⑦權力、影響、接受（Power,Influence,Acceptance）：父母有力量控制子女物質及情緒的需要，而且可以教導他、影響他。

⑧社會比較、競爭（Social Comparioson, Competitions）：即傳統「多子多孫多福氣」的想法，仍在人們的潛意識中。

⑨經濟效用（Economic Utility）：如服務機關的補助，而且將來子女有收入，可協助家庭經濟。

二、父母親的角色

(一)父親的角色

1.養育子女也是父親的責任

考斯比說：「『爸爸』這頂桂冠，是從妻子懷孕的那一刻起，就落在男人頭頂上了。」但是，成為一個父親很容易，而要做一個父親就不容易了。

　　在男主外女主內的傳統觀念之下，認爲養育孩子是母親的責任，如果孩子發生了問題，做父親的往往會責怪母親失職，但是這種觀念已經不再適合今天社會的需求。過去我們的社會對男性角色實在過於寬容，對父親的角色任務，從來很少深入的討論和正確的認知，到目前爲止，許多男性還持有舊式的想法，認爲家是老婆的，而自己在外面放浪形骸，有意無意地把孩子的教養當成母親的責任。

　　今天由於社會變遷，職業婦女劇增，加上親職觀念的進步，把教養子女的工作完全丟給母親，是不公平的，是落伍的，現在離婚單親以及父母都上班的家庭，比從前任何時代都多，雖然養育子女的責任，主要落在母親的肩上，但是，父親在現代社會中所扮演的角色非比往昔，且更顯得舉足輕重，已有愈來愈多的男人扮演新的更積極的角色。傳統父親角色，已不符合時代的需要，未來父親的角色，勢必走入家庭，以深入了解教育子女的技巧，參與家庭活動以及維持良好的親職關係等，將是一種必然的**趨勢**，單單具備傳統父親的責任－賺錢養家，已不足以當個稱職的父親了。（註三）。

　　2.父親是子女安全感的源泉

　　許多心理學的研究，發現父親是孩子建立安全感的源泉，孩子在父親的支持下，較能面對和克服生活的壓力與挑戰，孩子在童年時代，常以父親爲崇拜的偶像，父親是子女精神生活的支柱。美國心理學家柯特契克的研究顯示，父親加入育兒行列中，在更多方面都有益於子女，尤其是經常受父親擁抱和照料的幼兒，長大之後比較容易承受壓力和適應環境，學習能力也比較高。心理學家哈利也曾說：「親密而有愛心的父親，可以幫助年幼的孩子建立一種自我認同與安全的意識。」又有研究發現，在子女性別角色的表現上，及對一般文化價值的接受上，父親擔任一個相當重要的角色。家中如果沒有一個固定的父親形象，對一個孩子的自我形象常會造成混亂，也因此缺乏角色認同感，

對女兒來說，父親是她對男人期望的模式；對兒子來說，父親是他的第一個模範。

喬伊斯‧布拉德說：「女孩們從觀察父親如何對待母親中，學習到男人會怎樣對待她們。」男孩也以父親爲模仿的對象，如果父親尊重母親，以瞭解、誠實、合理的態度對待母親，他的孩子將來也會如此對待異性。歐納西斯的女兒奎絲蒂娜，總找像她父親的男人嫁，歐納西斯死後，仍對他的女兒有重大的影響力。不論是批評兒女的外貌或行爲，父親可以很輕易地粉碎兒女的自信。有其父必有其子，這是無庸置疑的事實。

（二）母親的角色－天生慈愛的特質

在教育子女的過程中，父親像是供給能源的太陽，母親則像滋養兒女的大地。

在傳統的觀念裡及事實上，母親所付出的愛心和辛勞，總是遠超過她所能獲得的回報。從生理學上來看，母親天性安祥、寧靜、犧牲、溫柔、細膩，適於教養子女。林語堂《生活的藝術》書中說：「在我心目中，女人站在搖籃旁邊時，是最美麗不過的，女人一手抱著嬰兒，一手拉著一個四、五歲的孩子時，是最端莊最嚴肅不過的。女人躺在床頭，靠著枕頭和一個吃乳的嬰兒玩著時，是最幸福不過的。」

弗洛依德的人格發展理論，特別強調母親的撫育對子女發展的影響，他說：「一個男人如能始終獲得母親的鍾愛，就能終其一生都以征服者自期。這種成功的信念，往往就能引領他在人生中獲致真正的成功。」英國大詩人白朗寧說：「一切的愛創自母心。」一位意大利女作家在她的名著《婦人的靈魂》中，找到女人的心靈，有「以他人爲中心的傾向」，這種傾向的特徵，常以完成他人爲自己的目的。在古希臘的牧歌裡，牧女害怕生產會帶給她痛苦並損壞美麗，向她求婚的牧童這樣對她說：「生了可愛的小孩，女生將在兒女裡面長出妳新

的光耀。」這光耀是母性的光耀。（註四）

媽媽的容貌多美，總比不上她那無私而光輝的慈心，慈心是慈悲、寬恕、諒解、信任、自願的奉獻，是至高無上的美德，心靈的活泉。事實上，母愛是子女滋長不可或缺的營養素，在醫治青少年的創傷上，具有無可倫比的療效，許多的青少年問題，都是因為缺乏家庭溫暖和父母的關愛而導致的結果。

三、理想的父母親

(一)理想的父親

柴松林教授以為一個理想的父親，應該具備許多條件，如不能太重視自己的事業，而把時間完全放在工作上，要能夠多分出一些時間來和子女相處，最好每天都回家吃晚飯，尤其是星期假日，更要能和子女一起旅遊。（註五）

他又說，做為一個好爸爸，至少要合乎下列條件：要有相當穩定的經濟收入，維持一家人相當水準的物質生活，不能太沒有地位，應該能在社會上贏得尊重，要堅強、勇敢，做事要有決斷力，言語行為做子女模範，支持媽媽的價值觀念和對事事物物的看法，以便在教育子女時有一致的步調，重新安排工作和生活時間，以便有更多的時間和家庭共度，體諒媽媽的辛勞，經常幫助媽媽處理家務。（註六）

陳大齊教授以為為父的基本原則如下：

①不貽害子女，不拖累社會（不胡亂生育），不迷信（多子多福）的傳統信仰，要節制生育。

②維持家庭安寧，增進家庭幸福，夫妻相互忠貞不貳，對子女不偏愛，應一視同仁。

③作好人好公民為子女的好榜樣，身教重於言教。

④勿以父權為至高無上。

⑤勿對子女過度奢望。

⑥勿存養兒防老的觀念。（註七）

鄭石岩教授認為稱職的父親，要做到下列事項：

①讓子女感受到安全感，但不是溺愛或過度的保護。

②培養子女的自尊心，鼓勵子女不必依靠別人。父親相信子女們能，他們就能，多鼓勵子女嘗試，由近及遠，多給予肯定性的讚美，避免破壞性的諷刺和批評。

③必須遵守行為規範。

④尊重子女的資賦與潛能。

⑤常跟子女談話，關心他，了解他。

⑥避免錯誤的誤導。

 a.不要為子女預設一個目標，特別要避免把自己未完成的目標或動機，投射在子女身上，強迫他去實現。

 b.避免扮演蠻強無理和消極墮落的角色。

 c.不要用勢利的觀點來評估子女的成長。

 d.不負責任的父親，就等於失去對子女的愛。

 e.切忌說教，特別是自己也做不到的訓練。（註八）

（二）理想的母親

比爾‧考斯比說：「做一個母親，比做美國總統還難。」教育家葉楚生先生認為一個好母親，要做到善生、善養、善教三點（註九），茲分述如下：

 1.善生

 ①給子女一個良好的開始，母親本身要身心健康。

 ②歡迎子女的來臨，子女數及生育時間，應有一個適宜的抉擇與安排。

 ③胎教為先。筆者案胎教極早為國人所重視，東漢賈誼的《新

書》、劉向的《列女傳》、王充的《論衡》，以及《大戴禮
記》中，都有關於胎教的記載，歸納起來說，規定孕婦不能
側睡，不能跂立，不能坐在床几的邊上，不吃古怪的東西，
菜肉切得不正不能吃，席子不放正不能坐，眼不看邪色，耳
不聽淫聲，開心時不可笑出聲來，生氣時不可罵出聲來，夜
晚臨睡時，要請說書的瞎子在床邊誦詩書，講述正當正義的
事，兒女才會容貌端正，才德過人。

　　現代醫學證實，胎教並非鄉野無稽之談，母親情緒的確會影響胎
兒，因為母親身體的分泌和胎兒的分泌是相連的，當孕婦焦慮時，體
內荷爾蒙（如腎上腺素）增加，血管收縮，影響子宮的血液供應，而
使胎兒心跳加快，外來的情緒壓力，甚至影響胎兒的發育，或造成流
產。

　　胎兒在六個月時，就已有正常的聽力，在子宮中會被突如其來的
巨響而驚嚇得跳了起來，七個月時，腦子已開始運作，會呼吸，吸吮
自己的姆指，會抓住臍帶，會打嗝、微笑、作夢、會踢、滾、伸懶腰，
是個有情緒、意識、動作的傢伙了。（註一〇）心理學家史可華（
Lenic Schwarty）也主張：「一個人出生前的時光，是他一生中最重
要的一段時間。」他以胎兒會對光線、聲音作反應中證明，子宮內的
胎兒是有意識的。這些意識雖然在出生後轉成不復記憶的「潛意識」，
但是，它仍然會影響孩子日後的情緒、行為發展。

　　另外一位精神科醫生沙盪 （Lester Sontag），為了研究母親對
孩子發展上的影響，曾經在1954－1964年間，追蹤研究38名婦女，結
果發現，凡是有心理壓力的孕婦，他們的始兒胎動次數、強度，比沒
有壓力的孕婦始兒來得多，且孩子出生後，個性也比較好動、暴躁些，
他堅決主張：「母親懷孕時的情緒，會帶給胎兒立即的或長期的影響。」
（註一一）

2.善養

①母親哺乳與懷抱。

②適當的營養。

3.善教

①幼童教育應以做人爲本，知識傳授在其次。

②亦母亦師亦友。

③身心健康的訓練。

（三）理想的父母

王連生教授認爲理想父母的人格特質、思想觀念、待人態度、生活境地及親子關係，似可歸結如下：

1. 一切爲家，辛苦無怨言，犧牲享受，享受犧牲，爲家庭爲生活奔波，樂此不疲。

2. 言談舉止，小心謹愼，足以爲子女的表率。

3. 待人誠懇和藹，對家人或別人一片祥和，少與人爭吵。

4. 用心體察別人內心的感受，留意子女的心聲，尊重子女獨立的個體。

5. 心地善良，處世光明磊落，做人清白，心安理得，做事踏實，認眞負責。

6. 生活清淡、清幽、清閒。

7. 家族關係、親情濃郁，夫婦相愛互敬。

8. 思想高尚，不做非分妄想，安分守己，保持心靈的寧靜。（註一二）

四、父母難為？

父母是子女前途的燃燈者，是家庭文化的主導人，所以，父母要共同建立有益全家人身心的生活方式和氣氛，更要教養子女，灌輸子

女正確的價值觀，讓他們在這充滿誘惑的世界裡生存，不會迷失自己。（註一三）

　　當父母，教養子女，著實不是一件簡單的事，尤其現代的父母，愈來愈難當了，因爲以前父母教的那一套沒有效了，現在的小孩眞難懂，滿腦子古怪的想法，還直嚷著「我有話要說」，愈來愈多的父母，在「現代孝子」和「傳統權威」之間猶豫。社會的變遷，改變了子女生長的文化環境，父母的教養，不再是影響子女人格成長的唯一因素了。

　　子女給父母及家庭帶來許多溫馨和歡愉，而爲父母者教養子女，必須付出許多心血和精力，然則，怎樣教養子女，便成爲爲人父母者最重要的課題了。

(一)教養子女的類型

　　拉馬斯特斯 （E.E.Lemasters）分爲五種類型：

1. 殉道型：願爲子女做任何犧牲，習慣性的服侍子女，其目標不可能完全達成，會有罪惡感，父母子女間難有親密關係。

2. 夥伴型：採用放任主義的政策，讓子女在些微的或完全無指導下，設定自己的目標、規則及限制。可避免由代溝所引起的衝突。但教養方式不切實際，許多研究指出，放任主義的教養方式，跟少年犯罪、吸毒及離家出走等行爲有關。一旦夥伴式的關係建立以後，父母很難重建其威信。

3. 警察型：與夥伴型相反，父母要求子女隨時隨地得遵守規則，即使一點點小錯誤，也會遭受懲罰，此型和完全放縱的放任主義一樣，都跟少年犯罪、吸毒及逃家等有關。

4. 教師型：具有彈性，子女依其豐富的潛力，根據父母如何培植及鼓勵，就如何發展，教養方式的特點：①將子女的需要置於父母之前，要求父母隨時都得有準備，以激發、增長子女的智

慧，實在不可能，對子女的創作表示讚許，使孩子覺得自己是所有人的中心，②使子女認爲父母是專家，無所不知，一旦錯誤發生，父母會責怪自己，③子女較爲被動。

5. 教練型：父母規定規則或家規，照規條教養子女，犯規時則受罰，父母鼓勵子女努力練習，以發展才能。（註一四）

蔡文輝先生分子女管教爲三類型：

1. 管束型：嚴格體罰，做錯必罰，如毆打、罰站、罰跪、不准吃飯、不准看電視、禁足，父母子女的關係，建立在敬畏之上，下等階級的父母，較常使用這種方式。

2. 放縱型：父母以爲孩子有自己的尊嚴和獨特人格，必須受到尊重、愛、諒解、自由，滿足孩子身心需要，是管教的基本原則，很少體罰，中等家庭常用此方式。

3. 折衷型：該嚴則嚴，該鬆則鬆，父母管教方式要一致。（註一五）

美國心理學家杜望（E.Douvan）及徐爾曼（C.S.Childman）指出：父母教養子女的方式，往往影響子女內在態度的發展，也關係到子女日後受教育的成就。（註一六）

父母管教子女的態度，究竟應採取什麼方式，一直很受爭議，張甘妹教授以爲管教失妥，包括過於嚴格、過於放縱、前後不一貫、彼此差別待遇等。父母對子女的苛求與過份指責，甚至以禁止、體罰等方式來管教子女時，都容易使孩子產生恐懼、驚悸的心理，形成神經質、閉鎖、孤立、倔強、任性、不妥協、不順從等異常的性格。相反的，管教過寬、溺愛、放任不管，也容易養成子女自大、自狂、放蕩不羈、驕縱、自我中心、依賴、逃避困難等消極的性格。（註一七）

因此，民主化是適合時代潮流與需求的子女教養方式，因爲民主式的管教方法，根基於「平等」的原則與相互的「尊重」。美國心理

學家徐爾曼（C.S.Childman），指出合理民主的教養方式：

1. 兒童享有適度探索與試驗的自由。

2. 父母在視聽及其他感官方面，提供廣泛的經驗。

3. 依據成功的潛能，決定人生目標。

4. 漸進的獨立訓練，並強調獨立的價值。

5. 相信客觀證據。

6. 有很多口頭交流的機會。（註一八）

心理學家培尼（A.F.Payne）以為管教子女的原則是：

1. 不要對子女有偏見，作制止與施壓抑。

2. 要建立他們的自信，而不要讓他們感到自卑。

3. 在處罰之前，應給予解釋的機會。

4. 不要把子女當作出氣筒。

5. 若有錯誤，寧善言規勸，切勿憤怒打罵。

6. 切勿欺騙他們是無知。

7. 應原諒每一個孩子的過失與失敗。

8. 應訓練子女誠實、負責與面對現實。

9. 應發現、試探、並發展每一個孩子的志趣。

10. 以身作則，為子女榜樣。（註一九）

鍾思嘉教授以為民主教育的五原則是：

1. 建立家庭的規範。

2. 提供孩子有限度的選擇。

3. 注意說話的聲調和語氣，要心平氣和、溫暖冷靜。

4. 採取行動。

5. 讓孩子有再試的機會。（註二〇）

林清江教授則以為教養態度民主化，要做到：

1. 尊重子女的個性與自由的表現。

2.允許子女享有自由討論的權利。

3.重視子女的心聲，鼓勵他們說出內心的感受。

4.不勉強子女過度學習，要求子女的，必須是合理的。

5.管教子女不流於情緒化。

6.指導子女學習維護團體的秩序、利益與榮譽。（註二一）

(二)代溝 (Generation gap)

1.代溝的意義和形成的原因

心理學家和教育學者，將父母與子女兩代之間，在價值觀念、心理態度、道德認知、行為規範、生活方式與思想習慣上的差距所形成的心理鴻溝，稱為代溝。父母常抱怨現代的子女太不尊重他們，而子女也抱怨父母太不了解他們，使得原本和樂的家庭時起爭端。

父母和子女之間，為什麼會有代溝呢？社會學家認為社會變遷的迅速，使得二代幼兒期所習得的觀念、態度、行為與習慣，有很大的距離，顯得格格不入。心理學家認為幼兒期所定型的人格，根深蒂固，在那時候所形成的行為模式、生活習慣、思想觀念、心態性格等，不易做太大的調整，而造成固執己見的個性。人類學家認為不同時期文化觀念，有不同規範精神，農業社會的文化、生活方式，與工業社會所適用的形式，畢竟是大不相同的。（註二二）

儘管社會心理學家認為代溝是人類社會進步發展的必然現象，是現代化國家工業化與社會化伴隨而來的產物，尤其我國正處於轉型期，兩代間的差距，顯得特別敏感。

台大心理學教授楊國樞先生提出正確的看法：

　①代溝不是壞事，反而代表一種進步，不應討厭而應該歡迎它。

　②假如你的子女和你的意見不一樣，不應抱負面的看法，反而應該很高興，因為他有變成獨立個體的需要，只要那個獨立是有理由的，只要他跟你不同是有道理的，你都應該幫助他

　　建立自我。

　③子女現在和你的意見不一樣，並不表示他永遠和你的意見不
　　一樣，父母的職責，並不是阻止他的嘗試，而是注意他，讓
　　他不要出問題。

　④父母與子女之間想法的不同，並不是否定他，不理會他，就
　　會消失的，存在的差異是必然的，否定並不能解決問題。

　⑤子女與自己意見不同時，只要當作是認知的不同，看法的不
　　同，並不妨害兩個人原來深厚的情感。

　⑥溝通是減少差距或者是任何一方差異、誤解的唯一方法。溝
　　通的唯一方法是架一座橋樑，不是我走過去順你的意思，也
　　不是你走過來順我的意思，我們應該在橋的中央見面。

　2.解決代溝的方法

　　親子間良好的溝通，是解決代溝的方法。溝通是心理學領域中最
重要的研究課題之一，，溝通的終極目標，就是要每一個人心理健康。
溝通不只是談話、討論或文字的表達，也是一種行為，是傳達意思給
別人，且為別人覺知到的行為。現代父母不可能一天二十四小時全職
當父母，因為還有很多事情要做，但是如果孩子來找，父母一定要先
聽孩子要講的什麼？父母對待子女，應該用更尊重、更願意了解子女
心情的態度和子女溝通。「家庭會議」對建立親子間的溝通形式及家
庭規範，有很大的幫助。假如未給子女表達的機會、沒有選擇的餘地、
不給孩子面子、未予公平待遇，都將構成親子溝通的障礙；而掌握時
機、隨時製造機會、利用個別的約會時間、注意聽的技巧、選擇適當
的主題、父母親態度要一致，都有助於親子溝通。

　　George T.Douh 提出親子溝通的策略為：

　①選定一段時間，下課後、上床前、在車上，當對方有興趣談
　　話時。

②用一件最近發生的事件開始對話。

③跟子女一塊兒坐下或坐地氈上，使其覺得較平等。

④特別集中焦點於你所期望的品質、行為的改變，而非盡挑毛病。

⑤告訴子女那些對你具有意義的事情之感覺與想法。

⑥描繪出孩子的想法，別介入想回答他的問題。

⑦詳細描述你所見的而非評估。

⑧避免批評與指使。（註二三）

楊國樞教授對親子間的良好溝通，也提出以下建設性的民主化重要原則：

①父母或子女不要抓住溝通的機會，作機會教育或說教，即使說教也要有技巧，不要太多。

②溝通時不要抱著以不變應萬變的態度，當父母發覺子女想法比你好時，不妨學他；子女感覺父母的意見高明，也可以採納父母的意見。

③不可以威嚴或權勢壓人，假如你想誠心誠意的和對方溝通，應該避免擅用權勢或威嚴。

④不要利用溝通的時間算舊帳，既往不究。從頭開始，眞正了解彼此的想法，眞正將雙方感受表現出來。

⑤溝通時不要急於評價，這會使雙方平心靜氣的溝通意願減低。

⑥溝通時彼此的問答，不要用是非法或選擇法，要用開放式的問題，才能獲致對方眞正的看法。

⑦溝通時不要老是準備保護自己，盲目守衛就不能好好地和別人談話，別人就不能眞正了解你的想法和看法。

⑧懂得彼此讓步，你我都不可能百分之百的正確，彼此都讓一步，在中間會合。

⑨要有決心、信心使父母和自己代間差距變小，但不是直截了當的，而是以間接的方式來改變。

⑩子女和父母溝通方面，子女要多努力一些，因為父母忙，而且年齡較大，改變不易，他有他的尊嚴面子，所以他沒有時間和你溝通，你卻要找時間和機會和他溝通。

⑪溝通時要具有同理心，設身處地，即站在別人的立場考慮事情。有了同理心，你就可以在很短的時間內，把握住別人的想法、看法、觀點和立場，如何跟自己不一樣，然後根據彼此的差異，正確地反應。

五、天下無不是的父母？

(一)兒童虐待的原因

兒童是民族的幼苗，國家未來的主人翁，其健康與否，關係國家未來的興衰。兒童若處於不良的環境，甚至受到暴力傷害，則對其身心發展會有很大的影響。

父母是未成年子女的法定代理人，對於未成年的子女，有保護及教養的權利和義務，依《民法》親屬篇第1084、1085、1086條的規定，父母得於必要範圍內，懲戒其子女。俗話說：「虎毒不食子」，但是有些父母卻濫用懲戒權，對子女施暴，又由於近年來社會氣氛太緊張，失業率及不景氣，父母親生活上受挫折，在教養時孩子成為他們心理上的發洩對象，父母的婚姻失調、失業、社交孤立、貧困、缺乏親職知識、性格粗暴、酗酒、吸毒、對子女不實際的期望、童年曾有受虐經驗、迷信及有精神疾病，都成了虐待子女的原因。虐待子女的父母，其心理大都不太健康的。現代父母濫用親權的事時有所聞，輕則兒童虐待，重則賣女為娼、遺棄、販賣從事非法牟利，甚或致於死地，駭人聽聞。

(二)兒童虐待的嚴重性

　　子女被父母虐待所受到的傷害，不只是外表，心理上的不平衡，如退縮等，更是顯而易見的，子女動則以暴力相對，變成一個不受歡迎的孩子。被虐待過的孩子，多半會淪為問題小孩，將來成為不良青少年，成年後就成成年犯。被虐待的孩子當他們成為父母時，也將變成虐待成性的父母，形成一種惡性循環。

　　虐待兒童事件，在國外及國內的社會裡屢見不鮮，一般人都會認為美國是兒童的天堂，殊不知根據美國聯邦政府的統計資料顯示，1976年開始到1984年的兒童虐待與疏忽案件，增加一倍以上，目前已超過一百萬兒童的虐待與疏忽案件。1984年的全國統計顯示：有1024178個家庭與1726649個兒童被列為遭受父母虐待與疏忽的案件，其中有3.3%是重大身體傷害，17.7%是中度身體傷害，3.6%是其他身體傷害，13.3%是性攻擊及虐待，54.6%是剝奪生活必需品，11.2%是情緒虐待及9.6%是其他虐待。（註二四）在英國則每年約有近五萬名兒童受虐待，半數以上是六歲以下的兒童。

　　至於我國，在民國六十五年發生盜賣兒童轉售國外的案件，轟動一時。民國79年7月到 80年6月，全省家扶中心接獲的兒童虐待事件，共有828個案例，而80年7月到81年7月，共有1395件申訴案件，足足比前一年增加68%（註二五）。根據統計，台北市79年一年之內，共接獲205件兒童被虐待案件，其中施虐者有精神異常現象者有6件，73件屬於身體虐待，94件屬於疏忽，12件是性虐待，66件為精神虐待，另遺棄17件，流浪25件，行乞 6件，這些兒童虐待的案件中，有76%的施虐者是兒童的父母（註二六）。又根據中華兒童福利基金會的統計，在80年10月到12月間，該會受理兒童受虐待的案件，就達460件之多。兒童被虐待的類型，身體虐待40.9%，嚴重疏忽36%，管教不當24%，精神虐待 20%，性虐待6%。被虐待兒童的年齡，主要集中

在9－11歲（36％），3－5歲（20％），12－14歲（19％），6－8歲（18％）。（註二七）又根據報紙報導，過去五年，七歲以下失蹤兒童達404人之多（註二八）。而學童遭綁架、女童受強暴、幼兒於浴室溺斃、毆打幼兒成傷或致死、遊樂設施不安全致兒童受傷、保母在牛乳中摻雜安眠劑等事件，層出不窮。據81年9月8日《民生報》載：台北市自77年元月成立兒童保護專線以來，四年半中共接獲超過兩萬件的報案，其中獲判成立為虐待事件者，合計超過630個案件。其中施虐者 83％是孩子的父母。

根據司蒂爾（Steele, 1975）的研究，虐待兒童的父母，有下列的特質：

①童年的經驗十分不愉快。

②自己小時候也是被虐待的孩子。

③自己的父母未能提供好的親職榜樣。

④與家人、朋友、鄰居不太往來，很少與外界接觸。

⑤自尊心很低，自認差勁，沒有人愛，無能，無價值。

⑥不成熟、並依賴他人的供養。

⑦生活中幾乎沒有歡笑和樂趣。

⑧對孩子有一種扭曲的概念和不實際的期望。

⑨反對寵愛孩子，認為體罰會使孩子變好，很少疼孩子，只知打罵。

⑩很缺乏同理心，尤其是對自己的孩子，也無法了解別人的感受。（註二九）

至於被虐待的孩子，大多有如下的行為問題：

①可能完全從人群中退縮，不信任別人。

②自尊心和自我概念都很低。

③對權威有不合理的反叛行為。

④對別人的攻擊性很強。

⑤很怕犯錯。

⑥對於讚賞和獎勵無法領受。

⑦與父母的溝通很差，親子關係惡劣。（註三〇）

（三）兒童虐待的類型：

　　1.身體虐待（Physical Abuse）：指身體的外傷或內傷，是由父母或其他負責照顧兒童的成人故意加害，而不是意外事故所造成的結果，輕微者如體罰外傷，嚴重者則死亡。

　　2.養育疏忽（Physical Neglect）：是指疏忽提供兒童身心發育生長的必需用品、醫療照顧、衣食住行育樂的輔導及管教，以致兒童發展遲鈍、障礙或患病死亡。

　　3.性虐待（Sexual Abuse）：指成人與兒童的任何性交行為以及性慾調戲活動，造成其生殖器及身體外傷，嚴重情緒傷害，尤其對兒童強暴行為，影響其身心發育深遠。性攻擊行為包括強暴、強暴未遂、亂倫、獸姦、雞姦、淫蕩的挑動春情行為。

　　4.情緒虐待及疏忽（Emotional Abuse and Neglect）：是指父母疏忽親職，不能扮演父母的角色及功能，不能提供一個健康的、正常的心理、社會、情緒的學習環境，使其能得到正面的刺激學習與生長發展的機會。（註三一）

　　在以上四種類型中，性虐待及性攻擊對其身心發育摧殘最嚴重、影響最深遠。孩子受到親人性侵犯的案例，愈來愈受重視，不過受限於告訴乃論的規定，刑罰也無用武之地。法界人士強調，心理矯治和家庭重建，其實比處不處罰更重要。當孩子被親人性侵犯時，怎樣建立周密的支援網路，讓孩子或是其他家人立刻可找到投訴之處，在投訴之後，又有那些保護他們的資源？這是迫切期待解決的，在台北市設有兒童保護專線，聯絡電話是：（02）5978585。

(四)兒童保護的法律規定：

行政院民國八十年二月八日，通過「兒童福利法部份條文修正草案」，修訂並增列多項兒童保護規定：

①父母養父母對兒童犯防害風化、婚姻、家庭、自由或傷害罪，或成年人利用兒童犯罪者，依所犯的罪，加重刑至二分之一。

②父母養父母或監護人明知兒童吸食或施打迷幻、麻醉藥品或其他有害身心健康的物品，而不加制止，處六千元以上三萬元以下罰鍰。明知兒童出入酒家（吧、館、店）、舞廳（場）、特種咖啡茶室、電動遊樂場及其他足以危害其身心健康的場所，而不加制止，處一千兩百元以上，六千元以下罰鍰，並公布姓名。

③供售迷幻、麻醉藥品或其他有害身心健康的物品給兒童者，處一萬八千元以上，九萬元以下罰鍰，並公告姓名；供售菸酒及檳榔給兒童者，處三千元以上，一萬五千元以下罰鍰。

④特種營業場所，電動遊樂場的負責人，未禁止兒童出入者，處一萬兩千元以上，六萬元以下罰鍰，並勒令停業、歇業或吊銷執照。

⑤對兒童疏於照顧、虐待、供應觀看有礙身心的電影片、錄影帶節目、出版品、剝奪接受國教機會、誘騙、綁票、買賣質押、引誘或媒介與他人爲猥褻行爲或姦淫、或利用兒童犯罪、行乞、從事危害健康或危險性活動或不正當行業，處一萬元以上，十二萬元以下罰鍰，並公布姓名。

⑥父母養父母或監護人對兒童有疏於保護、虐待、惡意遺棄、押賣、引誘從事不正當職業或其他濫用親權行爲，檢察官、兒童最近尊親屬、主管機關或兒童福利機構，得向法院聲請宣告停止他的監護權並選定監護人。對於養父母，並得聲請法院宣告

終止收養關係。

⑦父母離婚者，法院得依職權、兒童的父母、檢察官、主管機關或兒童的利害關係人的聲請，爲兒童的利益，酌予適當的監護人，不受民法限制，並得命令父母付費。

⑧兒童因家庭發生重大變故，致無法正常生活，他的父母養父母、監護人或利害關係人，得申請當地主管機關安置或輔導。

⑨父母養父母或監護人不得任六歲兒童獨處乏人照顧，或由其他兒童代爲照顧，否則應接受親職教育輔導。（註三二）

此一法案的修訂，改變了「天下無不是父母」的傳統觀念，強調以法律強制力鞏固家庭倫理，對利用兒童或對兒童施暴者加重刑責，都是因應社會需要，並且具有端正社會風氣的作用。兒童福利已不只是一個單純的「保育問題」，而是一個嚴肅的「人權問題」，在當前倫理親情鬆懈和社會犯罪的反人性化，更需要確實保障兒童健全發展，有必要在家庭倫理之外，補充法律的強制保護力量。

六、怎樣做父母？

(一)營造幸福的婚姻

夫婦關係和諧是齊家的基本要素，也是子女教育的良好基礎。換句話說，婚姻美滿是家庭幸福的核心，也是子女健全成長的關鍵。

心理學家認爲「孩子的安全感的最主要來源，是知道父母相愛。」如果夫妻相敬相愛，關係和諧，家庭中必然充滿愉快的氣氛，每一份子都感覺得輕鬆幸福，心境安適，眉目舒展，舉止自然，言語輕快，露出愉快的神采，而且將自己內在的愉悅心情，投射到別人或其他的事物上，別人也得到快樂，於是家庭很可愛，子女自然感受到家庭的溫暖、有安全感。相處和諧的父母，在教養子女時，容易採取同樣的態度和一致的步調，對子女的成長與發展有莫大的幫助。

　　如果父母失和，時常爭吵，有時冷戰，有時熱鬥，家庭得不到安寧，使每個人感到不安，甚或有窒息的感覺，特別是子女將更覺緊張，他們不一定瞭解父母失和的原因，也無法改善父母的關係，又無從預料將可能造成怎樣的結果，有時父母的爭端，藉子女問題作導火線，子女在恐懼不安的心理之中，又增加了一份罪惡感，擔心父母互相傷害或離棄，擔心自己是造成家庭破碎的罪魁禍首。在這種情況之下，黃堅厚教授認爲將影響子女各方面的發展：

①補償現象：夫妻失和後，彼此不能充分地獲得對方的愛與感情，不能滿足心理的需要，就在子女身上要求補償，可能把全副精神放在子女身上，妨害子女正常的發展。

②遷怒現象：夫妻失和後，爲免正面衝突或顏面關係，抑制不滿的情緒，需要尋找出路，於是遷怒人或事物，最常遷怒子女，看子女不順眼，加以責備或懲罰，平時不爲父母約束的行爲，受到禁止，平時合理的要求，受到拒絕。甚至原已獲父母允許的要求，可能被收回成命。

③不一致的教育方式：父母失和，兩個人之間交談機會減少，缺少溝通的機會，憑各人自己的想法做決定，施教難免有失。

④忽視現象：父母雙方都會有「失敗」、「受委屈或虐待」、「未得滿足」等感覺，凡事不感興趣，甚至產生普遍性的反感，攻擊的傾向增加。

⑤不能充分發揮爲父母之道：雙方不能做子女良好的表同現象。

⑥使子女對於將來本身的婚姻生活懷有疑懼心理：父母關係是子女最先看到的配偶關係，也是子女觀察最多的婚姻關係，如果父母相處不融洽，常有爭執與衝突，甚或有更嚴重的失和現象，將很容易使子女獲得一個印象－夫妻間是不易和諧相處的，使其對婚姻生活適應增加困難。近代研究，發現父母婚姻適應較

佳的，子女婚姻美滿的機會也較大些。（註三三）

父母的關係對子女的影響如上所述，因此，對子女的教養來說，營造幸福的婚姻，是父母的首要責任。如何營造幸福的婚姻，在本書上一章已有詳述，不再贅言。

（二）慈愛

1.父母的慈愛，是子女心靈的活泉

父母的慈愛如甘霖，子女有它的滋潤，才能正常而快樂的成長，否則孩子的精神生活就等於在挨餓，他們的一生也很可能因此而毀掉。問題的孩子多來自問題的家庭，而問題的家庭必然缺少家庭的溫暖與父母的慈愛。

佛洛伊德（S.Freud）曾說：「愛可以使一個人成長爲巨人，因爲愛是滿足人性成長的資糧。反之，缺乏適當的撫愛，嚴重的挫折，將導致人格的病態，影響子女的一生。」

兒童在人格發展上，按照佛洛伊德的看法，每個人在幼兒時代（約4－6歲），都會受一種追求快感的慾求所引導。他稱這種快感的衝動叫力比多（Libido），它對男孩而言，傾向於取悅母親和爭取母親的憐愛，所以稱爲戀母情結（Oedipus Comples）。而母親對父親的親暱關係，也使子女認同父親。父母的愛源自天性，而古代的家庭倫理中，特別強調母愛，因爲母親和子女具有臍帶相連的締結，其實父親與母親的愛並無二致。媽媽容貌多美，爸爸的事業多成功，都比不上他們那顆對子女的慈心，因爲慈心是慈悲、寬恕、諒解、信任、自願的奉獻，慈心是至高無上的美德，是心靈的活泉。

被擁抱的孩子，擁有光明而無懼的世界。許多科學研究證實，嬰幼兒早期身心特質基礎的建立，會對未來生活適應的良好與否，帶來深遠的影響。父母悉心的照顧，充足愛的給予，及適當的管教態度，都有助於健康特質的建立；反之，若缺乏適當的管教，得到太多或太

少的關懷與照顧，都會損害個體的個性。愛、成就感、歸屬感、自尊心、自信心等，都是人格發展的要素，孤兒院的孩子，常因得不到足夠的愛與關懷，而變得退縮、陰沉、壞脾氣、不安，或有自我傷害的行為。曾有具體的研究證據顯示，初生嬰兒假如僅得到生理的照顧，缺乏親長的愛撫與具社會意義的互動，很容易導致衰弱萎縮的疾病，甚至死亡。（註三四）

　2.慈愛絕不是溺愛

愛是父母所能給予子女的最大禮物，為人父母者，應儘量克制自私的心理，對子女發揮最大的愛心，但是，不可一味溺愛，溺愛是剝奪孩子成長的機會，而不是真正的關愛。（註三五）

溺愛會使子女停滯在幼稚、依賴的狀態中，養成任性不受約束的壞習慣。道德學家或倫理學家，都認為愛是絕對的，是人性的最高表現，父母親的愛也是絕對珍貴的；但是，心理學家有不同的看法，他們認為愛有其一定的品質，如果不檢討這些品質，愛就失去了它的光輝，失去了春風化雨的力量。當父母親的愛，能喚起孩子的共鳴時，才是真愛，才是有能力的愛。如果父母親施愛給孩子的結果，造成孩子的反叛和憎惡，那麼你所給予的愛，一定是有缺陷的或無能的愛。（註三六）

　3.父母怎樣關愛子女？

　①隨時關心子女的成長和身心發展的狀況與需要。

　②尊重子女的個性，維護他的自尊和榮譽感。

　③給予子女的種種幫助或作為，必須具有正面的意義。

　④確實了解子女之後，才給予正確的引導與協助。

　⑤無論多忙，一定要抽出時間跟子女談天，建立親密的感情。

　⑥透過語言動作，讓子女知道你的關愛。

　⑦對子女良好表現給予讚美，對他們的錯誤不作輕侮。

⑧讓子女了解父母的困難，讓他們有機會幫助父母。

⑨讓子女感到他受父母重視，信任子女，在可能範圍內，允許他自由發展。

⑩父母跟子女一起學習，一起成長。

⑪不要用物質來彌補未能關懷子女的內疚。（註三七）

（三）認識孩子的世界

做父母的對孩子們常常會有所感地說：「我實在不瞭解我那些孩子，他們的世界對我來說陌生得很，嘮叨幾句嘛，就高唱『其實你不懂我的心』，沈默不管嘛，又怨又嘆『心事誰人知』，眞不知如何是好？」

問題是出在做父母的不認識孩子的世界，其實，孩子的世界很單純，單純到有時你揍他、罵他，不到兩分鐘，他卻笑嘻嘻的跟你說：「爸（或媽），別生氣，你吃香蕉我吃皮，你坐椅子我坐地！」弄得你啼笑皆非。

我們爲父母的，千萬不要以大人既嚴肅又緊張的神情與標準來衡量孩子，而要試著以孩子每一階段的成長來瞭解他們或期望他們，揠苗助長不僅事倍功半，甚至還會戕害子女的身心呢！

給予子女一個快樂的童年，是父母的責任，因爲孩子的童年是培養情意和人格教育的時段，認知的訓練固然是子女日後生活競爭的條件，但是有個正確的人生態度、價值觀念，以及豐盈的生命情趣，更是他們日後圓融生活以及和人相處愉快的泉源。（註三八）

（四）身教、言教與境教

俗語說：「有其父必有其子」，事實也證明，子女和父母親在思想上、言行上相像的地方很多，小孩往罵弟弟妹妹或洋娃娃的時候，就是父母的翻版，如「不准哭！哭什麼？再哭就把你丟進垃圾桶去！」。子女長大以後，其興趣和事業，也許和父母不同，但是，其價值觀念、

處世態度，共同點多於相異點，子女處理挫折、困難的方式，也多是從父母這邊學來的。

　　有個學生出口就是「三字經」，校長請老師到他家走一趟，老師還沒走進學生的家門，遠遠就聽到他們家中大人也在罵「三字經」。又有個學生喜歡在學校當老大，原來他的父親是流氓。

　　子女的可塑性很大，根據心理分析學家的看法，一個人的人格，在兒童的時代已經形成。瑞士教育家裴斯泰洛齊說：「家庭是道德上的學校」又說：「真正決定人生的教育，不在大學時期，也不在高深的學術之中，而唯有在家庭之內。家庭中的哲理，是人生教育的樹身，其他一切的人生知識，學術研究高尚的使命，是樹身上發生的枝葉。」

　　在人生的過程中，家庭是子女最早接觸的教育環境，父母是子女最早接觸的教師，是子女最好的教科書，子女是看著父母的背影成長的，父母的性格，對子女最具潛移默化的作用。席爾思（Sears, Maccoly, and Levin 1957）等人的研究指出，父母本身是什麼樣的人，以及他對父母的角色和對自己的看法，比他們如何教導子女更重要。如果父母本身的社會適應不良，老是抱怨責備，這種怨天尤人的氣氛，無形中就影響子女的人生觀。（註三九）

　　古諾特 （Haim Ginott）所著《父母與子女之間》（Between Parent and child）一書中，有下列的名言，說明父母對子女的影響：

　　　　在批評中長大的孩子，學會譴責；
　　　　在敵對中長大的孩子，常懷敵意；
　　　　在嘲笑中長大的孩子，畏首畏尾；
　　　　在羞辱中長大的孩子，總覺有罪；
　　　　在忍耐中長大的孩子，富有耐心；
　　　　在讚美中長大的孩子，懂得感激；
　　　　在鼓勵中長大的孩子，滿懷信心；

在正直中長大的孩子，有正義感；

在安全中長大的孩子，有信賴感；

在讚許中長大的孩子，懂得自愛；

在接納和友誼中長大的孩子，尋得了世界的愛。（註四〇）

孟母三遷，千古以來傳爲美談。做父母的應當爲子女安排提供一個良好的家庭環境，要認清「身教重於言教」，隨時注意自己的言行舉止，積極充實自己，以身作則，做子女的好模範，尤其要戒除吃喝嫖賭等不良的嗜好。否則父母親經常告訴孩子說玩具用過之後要收好，但是孩子卻看到父親看完報紙，一張張散得滿客廳都是，上樑不正下樑歪，假使父母親爲非作歹，又如何叫子女循規蹈矩呢？當我們要求孩子時，父母應先從自己做起，要孩子認眞向學，何不自己開始打開書本？要孩子學鋼琴，何不先自己學習？沙提爾說：「世界上惟有一個眞理，就是你只能改變自己，不能改變別人。」

李遠哲博士獲得諾貝爾獎金，成爲舉世皆知的科學家，實非偶然，據報導說，他們八個兄弟姊妹，從小便在嚴格的家教裡學到勤儉上進與敬業的美德，雖然從事實際管教的，往往是深思熟慮、思想細緻的媽媽，但父親的身教也是非常重要：幸勤的工作與人生的享受，對他來說永遠沒有矛盾。（註四一）

中央研究院吳大猷院長的話，更發人深省，他說：「我深信在孩童幼年最敏感的時期，教他由禮貌、是非、守規，進而是忠恕、廉恥、仁義等觀念，最爲重要。這些倫理道德觀念，是他一生對社會惡風尙引誘力的『抗原』。如何的使小孩在家庭中受到父母無時無刻的以身作則的無形的教誨，使這些觀念成爲小孩的天經地義的道理，是極重要而不簡易的事，這部分教育，等到十幾歲大概已嫌晚了。」（註四二）

(五)教養的方式與態度，父母親要一致

教養子女，當然以民主方式最適合時代潮流。俗語說「嚴父慈母」，不過父母對子女的管教方式與態度，必須協同一致，否則夫妻會因子女的管教問題發生爭執，影響婚姻與家庭生活，從子女的立場來說，對父母的管教將無所適從，其是非觀念、價值觀念與人格成長，都深受影響。夫妻對子女的教養態度，常受到個人成長經驗和出生家庭的影響而不一致，然而父母彼此的差異，不應成為互相否定、爭執或攻擊的焦點，不可一心一意希望對方接受自己的教育理念，適當的做法，應該在管教孩子的當時，充份支持對方，讓孩子感受到父母的一致性，而私下再勤於溝通，相互協調。溝通時不要陷於爭辯教育理念，因為教育理念見仁見智，應把討論的重點放在尋找管教方式之上，找到妥協之道，而不是誰臣服於誰，是共同研商彼此都能接受的方法。（註四三）

(六)對子女要一視同仁

家庭中有男孩和女孩，絕不可存有重男輕女的觀念，對每一個子女要一視同仁，不可因性別、智能、成就的差異而有所偏心。

根據統計指出，台灣地區平均每一個已婚女性希望生育男孩1.67人，女孩1.30人，男孩高於女孩0.37人，而平均一個未婚女性希望將來生育男孩1.12人，女孩1人，男孩高於女孩0.12人，可見國內仍普遍存有重男輕女的觀念，已婚婦女更甚於未婚婦女。

羅家倫先生曾以六大理由，反對重男輕女：

①從倫理方面說，婦女不能解放，同人道主義相衝突。

②從心理方面說，男女也不能壓制、錮蔽女子。

③從生理方面說，男女實在沒有不平等的理由。

④從社會方面說，婦女不解放是社會最大的障礙。

⑤從近代政治說，婦女解放實在是世界政治的潮流。

⑥從近代經濟的情形說，婦女解放是經濟上不可避免的事實。（

註四四）

周震歐教授認為，當子女們感覺父母對他和對自己兄弟姊妹間的語言態度、關懷、注意與照拂，乃至獎罰的標準有所不一致時，就容易產生嫉妒、憤恨的心理，因而甚至不惜以各種反抗社會的行為，來表示對父母的不滿與氣憤。而在兄弟姊妹之間，會產生敵對、仇視、爭執，乃至鬥毆的情事，造成家庭的不和與緊張，使子女從小感到恐懼，缺乏安全感，同時，由於長期的緊張與對立，減弱家庭中彼此的信任，破壞和諧與團結，使父母不但不能提供孩子以正常的快樂的成長環境，也無從協助子女克服各種可能面臨的困難，造成許多青少年犯罪的主要原因。

（七）要激發子女的潛能，但不要期望過高

每一個人都擁有很大的潛能，根據心理學的看法，通常一個人最多只發揮了三分之一的潛能。因此，千萬不要為孩子的資賦不如人而頹喪，更不能以孩子的成績很好而自滿。孩子將來的適應能力、心理健康、事業的成敗，都決定於能否應用潛能。子女的潛能需要靠父母有效的指導和協助，才能真正顯露出來。而所謂有效的指導和協助，認清並承認其個別差異，因材施教是個相當重要的原則。

但是，話又說回來，父母對子女的期望不可過高，望子女成龍成鳳的天下父母，都抱著「孩子，我要你將來比我強」的期望，甚至把他們這一代無法實現的目標，一廂情願地加在下一代的身上，要子女為他們圓夢。忽視下一代的性向和能力等條件，事實上是「愛之適足以害之」的。因此，對子女要有合理的期望，千萬不要存有「養兒防老」的觀念，因為孩子是社會的產物，而不是父母親的財產。

（八）要多鼓勵、讚美、少懲罰

國人多年來存在著若干管教子女的錯誤觀念，譬如「棒下出孝子」、「不打不成器」等說法，都明顯地影響著父母採取了較嚴屬的態度對

待子女。

在美國和英國的許多研究報告中，都指出父母對子女所採取的暴力行為，已經達到極為恐怖的情況，幾乎84%左右的孩子，在成長的過程中，都曾經被體罰。

雖然我國《民法》第1085條賦予父母懲戒子女之權，但是這並不是允許父母親可以隨意處罰子女，父母親對子女的懲戒，如果逾越必要範圍，換句話說，懲戒過度，父母將受處罰，假如採用傷害身體或危害生命的殘忍苛酷手段，則為濫用親權，不但會引起停止親權的惡果，有時也構成傷害罪。

在犯罪的青少年中，經常被惡意體罰的，高達97%。父母原想用體罰控制孩子的不當行為，卻往往造成更多的問題與錯誤的價值批判。

心理學家Maslow定義人類基本的需要，包括生理的需求、安全感、愛、自尊與自我實現等五種，我們每個人都有自尊心，當然子女也有其自尊，懲罰不當就會傷害孩子的自尊，更具體地說，體罰對孩子造成的傷害有：①對自己的評估低，②憎恨父母，拒絕老師，與同學朋友關係不好，③有自虐傾向，④對手足具攻擊性或暴力傾向，⑤有青少年犯罪可能，⑥在學校有破壞性行為。因此，懲罰孩子，要注意時間和場合，千萬不要在別人的面前，尤其是他們的友伴前懲罰孩子。懲罰的輕重程度，要和孩子所犯的錯誤行為成比例，而不是和父母所被激怒的程度成比例。

管教和懲罰是不同的，管教的目的在改正或提供成熟的訓練機會，懲罰乃是對犯罪者施以報復；管教的重點在改變而達到正確行為，而懲罰乃針對過去的錯誤行為；管教的態度是愛和關心，而懲罰則是敵意和挫折；管教可給予孩子安全與支持，而懲罰則使孩子產生恐懼、罪惡感、怯懦或反抗，將使孩子不再和父母有孺慕之親，使管教日益困難。

　　我們從另一個角度來看，犯錯是孩子獨有的權利，不經由錯誤，又如何能學習到什麼是正確的？明智的父母寧可讓孩子們在錯誤中學習，而不隨便依據成規去干預他們的行爲，甚至於處罰他們，干預太多，動不動就懲罰，反而使孩子的道德反應遲鈍。青年以後的各階段，人生的成敗要由個人自己負責，唯獨兒童期，成敗的責任大部份應由父母和環境來負，因爲兒童的意志力還沒有足夠的成長。（註四五）

　　人都喜歡聽好聽的話，孩子成長的過程中，當然也需要鼓勵和讚美，這是其人格養成與智能增進不可或缺的精神支柱。卡內基曾說過：人有一種燃燒的渴望－渴望得到眞誠的讚賞與感謝。當父母用鼓勵、稱讚、參與和引導等方式對待孩子時，孩子感受到充分的愛與關心，相互之間能從話語、肢體動作及擁抱中，有了親密關係的分享和心靈的溝通，反之，父母只是站在強勢的一方，一味指責、要求，他們就無法和孩子之間建立人性互動與眞正的親密關係。史懷哲不也是抱持著鼓勵、尊重的態度，面對非洲土人，他們之間才能達到心靈溝通與人性互動。

　　欣賞孩子是鼓勵和讚美孩子的前提，因爲欣賞是人類的本能，是令人滿意的最原始態度。當我們不被誇讚欣賞時，不只覺得卑微，也感到渺小；在一個充滿敵意或無人欣賞的團體中，會覺得自己沒有存在的價值。學會稱讚或愛人，以及受到稱讚或被愛，是成長的催化劑，活在欣賞的愛中，將會發展獨特的自我。

　　促進親子關係的重要技巧之一，就是鼓勵和讚美，鼓勵與讚美可以促使孩子信任自己。行爲科學提出「行爲改變（Behavior Modi-fication），反對以體罰來矯正孩子的行爲，而是以鼓勵和讚賞。」讚美的一句話，勝過嘮叨的一百句。

　　但是，對孩子的鼓勵與讚賞要恰到好處，就是要能發揮效果又不致於有任何負面的後遺症，如果全憑一時的好惡而給予孩子鼓勵或責

備，或是鼓勵與讚美流於形式，或過分藉助於物質及金錢，或不該鼓勵時給與鼓勵，該責備時又不給予責備，都容易混淆是非，讓孩子無所適從。那麼，應該怎樣恰當地鼓勵孩子呢？

①要出於眞心誠意。

②確實發現孩子的優點。

③不宜太強調孩子應負的責任。

④注意事情的過程而非結果。

⑤設法了解孩子的觀念、想法與問題。

至於怎樣讚美孩子呢？

①尊重個人的價值，有好的表現就讚賞。

②稱讚孩子時要針對具體的行爲、表現和進步，不要作一般泛泛的誇獎。

③即使在作必要的批評時，態度要誠懇，具體提出來，不要以貶損，嘲諷的語氣，如當孩子犯錯，不要說：「老天，你怎麼搞的？那有人這麼笨！」而說：「這樣不對，來，我們來看看怎麼做才對。」

台北市立師院陳龍安教授的建議也值得參考，他主張爲孩子設立紅燈、綠燈、黃燈三種範圍，所謂紅燈部分就是嚴格禁止，一旦觸犯，就嚴厲處罰，如偷竊等；綠燈則是鼓勵範圍，不管做好做壞，只要盡了心力，都給予鼓勵，並規劃其發展空間；黃燈是指警告區，初犯可以原諒，累犯就要懲罰，比方說失約、遲到等行爲。（註四六）

(九)誠實回答孩子的問題

天下的孩子沒有不好奇好問的，而且當今科技發達，媒體資訊普遍，兒童的心智開發較早，時常會問一些稀奇古怪、異想天開的問題，使得父母無法回答。啓發心智是兒童階段最重要的工作之一，啓發孩子的心智是父母的責任之一，但是父母不要做孩子知識上的權威，因

為即使是有能力的父母，也不可能正確圓滿地回答孩子所有的問題，不要以為回答不出孩子的問題，就有失為人父母的尊嚴，而隨便搪塞敷衍，父母必須誠實，與其用不正確的答案去搪塞，不如繼續讓他懸疑著。一個孩子的腦子，如果裝太多錯誤的知識，將會成為以後心智活動的障礙。身為父母的，如果常欺騙孩子，也會導致孩子不信任父母，甚至於不信任別人，嚴重缺乏安全感，也容易造成善妒、自私、恐懼、缺乏自信、自暴自棄等叛逆的心理。

家長本身誠實，是對孩子最好的誠實教育。民國七十九年底，台灣省政府與漢聲電台舉辦「全民的願望」有獎徵答，特獎是保時捷轎車，價值二百十二萬元。結果得主是屏東縣林邊國小的鄭姓小朋友，不料卻鬧三胞，三個家長都堅持自己的小孩子得獎。省新聞處將各生筆記簿和依原樣書寫的明信片，一併寄送調查局核對鑑定，這個案子著實發人省思。

該校校長表示，以教育觀點而言，二百餘萬元的獎額雖然很大，如果讓純真無邪的孩子，去作不誠實的指認，將是更嚴重的損失，切切希望孩子的親人三思，快在比對還未揭曉之前，迅速作明智的決定，不要有意去做孩子不正當的導演。（註四七）

（十）要尊重子女的個性

尊重個性與發展個性的教育，是現代教育的原則和目標。管教孩子不可一味使用權威式，每個孩子都有其個別差異，當孩子在生活上或學業上有自己的主張時，父母先要表示尊重孩子的判斷與選擇，然後再和顏悅色地表達自己的意見，最忌用自己的威權來壓制孩子，不但不能影響孩子的想法、做法，反而使孩子變得拒絕告訴你任何事情。

父母要依照孩子的個性、興趣、性向、天賦及特有的身心發展狀況教導孩子，千萬不要拿自己的孩子跟別人比較，因為那會造成錯覺和迷失，使孩子失去可貴的自我肯定態度。尊重孩子並非對孩子的要

求百依百順，有求必應，而是依照孩子的個別需要和條件，給予適當的啓發和教導，當父母親不能給予孩子自尊和自重時，孩子會付出很大的代價去從別處獲得滿足，那時就很難挽回了，尊重孩子可以幫助孩子建立信心和安全感，有助於人格的健全發展。（註四八）

傾聽孩子的說話是尊重孩子的第一步，傾聽意味著把我們的時間、心和情感交給對方，傾聽象徵尊重、瞭解、接納與關懷對方。透過傾聽，是人與人之間互動的開始。傾聽不僅可以聽到表面的意思，更可聽到內心的思想，甚至潛意識不自知的意念。對兒女而言，傾聽也是爲人父母者最好的付出與給予。每一顆寂寞少年的心靈背後，都有不肯傾聽他們說話的父母，在一個家庭裡，充滿關懷與興趣的傾聽，無疑正是父母親最親切的姿勢和最美麗的行動，高品質的親情，是愛、喜歡與關心；高品質的親意，是尊重與信任。在傳統的親情裡，父母只要子女盡責，把衣食住行準備妥適，及教導子女待人處事的道理即可，但是，高品質的親情，還須能與孩子貼心說話，把父母的心語讓孩子知道，也鼓勵孩子用相似的態度對父母說話，傾聽孩子的每一句話，是父母通往兒女內心世界的一條林蔭大道。

（十一）要和子女一起成長

父母親的角色，應隨著子女的成長而適時調整，當孩子小時，父母是施與者、保護者、關愛者、供應者，在態度上自然也形成支配者、控制者、權威者。當孩子逐漸進入兒童、少年、青少年、青年時期，爲父母者的支配、權威模式受到挑戰與衝擊。即使在同一階段，當孩子需要撫慰創傷時，父母是慈母的角色；當孩子需要勸戒勵進時，父母是嚴父的角色；當孩子需要幫助時，父母是孩子的朋友；當孩子生病或需心理分析時，父母是孩子的醫生；當父母嚴肅質詢時，父母似法官；當父母諄諄善導時，父母是孩子的師長。

因此，當父母的要能和孩子一起體驗成長中的酸甜苦辣，父母好

比是園丁，孩子好比是花草樹木，園丁必須有愛心、耐心、信心，才能把花木栽得很好。子女的心智每天在增進成長，而當今社會環境的變遷又日新月異，爲人父母必須不斷學習以往做父母所不同的態度及技巧，現代父母必須調整自己的觀念與行爲，不斷地自我成長。跟子女一起成長而也使子女充分成長的父母，方是成功的父母。

七、子女事親的倫理－孝敬

(一)孝的意義

我國是個講孝和行孝的民族，關於「孝」字，古今的書籍中，有許多解釋與闡發，諸如《論語》、《孟子》、《中庸》、《書經》、《禮記》等，甚至於有《孝經》一書。茲舉其一二於下：

《書經》〈文侯之命傳〉：「繼先祖之志爲孝」。

《孟子》〈離婁篇上〉：「不孝有三，無後爲大。」漢趙歧注說：「於禮有不孝者三事：謂阿意曲從，陷親不義，一不孝也；家窮親老，不爲祿仕，二不孝也；不娶無子，絕先祖祀，三不孝也。三者之中，無後爲大。」

《孟子》〈離婁篇上〉：「世俗所謂不孝者五：惰其四肢，不顧父母之養，一不孝也；博奕好飲酒，不顧父母之養，二不孝也；好貨財，私妻子，不顧父母之養，三不孝也：縱耳目之欲，以爲父母戮，四不孝也；好勇鬥狠，以危父母，五不孝也。」

《禮記》〈祭義〉曾子答公明儀說：「所謂孝，先意承志，喻父母於道。……身也者，父母之遺體也；行父母之遺體，敢不敬乎？居處不莊，非孝也；事君不忠，非孝也；蒞官不敬，非孝也；朋友不信，非孝也；戰陣無勇，非孝也，五者不遂，烖及於親，敢不敬乎？」

《禮記》〈祭義〉：「孝有三，小孝用力，中孝用勞，大孝不

置。思慈愛忘勞，可謂用力矣；尊仁安義，可謂用勞矣；博施備物，可謂不匱矣。父母愛之，喜而弗忘；父母惡之，懼而無怨。父母有過，諫而不逆；父母既歿，必求仁者之粟以祀之，此之謂禮終。」

《禮記》〈祭義〉：「天之所生，地之所養，無人爲大。父母全而生之，子全而歸之，可謂孝矣；不虧其體，不辱其身，可謂全矣。……壹舉足而不敢忘父母，壹出言而不敢忘父母，壹舉足而不敢忘父母，是故道而不徑；舟而不游，不敢以先父母之遺體行殆。壹出言而不敢忘父母，是故惡言不出於口，忿言不反於身，不辱其身，不羞其親，可謂孝矣。」

至於《孝經》闡發孝義及自天子以至庶人行孝的方法，就不再贅引了。

綜而言之，善事父母爲孝，《論語》言孝，包括養與敬兩義，尤其注重敬義，所以說：「至於犬馬，皆能有養，不敬何以別乎？」，而「生事之以禮，死葬之以禮，祭之以禮，都是以敬爲主。孟子繼承孔子而發揮，他論孝，主要在強調推恩，他說：「推恩足以保四海，不推恩無以保妻子」，又說：「老吾老以及人之老，幼吾幼以及人之幼」。《孝經》的釋孝，除不違背孔子孟子之義外，還提出若干重要的意義，如把孝視爲德之本和教之所由生，闡明人類的道德，實以孝爲根本，人類的教育或教化，也以孝爲根本。正史自《晉書》以下十六種，特別立孝友、孝義、孝行、孝感等傳；而各家文集、訓蒙讀物、民間故事、戲劇、歌謠等，對孝道多所宏揚。

孝是自覺的將人類天生的一點敬愛父母的心，也就是一點仁心仁性，謀加以保存、培養、發展，以使人成人成賢成聖的道德原理。（註四九）星雲大師說：「孝是人類最崇高的德行，生命來自父母，出家人也不例外，佛教亦不割捨這人間的至情，所以同樣的應該事親並

孝順。他又說：「孝就是使父母寬心喜樂，使父母寬心就是免憂愁、免擔心；不憂愁不擔心自然喜樂。爲人子女的，好好愛惜自己的身體，經營自己的事業、照顧自己的家庭，就是盡了孝道。（82,3,17民生報）

(二)孝的重要性

「百善孝爲先」，「孝順爲齊家之本」。孝弟忠信四德，是我國人倫之本，孝弟又爲家庭倫理的根本，孝以事父母，弟以事兄長。忠信二字是社會道德，忠以事上，信以事長。

我們中國人對於倫理的觀念，始終都離不開家族和祖宗，而西方人對於倫理的觀念，往往和宗教與神（上帝）牽扯在一起，以致倫理學與神學總是糾纏不清，這是中西雙方文化不同，因而對倫理的觀念也不一致。（註五〇）

但是話說回來，《聖經》不論舊約或新約，都提到「孝」，如舊約的申命記裡，摩西告誡以色列人：「當照耶和華你神所吩咐的，孝敬父母，使你得福。」而新約的以弗所書：「你們做兒女的，要在主裡聽從父母，這是理所當然的。要孝敬父母，使你得福，在世長壽，這是第一條帶應許的誡命。」（註五一）

國父說：「講到孝字，我們中國尤爲特長，尤其比各國進步得多，《孝經》所謂孝字，幾乎無所不包，無所不至。現在世界中最文明的國家，講孝字還沒有像中國講得這麼完全。」先總統　蔣公說：「四維八德，以忠孝爲本，爲國盡全忠，爲民族盡大孝，公爾忘私，國爾忘家，實爲我們中國教忠教孝的極則。」

我國過去以農立國，農業社會安土重遷，所以普遍採大家庭制度，父子終身相處，家業世代相襲，親子之間感情至爲親密，所以稱父爲父親，稱母爲母親，在如此淳厚的親情中，自然產生了反哺報恩的孝道。但是，不可諱言的，傳統的孝行，由於社會結構的演變，受西方

個人主義的感染，在現代社會中已有很大的改變，然而這並不意味孝道的本質也改變了，國人反哺報恩的孝心仍然很高，並未拋捨一脈相傳的孝道，只是我們更需要找出符合現代社會的新孝道，才不致讓孝道面臨消失。

據報載諾貝爾獎得主李政道、李遠哲，在民國81年7月2日參加在台北世貿中心聯誼社舉行的「中國國際尊親會」與「中華安親會」的締盟儀式，中央研究院吳大猷院長與四位諾貝爾獎得主，是「中國國際尊親會」的原始發起人，吳院長是名譽會長，而李遠哲、李政道、楊振寧、丁肇中，則分別擔任該會的名譽副會長及顧問，李遠哲、李政道表示，他們是要以科學家的身分，強調尊親孝道才是爲人處世最重要的一件大事。（註五二）

(三)子女怎樣孝敬父母？

〈親恩歌〉說：「要知親恩，只看自己怎樣養兒育女；要求子順，必先自己做到孝順爺娘。」

做子女的怎樣孝親呢？

陳大齊教授在〈如何做子女〉一文中，提出六項基本道理：①自食其力，不累父母，②服勞與奉養，③關注父母身體的健康，④保持父母心情的安寧，⑤做好人好公民，以顯揚父母，⑥明辨可從與不可從的分際。（註五三）

陳立夫先生認爲：①不僅愛，且須敬，②不獨養親之身，且養其志，③規親之過，使歸於正，④不虧其體，不辱其身，⑤繼往開來，揚名顯親，⑥喪祭以禮。（註五四）

楊國樞教授提出新孝道的基本原則爲：

①合情的原則：子女行孝應以愛心爲本，以感情爲重，並應設身處地，盡力爲父母著想；在對父母表達關懷之情時，應採取其習於接受的方式。

②合理的原則：子女行孝當適當運用理性，考慮事實，顧全事理，而不衝動短視，爲近誤遠，以私害公；行孝應量力而爲，不宜過度過分，走入極端，尤不可因行孝而自殘自虐自貶，否則即成愚孝。

③合法的原則：行孝應不違反現行法律，不可因圖利父母，而有犯法之行。父母如要子女做不法的事，子女應好言相勸，不可接受亂命。

其實踐原則有十四項：

①子女善待雙親，父母一樣看待，不可厚此薄彼。

②多與父母交談，以了解其看法、想法及感受。

③盡力敬愛父母，不以言辭或行爲侮慢父母。

④盡力使父母心情愉快，少惹父母生氣。

⑤幫助父母從事並完成善舉，不陷父母於不義。

⑥對父母應眞心誠意，不因父母的社會地位與經濟能力而表面做作與應付。

⑦言行盡量使父母引以爲榮，不使父母因子女言行而抬不起頭來。

⑧盡力使父母信任與放心，而不使父母爲子女行爲擔心。

⑨保持自己身心健康，以免父母憂慮掛念。

⑩以同情的態度來了解父母的時代與生活背景，不可冒然視爲落伍。

⑪父母如有過錯，子女應以委婉的態度耐心相勸。

⑫父母在物質生活上如需照料，子女應盡力予以安排，勿使有所匱乏。

⑬父母生病時，子女應妥爲照顧，盡力設法醫治。

⑭父母喪亡，子女應予以妥善安葬。（註五五）

筆者提出養親、悅親、念親三點，加以綜合並說明。

1.養親：

養親是子女最基本的孝行，也是子女的天職。孔子說：「至於犬馬皆能有養，不敬何以別乎？」能養還須能敬養。養親即照顧父母的生活起居，要承順父母，和顏悅色。《禮記》〈曲禮上〉說：「凡爲人子之禮，冬溫而夏凊，昏定而晨省，在醜夷不爭。」意思是說，人子奉養父母親，要使父母親在夏天覺得很清涼，冬天很溫暖，晚上要爲他們安定床衽，早上要向他們請安，在平輩之間不爭寵。

現處工商業社會，年輕一代多由鄉村走入都市，接受都市的價值和行爲模式，而父母親有的仍住在鄉村，想享三代同堂的天倫之樂已相當困難，我們仍然要鼓勵三代同堂的生活方式。

當今奉養父母的方式，有輪流奉養、固定奉養，輪流奉養是已婚子女（女指招贅者，出嫁者不在內）依次奉養父母，由長子始，輪到幼子，周而復始，時間長短，以均等爲原則；固定奉養是諸子分家後，父母全在某子家居住，其他兒子按月以現金補貼他，或父母保留財產，以其收益付給擔任固定奉養的兒子，或某兒子自動單獨負全部奉養費，其他兒子自動給父母親零用錢，或各兒子負責奉養父母中的一位。也有父母親與未婚子女共伙，或父母親自行起伙的。不論採取那一種方式，都要依照事實需要，父母親的意願及父母親的年齡、健康情形而定。

古人說：「論孝論心不論跡，論跡自古無孝子；論法論跡不論心，論心自古無完人。」一個人是否孝順，實在是以他是否具有孝弟之心而言，如果具有至誠的孝心，表現在行爲上，雖然不一定是錦衣玉食的奉養，也是足以驚天動地，感化人心，值得稱道學習的。

2.悅親

悅親就是使父母親高興，不使父母親憂慮、恐懼、發怒。悅親是養親的第一要訣，使父母常生歡喜心，可以增進父母的健康，這是壽

親之道。在父母親面前，萬不可有愁容，更不可有怨言，無論我們的環境順逆，得意或失意，總應該克制感情，父母所愛要愛之，父母所敬要敬之。

其次，「身體髮膚，受之父母，不敢毀傷，孝之始也。」又「父母唯其疾之憂」，為人子女的，要照顧好自己的身體，不使父母親憂傷；出必告，返必面，所遊必有常，所習必有業，恆言不稱老，要循規蹈矩，安分守己，不作姦犯科，違法犯令，而要積極用功敬業，爭取好成績，考上理想的學校，或努力發展事業，大展宏圖，福國利民，以顯揚父母。

古德說：「孝莫辭勞，轉眼便為人父母；善休望報，回頭但看你兒孫。」在家居生活，盡量幫助父母服勞務，效法老萊子彩衣娛親的孝親精神。父母有病，要盡力妥善醫治與照顧，使其早日康復。如果父母有錯時，要婉言耐心相勸，不可忤逆、衝突，也不可順其心意，為非作歹，而陷父母於不義。而夫妻相愛，兄弟和睦，使家庭和順，也是悅親之道。

3.念親

孔子說：「生事之以禮，死葬之以禮，祭之以禮。」當父母親喪亡時，子女應銜哀妥善安葬，按時祭拜。荀子說：「禮有三本：天地者，生之本也；先祖者，類之本也；君師者，治之本也。」我們中國人講孝道，所以對祖宗非常崇拜，完全是基於一份慎終追遠、感恩圖報的心理，是非常理性的，絕少有迷信的意味存在，我國古今家庭倫理的特色全在於此。

陳立夫先生說：「一切德行，以仁為本，仁以親親為先，孝心不以親死而盡，追念之懷，惟有以祭祀方式表達之。故敬神之真義在崇德而非迷信，國人所講之神，多是死的祖先，有各姓的人，而非亂神，祭祀是屬於人與人的情愛，而非為本人求福，是以人為出發點，以不

忘本不忘恩之德行表現爲主體，無絲毫迷信或神祕之因素存于其間。」（註五六）因此政府把每年農曆清明節，訂爲「民族掃墓節」。民間建築，通常在房子的正中設一堂屋，供奉著祖先的牌位，早晚焚香膜拜，每逢初一、十五或重大節日，還得舉行正式祭禮。

周何教授說：「尊敬祖先的觀念，持續存在於中國人的生活中已有好幾千年。這種一向被認爲是理所當然的觀念，在歷史上也確實達成了延續家庭生命的任務，和集合群力開展文化的功能。」（註五七）然而，「祭如在，祭神如神在」，祭祀祖先最重要的是要誠心誠意了。

八、婆媳的相處

（一）婆媳牽萬情

在家人關係中，以血親關係最爲親密，其次就要算姻親關係了，婆媳、姑嫂、妯娌、翁媳、岳婿等，都是屬於姻親關係，家中的兒女結婚以後，就發生了這些姻親關係。

在許多姻親關係中，最複雜的要算婆媳關係了，婆媳之間的相處，可說是婚姻中一個最複雜的問題，古人說：「清官難斷家務事」，主要指的是婆媳之間的糾紛，許多即將披上嫁裳的新娘子，最擔憂的事，莫過於遇到「惡」婆婆，再加上俗語常說「媳婦熬成婆」，更容易引人聯想到婆婆頤指氣使，張牙舞爪的恐怖形象。在古詩《孔雀東南飛》中，描述了婆婆欺凌媳婦，丈夫不知所措，導致勞燕分飛的家庭悲劇。

人際或人倫關係中，以夫妻關係最複雜，而以婆媳關係最微妙。婆媳之間的關係與定位，似乎已經成爲社會問題之一，俗語說「十個婆婆九個半罵媳婦」，婆媳相處不睦的例子，在我們周遭時有耳聞目見。據聯合報系民意調查中心以電話訪問大台北420位20－50歲的媳婦，發現不論婆媳是否同住，多數婆媳都有口角衝突的經驗，但九成媳婦認爲吵架儘管吵架，自己與婆婆仍能好好相處，只有4%承認平

時就與婆婆不合，關係相當惡劣。（註五八）

　　婆媳難容，似乎已成為新時代必然的趨勢，但從另外一個角度來說，婆媳關係只是眾多家人關係的一種而已，其他如夫妻、親子、手足關係的重要性，一樣值得重視，何況婆媳關係是在過去父系社會制度下才特別凸顯的問題，在現代社會都會地區，對於沒有與長輩同住的小家庭來說，婆媳關係甚至不是最重要的家庭人際關係，不管是那一種家庭人際關係，重視互相尊重、支持的精神，應該都是一致的。（註五九）但是，如果婆媳關係發生了問題，將影響家庭和諧及家庭倫理的建立至鉅，我們必須加以探究其原因及促進婆媳關係的方法。

（二）婆媳不睦的原因

　　一般說來，造成婆媳不和的原因很多，歸納起來，有下列幾項：

　　1.心理因素：從心理學上分析，母親對兒子照顧無微不至，一旦兒子結婚，另一個女子把兒子拉了過去，有的兒子娶了媳婦忘了娘，婆婆內心不免有失落之感，尤其如果婆婆是個寡婦的話，這種情結更為明顯。有的是公公太過於寵愛媳婦，婆婆與媳婦爭風吃醋。婆婆失去對兒子的愛，情感空虛，發洩在媳婦身上。再者，女人都要經歷婆媳兩種角色，「今日為人媳，他日終有為婆時」，當她當媳婦的時候，受到婆婆的虐待，因而潛生一種報復的心理，有朝一日，當她熬成婆之後，把這種怨氣出在媳婦身上，因而造成婆媳不睦。

　　2.生理因素：母親的生活重心多放在子女身上，當子女結婚以後，婆婆依然不十分情願放棄原先作母親的角色而多方關照，甚至干涉子女的婚姻生活，造成兩代間不愉快或衝突。子女成年自組新家庭時，通常正值婆婆生理上的更年期階段，更增加其心理壓力。

　　3.媳婦與家人相處不睦：例如媳婦與小姑、小叔或妯娌之間發生

衝突，引起婆婆的不悅，怪罪於媳婦。其實「順得哥來失嫂意」，姑嫂的衝突，有時起自小姑，如小姑在其母親之前搬嘴弄舌，挑撥是非，弄得姑嫂不睦，家庭也就亂七八糟，雞犬不寧了。

4. 代溝：婆媳的年齡有差距，生長時代環境、教育程度不同，價值觀不同，性格不同，產生了代溝，常使無形的意識形態，變成有形的衝突或抗爭。

5. 婆媳飲食、生活習慣不同，嗜好與興趣差異。省籍不同，往往造成生活習慣的差異，極可能是決定婆媳能否共同生活的先決條件。

6. 婆媳爭奪權力：一般婆媳問題爭執的焦點，常常是家庭的決策權和經濟權，在家庭決策權上，媳婦未進門前，婆婆是一家之主，舉凡家事分配，甚至買房子的決定，均由她負責，但是媳婦進門後，情況改觀，其角色完全由媳婦取代，權力被剝奪，地位也轉變了，婆婆產生不滿的感受，無法適應這種轉變。

7. 家事的分配：媳婦未進門之前，家事都由婆婆操勞，媳婦進門之後，婆媳之間家事的分配成了問題，假如媳婦善於家事，又勤於家事，婆婆可輕鬆下來，否則婆婆仍要操勞，又如果媳婦是個職業婦女，那婆婆可更累了，時日一久，問題自生。

8. 對生兒育女以及子女管教觀念的差異：婆婆總是抱孫心切，假如媳婦進門後久久未生育，或婆婆重男輕女的觀念很重，而媳婦老是生女兒，婆媳難免發生齟齬。又婆孫之間的關係，不像母子或婆媳那麼直接，所以在管教方面的要求，也就不會那麼強烈或嚴格，因此在教養方面婆媳之間很容易產生種種歧見。就媳婦而言，婆婆對孫子的寬恕與包容，簡直是助長孩子的氣勢，同時間接地影響她當母親的立場和執法的權威，當然無法忍受，婆婆嬌寵愛孫，往往開罪了媳婦。

9.外人的挑撥：如左鄰右舍或親朋友好的挑撥離間，傷害婆媳的和睦。

10.公公及兒子的處置不當：在婆媳的關係中，公公或兒子的立場，如果欠缺客觀公正，而有失偏頗，會加深婆媳的不睦。

11.嫌隙種因於兒子與媳婦尚未婚嫁時，媳婦未過門先出招，如準媳婦初次見準公婆時不守時，有失風度與禮節，對準媳婦已留下不好的印象，或兩家非門當戶對，曾爲聘金或嫁粧鬧得不愉快，甚至於婆婆反對媳婦與其兒子的婚事，婚後婆媳自然難以相容了。

12.宗教信仰不同：宗教信仰不同，必然造成思想、價值觀、及生活習慣的差異，致使婆媳不睦。

13.婆婆自己的婚姻不幸福，對媳婦的婚姻產生嫉妒的情結。

14.婆婆喜歡以過來人的長輩身分，倚老賣老，指責或批評媳婦的言行及生活方式。

(三)婆媳相處之道

1.怎樣做媳婦？

①要孝敬婆婆。

②重視婆婆的存在及價值地位。

③進退恭謹，不搬弄是非。

④不要向丈夫私下抱怨、挑撥。

⑤要和叔姑和睦相處，與夫家融合一體。

⑥培養與婆婆共同的興趣和嗜好。

⑦勇於認錯。

⑧要服從，要忍讓。

⑨善體婆心，消除代溝。

⑩關心婆婆的健康，知其性格、興趣、生活方式，不可強求婆

　　　婆改變多年的習慣。

⑪視婆婆如自己的母親。

⑫如婆婆過度溺愛與袒護孫子，應婉轉解說，不可惡言頂撞，
　傷及全家感情。

⑬對家事多徵求婆婆的意見。

⑭安分守己，勤勞節儉。

⑮一切要以婆婆為重，娘家次之，與娘家金錢方面少往來。

⑯注意生活習慣，早上不要睡得太晚，改變自己去適應婆家，
　不可寄望婆家習慣改變來迎合自己。

⑰經濟大權如在婆婆手裡，不可表示斤斤計較；如在妳手裡，
　別忘了每月固定給婆婆零用錢。

⑱不要老是為自己增添衣飾，也要給婆婆打扮，須知有穿著體
　面的婆婆，是媳婦的光榮。

⑲偶而可讓家人試試新口味，但不要使全家的口味適合妳，最
　好按婆婆的烹調方式做菜，要改變也只能用無形的漸進方式。

⑳家事要斟酌做，不可全不做，也不可全部做，而讓婆婆負擔
　太重或無用武之地，工作方法要尊重經驗豐富的婆婆。

㉑育兒方法參考婆婆的經驗，如果婆婆的方法真是不好，甚至
　於不對，可借重醫生的話，委婉而自信地讓婆婆知道有更好
　的方法。

㉒對婆婆要保持應有的禮貌，適時適當地讚美婆婆，關心婆婆，
　並愉快地接受婆婆善意的幫助。

㉓少提娘家的事，因娘家乃親情所繫，精神所託，提及娘家，
　難免眉飛色舞，精神振奮，甚或失言。

㉔夫婦不在公婆前親熱，尤其寡居婆婆，常會觸景生情，產生
　妒意，無端厭惡媳婦。

㉕勿當著公婆的面，和丈夫發生爭執。

㉖娘家人少留宿。

2.怎樣做婆婆？

①讓媳婦擁有絕對被尊重或自立的空間，去扮演母親及妻子的角色。

②「不是一家人不進一家門，媳婦本來就是自己的女兒」，在心理上，把媳婦看做自己親生的女兒，瞭解其性格、興趣、能力。

③不再扮演舊禮教時代威權至上的角色，應扮演民主時代相對互惠的角色。

④生活觀念應隨時代進步。

⑤不要強求媳婦現時悅納自己的經驗或意見。

⑥有爭執時，委婉對媳婦說，或叫兒子轉告她。

⑦不要用訓誡、命令方式對待媳婦。

⑧開拓自己的社交圈，培養嗜好，多參與一些活動，幫助自己走出家庭狹隘的空間。

⑨放開胸懷，不要時時如顯微鏡一般，把小事看成大事。

⑩主動的要媳婦去關心娘家，不要批評媳婦的娘家。

⑪媳婦做家事不夠勤快，缺乏耐心，不要苛責她，讓她慢慢去做，時間久了，自然會熟練。

⑫如果經濟大權在妳手裡，對媳婦寬一些；如果在媳婦手裡，錢夠用就好，不要老是要錢。

⑬不要抱怨媳婦買太多的衣飾，因衣飾太舊或無更換也會遭人批評。

⑭可教導媳婦按照妳的口味烹調，偶爾讓媳婦表現一下，換換新口味也很好。

⑮不要抱怨媳婦家事方面不能幹，這是時勢使然，妳可教導她，如媳婦有新方法，不妨共同一試。

⑯育兒方面，不要固守老方法。

⑰給予媳婦生活及行動上的自由。

⑱避免喋喋不休的抱怨、發牢騷、講廢話。

⑲不要妒忌子媳的恩愛。

⑳子媳之間如有爭執，應以公正立場，尋求原因，從中排解。

㉑不應該向媳婦故意尋錯處，如遇媳婦有錯，應和顏悅色地糾正，糾正時不可當著他人的面前使她難堪。

㉒對待所有的媳婦要一視同仁，公平公正。

㉓儘量欣賞媳婦的優點。

㉔切勿倚老賣老，自以為是。

㉕接受好意，無論媳婦送什麼禮物，都應感到高興，永不要有貪得之心。

㉖不要刻意去注意媳婦的一舉一動。

㉗不要把自己的興趣愛好強加於媳婦，也不要指責媳婦的興趣和愛好。

㉘不要把媳婦同小姑相比。

㉙不要代替兒子責備媳婦。

㉚不要制止媳婦教訓孫子。

3.婆媳應共同信守的原則

①時時站在對方的立場為對方著想。

②絕不輕信謠言，發生誤會。

③適時贈送小禮物給予對方。

④要有忍讓之心，儘量不發生爭吵。

⑤調適家庭生活習慣，培養家庭生活情趣。

⑥彼此瞭解個性。

⑦經常溝通，使彼此瞭解觀念、期望。

⑧要有吃虧就是佔便宜的認知。

⑨培養共同的興趣和嗜好。

⑩常對對方表示感謝的心意。

⑪彼此捐棄成見。

⑫雙向尊重，相互體諒。

(四)公媳相處之道

多年以來，在家人關係的探討中，婆媳關係總是最熱門。當女性結婚後接觸到另一個家庭時，最擔心的也是「我的婆婆是否好相處？」其實，時下不少女性，反倒是為了如何與公公和睦相處而傷透腦筋，想改善公媳關係，似乎更不知從何著手。

傳統夫妻角色的扮演，男性常會以為把兒媳調教成為好媳婦好太太，是婆婆的責任，做公公的不必也不能逾越分際，所以，即使對兒媳婦有不滿之處，也會透過婆婆或兒子來傳達意見，再加上性別不同，覺得「不好和兒媳婦多說什麼！」

媳婦如何對待公公？可參照上述對待婆婆的方法，而公公如何對待媳婦，也可參照上述婆婆對待媳婦的方法。但是，做兒子的應該特別負起公媳橋樑的責任，幫助溝通，尤其是鰥居的公公，兒子的角色更形重要了。

【附　註】

註　一：81年1月9日《中央日報》。

註　二：黃迺毓《家庭教育》50－51頁引。

註　三：81年4月7日《民生報》。

註　四：尹蘊華《家庭教育》180頁。

註　五：柴松林《倫理情理經理》17頁。

註　六：柴松林《倫理情理經理》18頁。

註　七：陳大齊《如何做父親》，載《中央月刊》第一卷第一期27－40頁。

註　八：鄭石岩《父母之愛》。

註　九：葉楚生〈如何做母親〉，載《中央月刊》第一卷第三期44－48頁。

註一○：殷澄國〈中國人的胎教觀〉，載《海華雜誌》（75年10月）。

註一一：王桂花等《搭好姻緣橋》103頁。

註一二：王連生《親職教育》117－118頁。

註一三：81年6月8日《民生報》陳幸蕙〈愛的第六課－建立健康取向的家庭
　　　　文化〉。

註一四：Mary Ann Lamanna and Agnes Riedmann 合著 Marriage and Fami-
　　　　lies，李紹嶸、蔡文輝合譯《婚姻與家庭》246－249頁。

註一五：蔡文輝《家庭社會學》220頁。

註一六：林清江《教育社會學》55－56頁。

註一七：彭駕騂〈從親子關係看青少年問題〉引，載王桂花等《搭好姻緣橋》
　　　　198頁。

註一八：同註一六。

註一九：朱敬先〈變遷社會中的親職教育〉引 F.A.Payne;My Parents,Fri-
　　　　ends or Enemies？，載於《教育與心理研究》第三期52頁。

註二○：鍾思嘉《兩代親》48頁。

註二一：同註一六。

註二二：王連生〈親職教育的原理與推廣〉，載嘉義師院幼教輔導叢書76頁，
　　　　70年6月出版。

註二三：張資寧譯《親子對談》，載《婚姻與家庭》月刊三卷二期4頁。

註二四：李宗派〈美國兒童保護立法與服務措施〉，載於李欽湧主編《兒童
　　　　保護要論》。

註二五：81年9月7日《民生報》。

註二六：80年8月28日《中央日報》。

註二七：81年4月3日《中國時報》。

註二八：81年10月1日《聯合報》。

註二九：Stelle,N.（1975）Working with abusive parents from a psychiatric point of view, Washington, D.C.:V.S.Government Printing Office.

註三〇：同註二九。

註三一：《兒童保護實務研討訓練專輯》8－9頁。79年4月省社會處發行。

註三二：80年2月8日《中央日報》5版。

註三三：《婚姻與家庭》月刊第六卷第四期（81年4月出版）。

註三四：黃惟饒《陽光生命愛》19頁。

註三五：鄭石岩《父母之愛》18頁。

註三六：鄭石岩《父母之愛》16頁。

註三七：參考鄭石岩《父母之愛》16－19頁。

註三八：80年1月4日《中央日報》盧美貴〈和年輕的媽媽聊天－認識孩子的世界〉。

註三九：黃迺毓《家庭教育》56頁。

註四〇：Ginott,H.（1965）Between parent and child, New York: Macmillan, 中譯本有陳柏達《兒童教育新法》（台北、世界文物.1975）、王克難《家長與子女》（台北、開明、1970）、張劍鳴《父母怎樣跟孩子說話》（台北、大地、1970）。

註四一：82年1月2日《中央日報》張鳳〈智慧的襟懷－側記李遠哲教授〉。

註四二：80年1月7日《中央日報》〈關於教育的幾點意見〉。

註四三：81年9月8日《台灣新生報》謝秀芬〈夫妻對子女教養態度之調適〉。

註四四：羅家倫《婦女解放》，載於《新潮》二卷一期。

註四五：韋政通《倫理思想的突破》106頁。

註四六：80年8月19日《中央日報》〈蔡雪泥親職信箱〉。

註四七：80年1月6日《中央日報》。

註四八：鄭石岩《父母之愛》20頁。

註四九：謝幼偉〈孝之性質及其需要〉，載中華文化復興委員會《倫理道德的理論與實踐》237頁。

註五〇：袁簡《中國倫理思想》71－72頁。

註五一：黃迺毓《家庭教育》42頁。

註五二：81年7月3日《自立早報》。按「中國國際尊親會」會長是行政院政務委員黃石城先生，「中華安親會」理事長是立法委員趙振鵬先生。

註五三：《中央月刊》第一卷第三期，45－46頁，57年12月1日出版。

註五四：陳立夫《人理學研究》293－305頁。

註五五：黃迺毓《家庭教育》111－112頁引。

註五六：陳立夫《人理學》34頁。

註五七：周何《古禮今談》194頁。

註五八：81年3月11日《聯合報》。

註五九：80年3月5日《民生報》。

第六章　兄弟的倫理

一、兄弟一倫的範圍

男子先生的叫做兄，後生的叫做弟；女子先生的叫做姊，後生的叫做妹。女子也以兄弟來分長幼，現今年長的女子，叫做姊或女兄，年幼的女子，叫做妹或女弟，所以兄弟一詞，實已包括姊妹在內。兄弟又有同胞兄弟、堂兄弟、表兄弟的區別；姊妹也有同胞姊妹、堂姊妹、表姊妹的區別。此外，因姻親關係而來的姑嫂、堂姑嫂、表姑嫂、妯娌等，也都應算在兄弟這一倫裡。

二、兄弟手足情

顏之推《顏氏家訓》〈兄弟篇〉說：「夫有人民而後有夫婦，有夫婦而後有父子，有父子而後有兄弟，一家之親，此三者而已矣。自茲以往至於九族，皆本於三親焉，故於人倫為重者也，不可不篤。兄弟者，分形連氣之人也。方其幼也，父母左提右挈，前襟後裾，食則同案，衣則傳服，學則連業，遊則共方，雖有悖亂之人，不能不相愛也。」

兄弟姊妹都是父母所生，古人比喻為手足，具有血緣之親，屬於二親等。在幼年的時候，一起生活，一同成長，在家庭中不僅是好伙伴，長大後進入社會，也是難得的知己，休戚相關，榮辱與共。俗語說：「打虎還要親兄弟」，一方面說，兄弟是骨肉至親，到危急時自會同心協力的拼命，另一方面說，兄弟相知最深，相愛最切，不難彼此協調合作。兄弟姊妹和睦相處，相親相愛，一則是孝順父母親的表現，一則是家庭生活快樂的泉源。法昭禪師說：「同氣連枝各自營，

些些言語莫傷情，一回相見一回老，能得幾時爲弟兄？」兄弟之情，是值得萬分珍惜的。兄弟姊妹在家時，常不知手足之情的可貴，成長以後，終須各奔前程，這才體會到手足之情。

三、兄弟姊妹相處之道

(一)互相友愛

友就是和善相處，愛就是親厚相待。兄弟姊妹能友愛，必能同獲父母的歡心，也就有順親之意了。一個人要能和別人互助合作，就要從兄弟姊妹友愛做起，如果不能兄友弟恭，那能長幼有序，敦親睦鄰，與人爲善呢？假如兄弟姊妹不互相友愛，弟妹對兄姊不和順，兄姊對弟妹不友愛，輕則形同陌路，重則兄弟鬩牆，同室操戈。漢文帝的弟弟淮南厲王想謀叛，因廢置憂憤而死，百姓作歌說：「一尺布尚可縫，一斗粟尚可舂，兄弟二人不相容」；又魏朝的曹丕曹植兄弟相煎害，曹植還沈痛地寫了一首「七步詩」呢！（註一）

(二)要相互禮讓：

兄弟姊妹之間，見利不爭，見害不避。我們時常會看到兄弟姊妹小時候就相爭不讓，長大以後，爲爭家產，對簿公堂，甚至手足相殘，令人浩歎！可是，也有不少相互禮讓的兄弟，伯夷、叔齊是商朝孤竹君的兒子，伯夷爲兄，叔齊爲弟，其父遺命將君位傳於叔齊，叔齊不受而讓給其兄伯夷，伯夷亦辭不受，於是兄弟二人都逃避互不繼位；東漢時孔融讓梨的故事，表現禮讓友愛，不但當時人嘆服，且傳爲千古美談。

(三)要相互幫助

兄弟姊妹雖然同父母所生，在智力體力方面，仍有個別差異，在未來的成就上也有所不同。有的富貴，有的貧賤，總須互相幫助與扶持。朱柏廬《治家格言》說：「兄弟叔姪，須分多潤寡」，就是這個

意思。兄弟姊妹能互相幫助，就能互信合作，所以俗語說：「兄弟同心，其力斷金。」

(四)要相互勸善規過，進德修業；

兄弟有手足之情，凡事最好商量，最易合作共事，但不可狼狽為奸，互陷於不義。

四、姑（叔）嫂相處之道

彼此尊敬，待之以禮，心胸寬豁，保持良好的氣度

1. 不可因一點小事，堅持己見，互爭長短。
2. 嫂要體念小姑（叔）年輕，涉世不深，多受父母寵愛，養成驕態，事事多加遷就、包涵、原諒與容忍。
3. 小姑（叔）要明事理、辨是非，不可跋扈任性，無理取鬧，而要消除成見，坦誠相處。
4. 嫂應時時關心小姑（叔），愛護小姑（叔），期如姊妹（弟）一般，凡事商量，不可輕視小姑（叔），也不須討好小姑（叔）。
5. 小姑（叔）不可在父母親或兄長之前，任意談論嫂的長短。
6. 彼此互信互助，各守本分。（註二）

五、妯娌的相處

1. 互敬互助，情同姊妹。
2. 消除私心，事事坦誠。
3. 凡事理智冷靜，多加思考。
4. 學習妯娌們的長處，改進自己的短處。
5. 持家要勤勞，對事要負責，各守本分，各盡己責。
6. 勿在丈夫面前隨便講述妯娌的短處，致使兄弟交惡。
7. 不在任何一位妯娌之間，任意批評另外一位妯娌。

8.不可因袒護自己的子女，而傷妯娌之間的和氣。

9.不要在公公婆婆之前爭寵。

10.不任意批評大伯或小叔。

【附　註】

註　一：曹植七步詩：「煮豆燃豆其，豆在釜中泣，本是同根生，相煎何太
　　　　急！」

註　二：王志敬《家政學》99－102頁。

第七章　家庭倫理的重振

　　近幾十年來，由於經濟的成長，科技的發展，我國台灣地區的社會，發生重大的變遷，致使家庭的功能被分工分業的社會制度，如經濟、政治、醫療、教育、法律等制度所取代，而人文社會建設與經濟建設不能齊頭並進，功利主義大行其道，國人的價值觀念完全改變，生活富裕了，但是生活品質並沒有隨著提升，反而家庭欠健全，婚姻關係不穩定，離婚率提高，單親家庭逐年增加，青少年犯罪日益嚴重，社會風氣日漸敗壞，賭風日熾，人性貪婪無厭，搶案頻仍，生態環境遭到破壞，簡直無以復加了。究其原因，非止一端，而最根本的原因，就是倫理道德的式微。

　　家庭倫理是一切倫理的基礎，要想拯救社會，改善社會風氣，惟有重整倫理道德一途，而重整倫理道德，尤須先重振家庭倫理。本章先探討新家庭的倫理特性，再提出重振家庭倫理的方法。

一、新家庭的倫理特性

（一）親密性

　　過去大家庭的成員之間，不容易很親密，夫妻要爭吵或親熱，都要躲著家人，否則全家人會加以關心或干涉，甚至於父母親都不必親自獎懲子女，家中的長輩人人都有權來管教子女。

　　新家庭中親子的關係很密切，心靈很契合相通，家庭的成員之間休戚與共，談話少禁忌，夫妻不再擔心別人的干擾，凡事彼此商討，子女也敢跟父母吐露心事，這種親密性，使家庭成員更團結。

（二）平等性

在傳統的社會裡，存有男尊女卑的觀念，可是，在當今的現代社會裡，由於教育普及，男女同受教育，男女在政治上、經濟上、社會上、知識上，都已經地位平等了，在家庭裡，夫妻的地位完全平等，即使有的家庭還維持「男主外、女主內」的型態，可是夫妻已沒有尊卑的差別，夫妻在稱謂上，已不用「外子」或「內人」，而改稱爲「老公」和「老婆」了。二十一世紀的兩性生活，該是由上下變成平等關係，由依存轉爲相互依賴。可是據80年9月20日《中國時報》的報導，大陸進行一項「全國性」調查顯示；過半數受訪者仍有「男尊女卑」觀念。在台灣地區，已漸淡化，我國憲法第七條規定：「中華民國人民，無分男女、宗教、種族、階級、黨派，在法律上一律平等。」此次修憲所增修條文中，更進一步在憲法增修第十八條第四項中加進「國家應維護婦女之人格尊嚴，保障婦女之人身安全、消除性別歧視，促進兩性地位之實質平等。」的規定。

再就親子關係來說，由於兒童教育學家及心理學家，紛紛否定父母的權威教育，父母的親權已逐漸沒落，雖然父母親和子女的角色仍然保持，但是親子是平等的，成年的子女，可以和父母親平起平坐討論問題，甚至會因觀點不同而發生爭執。父母有時還須向受過專業教育的子女學習呢！

(三)尊重性

現代家庭的成員要彼此互相尊重，夫妻和兄弟姊妹之間，要彼此尊重，當然不用多說，然而親子之間也要互相尊重，子女有事向父母諮商時，父母要用商量的語氣和子女討論，父母進子女的房間要先敲門，不可隨便拆子女的信件，翻閱子女的日記。父母要尊重子女讀書的意願，因勢誘導，因材施教，不可揠苗助長。父母也要尊重子女的婚姻，到底「父母之命、媒妁之言」的婚姻時代已經過去了。子女生長在這種互相尊重的家庭裡，心理才會平衡，才會更尊重自己，自信

自重與自愛。

(四)包容性

由於社會的開放與多元化，家庭的成員也應彼此包容和接納，父母接納子女不同但合於情理的觀念，接納成年子女選擇戀愛或婚姻對象，自組新家庭；老年的父母進住養老院，並不等於被子女所遺棄；丈夫要包容妻子外出工作，夫妻要彼此包容不同的人生觀、價值觀與人格特質。

二、家庭倫理的重振

(一)加強婚前教育與輔導

Glick 說：「婚姻被視為人類生存的最大快樂、健康和最盼望得到的一種東西。人們離婚並不是不喜歡婚姻，而是想找個更好的伴侶。結婚可使我們更長壽、更健康。」

婚禮必然受到許多親友的祝福，但是如何避免在婚禮之後成為夢魘，有賴婚前的準備，運用良好的輔導，協助每一對新人做好婚前準備。

婚姻美滿是家庭幸福的基礎，而美滿的婚姻不是天生的，而是需要營造的，營造幸福的婚姻，必須從婚前開始。

很多新人面對結婚，多半忙著婚禮的張羅，考慮要在那裡舉行，那裡宴客，用什麼牌子的禮餅，找房子，辦嫁粧、印喜帖、試禮服、拍結婚照等，當然這些是很必要的婚前準備，然而更重要的是接受婚前教育與輔導。

在日本及美國，都有不少類似婚前訓練的服務單位，很多行業都相當注重人才培育與訓練，如職前教育、在職訓練，而婚姻是長達三、五十年的投資經營，是所謂的終身大事，更需要加強婚前教育。

美國的婚前輔導專家 David Olson 博士指出，婚前未能協商或處

理的困擾，婚後只會擴大而不會消失。而眞正能夠幫助夫婦化解難題與衝突的，就是在婚前六個月左右接受輔導及溝通技巧的訓練。美國婚姻協會創始人David Mace博士，就建議當父母爲子女準備婚禮費用時，得將五分之一用在婚前協談與輔導上。

婚前輔導的目的，就是爲情侶們提供最佳的準備，藉問卷測驗分析人格特質與差異，讓彼此有更深入的瞭解，學習傾聽、關愛的溝通技巧，爲婚前所面對及婚後可能發生的困擾與衝突，作積極的正視並能有創意性的化解技巧。（註一）

其實，我國古代就已注意到婚前的教育，但是其主要對象是女子，對未嫁的少女，必先教以婦德事親之禮，及嫁之前，更明教所以成婦順之事。《禮記》（內則）：「女子十年不出，姆教婉娩聽從……禮相助奠。」《疏》云：「婉爲婦言，娩爲婦容，聽從爲婦順，執麻枲以下爲婦功。」又說：「男女未冠笄者，雞初鳴，咸盥漱，櫛縰，拂髦總角，衿纓，皆佩容臭，昧爽而朝，問何食飲矣。若已食則退，若未食，則佐長者視具。」說的是侍奉父母的事情。又《禮記》〈昏義〉：「古者婦人先嫁三月……教以婦德、婦言、婦容、婦功。……」

東漢班昭著有女誡，列舉婦德、婦言、婦容、婦功，爲女教所必需，成爲後代女子教育的典範：

①婦德不必才明絕異也－幽嫻貞靜，守節整齊，行己有恥，動靜有法，是謂婦德。

②婦言不必辯口利辭也－擇詞而說，不道惡語，時然後言，不厭於人，是謂婦言。

③婦容不必顏色美麗也－盥洗塵穢，服飾鮮潔，沐浴以時，身不垢辱，是謂婦容。

④婦功不必乖巧過人也－專心紡織，不好戲笑，潔齊酒食，以奉賓客，是謂婦功。

　　至唐朝陳邈妻鄭氏作《女孝經》十八章：①開宗明義，②后妃，③夫人，④邦君，⑤庶人，⑥事舅姑，⑦三才，⑧孝治，⑨賢明，⑩紀德行，⑪五刑，⑫廣要道，⑬廣守信，⑭廣揚名，⑮諫諍，⑯胎教，⑰母儀。（註二）

　　又唐朝女學士宋若華著《女論語》十二章：①立身，②學作，③學禮，④早起，⑤事父母⑥事舅姑，⑦事夫，⑧訓男女，⑨營家，⑩待客，⑪和柔，⑫守節。（註三）這些都可算是對女子的婚前教育。當今女子仍須修養四德，婦德在體諒先生，孝順公婆；婦容在注意穿著打扮；婦言在言論豐富、飽讀詩書、言之有物、改變氣質；婦功在營造家庭氣氛，不在金錢而在用心。以成賢妻良母，而不是閒妻良母或嫌妻良母。

　　婚前教育與指導，應包括心理、生理、情感、觀念等方面的認知與溝通，瞭解與接納。

　1.性知識的指導

　　包括性教育與家庭計畫，時下的青年性知識貧乏，性觀念保守，性行為卻又開放，婚前性行為普遍產生許多的後遺症，極須這方面的指導。

　　據美國青年問題研究會（American youth Commission）研究馬麗蘭（Mary land）地方－包括城市和鄉村，一萬三千五百個自16歲到24歲青年的結果，毫無疑義地發現一般青年都需要性教育，何況是我國的青年呢！

　　真正的性教育，是一種包括情意的、關懷的與愛的教育，晏涵文教授強調，性教育是一種「人格教育」，是健康教育中最重的一環，影響個人身心健康、家庭美滿與社會和諧。他淺顯的比喻了性教育教學方法的過去和現在，「過去是教導學生『保持距離，以策安全』（no touch），現在則是要教學生『如何接觸才安全』（How to touch）。」

（註四）

婚前性知識指導，要透過衛生醫療機構醫師或專業人員講授，在婚前了解生殖器官的構造和功能，以建立正確的性觀念。而家庭計畫旨在擇定適宜的結婚年齡和時機，預定何時生育子女、子女的數目、有關避孕方法的選擇，也有賴醫師或專業人員的指導。

2.婚前健康檢查

結婚是為追求終身幸福，是傳宗接代的必經過程，而家庭幸福繫於夫婦與子女身心的健康，如果夫妻一方或雙方有遺傳性或傳染性的疾病，因而造成後代子孫的不幸，不僅禍延子孫，家庭幸福受到影響，也將連累國家在社會福利方面的負擔，所以先進國家無不倡導青年男女婚前健康檢查。婚前健康檢查是積極追求幸福婚姻的基礎。

我們社會上對於婚姻，首重的是結婚儀式和一紙婚約，對於兩人婚後生活和諧和美滿，只有讚頌，少有具體辦法，不注重婚前健康檢查，根據統計資料顯示，台北市於民國八十年度的婚前健康檢查率只有5.98%（註五）。婚前健康檢查並不是洋玩意兒，其實，我國古代不但選后妃，要詳盡健康檢查，就是一般社會中，也很注意娶婦是否有宜男之「相」。台大醫院家庭學科醫師李世代稱：「婚前健康檢查的存在價值，大致為一般人所認知，它除了是一種健康檢查，更是給準備結婚的當事人一個健康諮詢的機會，新人們可因此為往後的醫療保健需求開放方便之門。（註六）」

在醫學進步的國家，多實施婚前登記制度，未婚男女在婚前登記時，須繳交婚前健康檢查合格證書，並接受婚前指導。

婚前健康檢查的項目，大致包括個人生理情況及過去病歷，以發現並防治遺傳性的疾病。男性應到泌尿專科檢查，女性到婦產科檢查，至少應在婚前6－8星期進行，千萬不要拖延到婚禮前幾天匆促了事，影響檢查效果。

　　行政院在《加強推行人口政策方案》中，已明定實施優生保健，為增進國民健康與家庭幸福，應辦理健康或婚前檢查。

　　3.心理準備：婚前男女是兩個獨立的個體，婚後要共同生活，必須學習互相適應，心理上有所準備，通常新婚的人最易犯的錯誤是期望過高，以為婚前看到對方可愛的一面，是對方的全部，事實上婚姻是一種新考驗，需要男女雙方面不斷的調適，並關照對方的需要，一齊共創美好的將來。因此，最好做婚前協談，協談的內容，包括性格、良好的溝通、衝突化解、錢財管理、性調適、子女問題、宗教信仰、夫妻的角色認知、親屬關係的認知、平權的認知等。

　　4.婚前輔導機構或單位

　　(1)天主教美滿家庭服務中心

　　　　舉辦婚前懇談會，內容包括：夫婦的溝通技巧、家庭背景與價值觀、家庭收支的運用、性生活、家庭計劃、婚姻的神聖性等六項。連繫電話：（02）3149663

　　(2)台北市社會局

　　　　該局有快樂夫妻聯誼會。

　　(3)台北市社會局南區婦女福利服務中心

　　　　該中心在80年3月份曾為未婚女性舉辦「婚前教育成長班」，探討家庭問題，為幸福婚姻舖路，請心理輔導員和社工員，以小團體方式為未婚女性上課八週，有婚前講座及研讀有關報章雜誌。

　　(4)實踐設計管理學院推廣教育中心

　　　　該中心舉辦「新娘教室研習會」，課程有：

　　　　①紅毯心路：主婦與自我之間的角色扮演。

　　　　②鶼鰈情深：夫妻生活的生理認知。

　　　　③珠翠聯輝：珠寶認識與選購。

④食的指南：食品衛生與營養。

⑤主婦須知：家電用品的選購與使用。

⑥玲瓏小築：新房設計與佈置。

⑦白紗祝福：禮服與配飾。

⑧美的訊息：美容與美姿。

⑨喜氣洋洋：新娘捧花。

⑩秦晉之好：台灣婚禮習俗。

該中心並編有「新娘教室讀本」，地址在台北市中山區大直街59號。

(5)東海大學幸福家庭研究推廣中心

婚前輔導是該中心服務項目之一，舉辦交友講座研習、傾聽與關愛研習、婚前輔導協談。服務專線是：(04)3226064、3226067

(6)中華民國婚友推廣協會，地址在台北市忠孝東路4段59號10F，電話：（02）7419560、 7714304

(7)台北市家庭教育服務中心，常舉辦婚前教育班，該中心電話：（02）7725968

(二)婚姻諮商 (Marriage Counseling)

婚姻家庭問題包括：未婚媽媽、離婚、婚姻衝突、親子關係衝突、同居、婚前性關係、姻親關係衝突、騙婚、逃婚、老者無依等。

婚姻諮商是協助配偶從事婚姻準備及解決婚後難題的專業服務歷程，其目標不是不計代價的維繫婚姻關係的存在，而是企圖協助配偶澄清他們的需要、期望與感覺，以及找出對方能滿足或不能滿足其需要的特質，以促進婚姻關係的幸福美滿。

婚姻諮商的方式有：①個人心理治療（individual psychotherapy）②共存性心理治療（Concurrent psychotherapy）③聯合治療

（Conjoint therapy）④團體治療（group therapy）⑤綜合治療（Combined therpay）。

　　婚姻諮商的內容，包括①婚前輔導（約會、戀愛、擇偶），②婚姻治療（婚姻衝突之成因，特殊難題的處理），③離婚諮商。（註七）

　　有人以為婚姻是女人唯一也是最大的事業，所以女性對婚姻諮詢特別熱衷，其實不然，男人也十分關心婚姻，只是男女人格特質不同而已。友緣基金會開闢婚姻諮詢熱線以來，共有200個樣本數，平均一天有三通電話求助，其中女性佔92.5％，男性只佔7.5％。該會廖清碧主任以為男女人格特質不同，使兩性在面對問題的表現方式也有差異，基本上女性較情緒化，且受傳統社會文化的影響，不易保護自己，也有受保護的心理，較易生內在的困擾，加上無地方傾吐，婚姻諮商正是吐苦水、尋求協助的可行方法。（註八）

　　婚姻輔導團體如下：

　　①天主教華明心理輔導中心夫婦懇談會。

　　②馬偕醫院家庭協談中心。

　　③馬偕醫院生命線。

　　④簡春安、張資寧美滿婚姻協會台灣分會。

　　⑤東海大學幸福家庭研究推廣中心（Family Wellness Center）
　　　該中心在台中市中港路一段242號七樓之二，電話：（04）3226064、3226067，服務項目有：夫妻溝通（夫妻溝通講座、研習、領導夫婦訓練、夫妻成長團體）、親子教育（親子關係講座、親子互動研習、家庭溝通成長、父母成長團體）企業服務（員工交友兩性講座、員工關係溝通、員工夫婦溝通研習、員工家庭溝通成長）、婚前輔導、出版服務（婚姻與家庭月刊、幸福家庭叢書、編織幸福套書）。

　　⑥中華民國喜悅婚姻生活推廣協會

台北總會地址是台北市羅斯福路一段22號七樓，電話：（02）
3958122，高雄分會在高雄市華榮路218號20-21樓，電話：
（07）5856960

其任務是：舉辦與婚姻有關的知性講座、舉辦正當活動、增
加兩性彼此認識機會、兩性交往之輔導、有關婚姻問題之諮
商輔導。

其他公益活動有：喜悅婚姻生活座談會、正確認識愛滋病系
列、校園巡迴系列（現代人的婚姻觀、男人與女人、婚姻的
經營、家庭生涯規劃）、愛心送到家（單親家庭課業輔導）、
喜悅家庭協談中心、急難救濟（單家、蹺家少年、未婚媽媽）。

⑦長庚醫院婚姻協談中心（81年7月1日起增設幫助現代夫妻共
享魚水之歡）。

⑧友緣基金會婚姻諮詢專線，（02）7693319、7693310

⑨台北晚晴協會（在台北市博愛路一巷一號4樓，電話：（02）
3819769）

⑩中華民國婚友推廣協會。

⑪中華民國親子教育推廣協會。

⑫全省家庭婚姻心理諮詢中心（見附錄）

有關的雜誌及出版社有：《婦女雜誌》、《婦友》、《健康世界》、
《拓荒者》等。

我們建議政府及民間普遍設立婚姻諮詢輔導機構外，在各大專院
校亦應開設有關婚姻的課程。

(三)加強親職教育

1.親職教育的定義：親職教育是父母對子女施以愛的教育的具體
表現，它的本質是一種倫理性、民主性、社會性及適應性的文化陶冶。
所以父母在教導子女方面，透過親情的感召與指導，使子女在慈暉的

普蔭之下，找到人生正確的方向，也尋到了生命奧祕的引力。（註九）

2.親職教育的重要性：親職教育是一門強化家庭功能、增進子女身心健康、建立美滿幸福家庭的父母教育課程，其重要性有①強化社會變遷中的家庭功能，②推展現代化父母成功的家教，③培養新時代健全的國民。（註一〇）

質言之，加強親職教育，是減除目前工商社會日漸惡化的不良少年問題具體有效的根本途徑。許水德秘書長說：「要建立安居和諧的社會，根本之道，必須加強親職教育，鞏固家庭，為社會奠立基礎。」（註一一）

3.親職教育的功能有①扶助子女健全的發展，②建設家庭的美好環境，③強固社會的安和樂利，④建設國家的光明遠景。（註一二）

4.親職教育的目的：①促進未婚男女準備來做好父母的自我教育，②指導現代父母扮演適當的角色，③提供現代父母調整親子關係的方法。（註一三）

5.親職教育的內容：①做好父母親的基本認識，②父母教子成功應具的專門知識，包括兒童生態學（child Ecology）、兒童人類學（child Anthropology）、兒童心理學（child psychology）、兒童社會學（child Sociology）、兒童倫理學（child Ethies）、兒童哲學（child philosophy）等，以及兒童教育原理與方法的相關學科，包括兒童營養學、兒童行為改變技術、兒童生理衛生、兒童心理衛生、幼兒保育法、兒童生活與倫理、兒童遊戲理論與實施等專門知識，③現代父母教養子女的適當態度和方法。（註一四）

6.親職教育的實施，可採用演講法、訪問法、研習法、座談法、函授法，並出版有關親職教育的叢書或雜誌，利用廣播電台播講親職的優良事蹟或空中親職教育講座，錄製親職教育電視集或影集等。行政院「加強推行人口政策方案」中，已明示教育部、內政部、省市政

府推行親職教育，加重父母教養子女的責任，強化家庭倫理觀念，促進社會和諧。爲策進親職教育，我們的建議是：

政府方面：

①教育部社教司成立親職教育的研究與推廣機構。

②行政院文化建設委員會活動配合。

③行政院專列親職教育推廣經費。

④新聞局出版親職文學作品，獎助優良有關親職教育的讀物。

社會方面：

①工商企業界成立親職教育研究發展推廣中心，多舉辦親職座談會，贊助印製親子溝通手冊等。

②兒童問題中心，張老師、兒童心理衛生中心、家庭協談中心、生命線等單位配合。

③大眾傳播媒體報紙、電台、電視製作家庭生活教育節目，舉辦講座。

④社會民眾參與配合。

學校方面：

①國民中小學普設親職教育推廣中心，師範校院設親職教育研究發展中心。

②國立空中大學增闢親職教育課程。

③大學校院設親職教育系，開設青春教育、婚姻教育、兒童行爲學、兒童發展學、心理衛生、教育輔導、心理指導、行爲改變技術等課程。

④舉辦家庭訪問、母姊會、家長會、媽媽教室、家長教學參觀日。

家庭方面：祖孫三代同堂，提倡「折衷式的家庭」，使父母有人奉養，且可照顧幼小，分擔家務。如有二子以上，當可輪流奉養，或

由父母擇一與子孫同居，或視狀況而採不同的方式。

教育部在八十年度，結合台北市教育局，在台北市五所國小，推動示範社區結合學校，共同推展家庭教育，活動內容有專題演講（兩性關係、親職教育）、媽媽教室、班級家長會、家庭訪視、親子活動或旅遊、表揚愛心爸爸、媽媽等，幫助家長在參與孩子成長的過程中，本身也接受再教育，進而體認家庭教育的重要不僅家庭關係，包括夫妻、親子，更加和諧，社區的向心力更強，學校也更能掌握學區社區的特色，對學生採取最有效的教學方式。實施以來，績效卓著，希望能推展到全國。

(四)重視家政教育

教育是國家的百年大計，國家的強弱，民族的興衰，社會的榮枯，都繫於教育的良窳。惟教育有家庭教育、學校教育與社會教育三個環節，必須環環相扣，而三者之中以家庭教育為基礎，最為重要，因為每一個人最先接觸到的教育就是家庭教育。

家政教育的宗旨，在促進家庭的健全幸福，社會安定，國家富強。其目標一是家庭倫理化，講求人類行為科學，強化人際關係；二是家庭科學化，利用科學方法治家；三是家庭藝術化，美化環境，保護自然生態，充實精神生活；四是家庭生產化，使家庭成為生產單位，也是個消費單位。

時至今日，家政的範疇，已經不再是燒飯煮菜、灑掃、帶孩子而已，而是與人類生活相關的科學，都可納入家政的範圍。根據美國1978年愛阿華大學出版的有關家政教師應具備的家政專業學識，包括五項：①營養與食品管理，②衣飾與織物產品，③住宅與生活環境，④人類發展與家庭，⑤消費教育與管理。這個內涵，和我們國父的三民主義民生主義不謀而合，因為它所代表的東西，是民生衣食住行育樂六大需要。（註一五）

日本的家政教育即生活教育，稱爲生活科學。

我國是最重視家庭的國家，可是卻不重視家政教育，在大陸時代，我國沒有什麼家政學校，只有外國人辦的大學，如燕京與輔仁，設有家政學系；政府遷台以後，僅台灣師大、輔大、文化大學等校設有家政系，而家政專校有實踐（業已改制爲設計管理學院）及台南家專兩所。反觀先進國家如日本、美國，家政教育很發達，美國設有家政學院的大學有190多所，日本有50多所，十所大學設有家政研究所，而開授家政課程的大學有320多所。（註一六）

家庭是國家的基礎，家庭教育是教育的基礎，有好的家政教育，才能推展良好的家庭教育，家政教育如果能充分實施，發揮功能，則家庭問題、社會問題將無由發生。因此，辦理社區家政推廣教育，藉以提供社區居民學習家政的機會，也是非常重要的。　家政推廣教育就是以教育的方式，透過不同的途徑，把治家有關的知識、技能和態度，傳授給社會大衆，使他們具有更豐富的知識，更熟練的技能、更正確的態度來處理家庭事務。所以就個人立場而言，家政推廣教育是生涯教育；以社會立場而言，家政推廣教育是全民教育。……接受生涯教育的家政教育是個人的權利，而實施全民教育的家政教育是社會的責任。（註一七）

家政推廣教育應包括：食衣住行的教育、專門技藝的教育、（如烹飪、食品加工、縫紉、車繡、編織、人造花、插花、美容、歌唱、剪紙、護理等）、敦親睦鄰的教育、陶冶身心的教育等。

要落實家政推廣教育，必須有社區人力資源、物力資源的配合，並必須有計劃的組織與管理。（註一八）

實踐設計管理學院在彰化縣二水鄉設有鄉村家政推廣實驗中心，服務項目有：①幼稚教育：設托兒所，實施學前教育，②兒童教育：爲國小學童開美術、書法、珠算、繪畫、舞蹈等班，舉辦兒童夏令營、

冬令鄉村育樂營，③成人教育：開設論語講座、國語、英語、日語、簿記、珠算、縫紉、烹飪、西點、美容、手工藝、插花、人造花等課程；④社會服務：衛生保健、家庭計劃、家庭問題諮商等，並設有牙科診所，免費提供圖書閱覽；⑤康樂活動：定期舉辦土風舞、合唱、健美操、民俗體育、婦女聯誼、郊遊、吉他教彈、電影欣賞等休閒活動。辦理績效卓著，屢獲教育部及有關單位獎勵。

又該學院附設有推廣教育中心，本部在台北市大直，分部在台中市公益路，開設服裝設計系列、美食設計系列、商業管理系列、商用設計系列、電腦語文系列、應用生活休閒系列、兒童園地系列的課程，並接受行政院勞工委員會職業訓練局及台灣省政府勞工處委託，辦理景觀設計施工實務、工地實務、進出口實務、公關實務、服裝設計、家事經理人員訓練等班，也頗有口碑。

(五)推展媽媽教室

當前社會許多脫序、紊亂現象，風氣敗壞，其因素固然很多，然而家庭教育的鬆散，才是最為關鍵性的主因。

家庭教育是學校教育與社會教育的基礎，而媽媽為家庭教育的中堅。謝資政東閔先生說：「教好一個媽媽，等於教好一個家庭。」可見母親在親職教育中扮演著非常重要的角色。所以台灣省政府在民國62年3月1日，訂頒「台灣省各社區推行媽媽教室實施要點」，七十二年八月二十三日又函頒「台灣省各縣市強化社區媽媽教室活動實施方案」，希望透過「媽媽教室」活動，介紹母親教育子女的方法，學習家事技能，使母親能在和諧幸福的家庭生活中，負起最重要的任務。並自民國67年起，委託實踐設計管理學院成立「台灣省媽媽教室輔導人員研習會」，在彰化二水家政推廣實驗中心，調訓縣市主辦人員、課股長、鄉鎮媽媽教室主持人、國中小學老師等。

媽媽教室的目標是：①提倡倫理道德，建立幸福家庭；②實踐新

生活，使生活內容合理化合情化；③促進生產福利建設，提高生活水準；④厲行敦親睦鄰，建立安和樂利的社會；⑤倡導守望相助，疾病相扶持之固有社會道德，增進社會之福利服務等。

其實施的內容如下：

(1)教育方面：

　①培養母親的社會觀念、民族意識。

　②輔導實踐國民禮儀規範及國民生活須知。

　③激勵崇高婦德，建立對子女教育的身教楷模，強化母教責任。

　④輔導母親對子女教育之方法。

　⑤促進學校與家庭的聯繫。

(2)家政指導方面：

　①輔導家事技能。

　②輔導家庭生活，建立幸福家庭。

　③研討家庭會計。

　④輔導家庭育兒常識及膳食改善。

　⑤研討家庭生活與家戶衛生改善。

(3)衛生保健方面：

　①練習急救及一般護理常識。

　②研討家庭計畫。

　③輔導公共衛生之一般知能，消除髒亂。

(4)生產習藝方面：

　①輔導婦女家庭副業技能訓煉，以增加家庭收入。

　②與公司、工廠訂定合約，從事實際生產。

　③配合家庭主業，灌輸生產知識。

(5)康樂方面：

　①輔導正常之休閒活動。

②參觀旅遊。

(6)社會服務方面：

　①組織清潔服務隊，打掃社區街道溝渠，整理環境衛生。

　②實施家庭訪問，探求民隱，向有關機關反映。

　③慰問貧困疾苦民衆及征屬，並擔任各種代書服務工作。（註
　一九）

其實施型態有：

(1)學校活動型態：以班級教學活動方式，集合四、五十位媽媽，
　利用學校的家事教室、圖書館、會議室、禮堂或班教室，開辦
　活動。

(2)社區活動型態：到社區活動中心或村里集會所、寺廟舉辦媽媽
　教室活動。

(3)家庭活動型：選定某一家戶，邀集附近媽媽舉辦活動。

(4)戶外活動型：媽媽們自動組成早覺會、登山隊、土風舞班等組
　織。

(5)家庭服務型：輔導人員利用假日到家講解有關的新知識或傳授
　新技能。（註二〇）

至於如何辦好「媽媽教室」活動，我們的建議是：

(1)健全組織與責任分工。

(2)加強協調聯繫。

(3)精心活動設計。

(4)人力物力財力支持。

(5)加強培訓媽媽教室輔導人才。

(6)各社區多舉辦媽媽教室活動觀摩會。利用夜間輪調社區內的家
　庭主婦，教以家政、母教、衛生保健、廢物利用、手工藝、育
　兒常識、消費者保護常識、防火災逃生常識、家庭倫理等。

(六)推行無犯罪運動

犯罪是一個社會現象，與文化背景、社會結構、家庭變遷、經濟發展等因素，都有極密切的關係。台灣地區近年犯罪率升高，最重要的原因，在家庭及社會倫理道德的式微。

謝資政東閔先生有鑑於此，憂心忡忡，於是基於人之初性本善的崇高理念，在其家鄉二水，於民國七十四年起推行「無犯罪運動」，多年以來，績效卓著，無犯罪的村越來越少，不失為一種重振家庭倫理的好辦法，值得推展於全國。

二水鄉公所擬訂有「推行無犯罪運動工作計畫」及「提倡禮貌，消滅犯罪運動模範村評選辦法」，請詳見附錄。

(七)改善國民中小學的倫理教育

鑑於社會風氣日益敗壞，尤其是中國文化中最重要的倫理思想，有式微的趨向，李總統登輝先生和行政院前院長郝柏村先生，都指示教育部從中小學教育中加強倫理教育。

我國現行教科書中，含有倫理道德教育的教材不少，但以國小「生活與倫理」、國中「公民與道德」及高中「中國文化基本教材」為主，如與新加坡在八年前才開始規劃，試教「儒家倫理」比較起來，我國在授課的內容和時間上，顯然超出許多，不過效果欠理想。原因何在？值得深思與探究。

新加坡的「儒家倫理」課程，與我國高中的「中國文化基本教材」，同樣教授中華民族的文化根源，為學生介紹適合中國人社會的儒家倫理價值觀念，培養學生正確的人生觀，成為有理想有道德的國民。

就以內容來說，我國「中國文化基本教材」取材自《論語》、《孟子》、《大學》、《中庸》，新加坡「儒家倫理」，則以孔子、孟子、荀子、朱熹、王陽明等儒家大師的思想為主；且我國以古書原文為課文，配合白話文註解，而新加坡則完全採用白話文，捨棄古書原

文，除課本外，還有考查學習成果的作業簿，透過各種練習方式，幫助學生堅固已學過的倫理觀念，在日常生活中，身體力行。同時還有錄音帶、錄影帶、幻燈片等視聽教具來輔助讀本。而我國「中國文化基本教材」，偏重於講述古人楷模，忽略了與學生日常生活契合，未必實踐，再加上升學主義的導向，使少數教師、家長和學生，視倫理道德爲教育的副屬品，不屑重視。

改進之道是中小學倫理教育必然要生活化，將倫理道德實踐於日常生活中。有關單位應研究規劃一套完整的補充教材，將孔孟儒家精神，用淺顯易懂的「今人今事」，編成小冊子，爲補充教材，再使用錄影帶、錄音帶、幻燈片等視聽教材，加強學習效果。（註二一）

（八）普遍倡行成年禮

古代士人家庭中的男孩子長到二十歲時，就要舉行加冠典禮，就是現代一般人所說的成年禮，其意義在表示他已經是個端莊穩重的成人了，行過冠禮後的男子，最起碼要具備「體正、顏色齊、辭令順」的涵養，讓孩子意識到從今以後，不再是個小孩子，言行要自行負責。所以冠禮的舉行，對維繫家庭倫理，確實非常有意義。

古代女子年滿十五歲，也有表示成人「笄禮」的舉行。

古代的成年禮中，一共要加三次冠，表示給他三套正式成人的服裝，以備將來適用於各種不同的場合。三次加冠的儀式，都是由一位年高德劭者主持，每一次加冠之前，都有一番「祝辭」，表示勸勉與祝福。（註二二）並且爲他取「字」。

冠禮的舉行，一直延續到宋代，元代的宮廷中沒有行冠禮，但民間的漢人家庭依然保存；明代非常盛行；清人入關以後，宮廷內冠禮不行，民間則有仍依行《文公家禮》者，有參照《士冠禮》而行者，有與婚禮一併舉行的。到清末民初，西風東漸，冠禮全亡。（註二三）如今「笄禮」也不存在了。

　　爲闡揚我國固有倫理傳統文化，喚起年屆成年的男女青年，重視成年後的人生，善享公民的權利與善盡公民的義務，擔負起承先啓後、繼往開來的社會責任，宜恢復並普遍倡行成年禮。

　　據報導各地有舉行成年禮的，例如台北市文山區公所特於80年3月29日（青年節）在指南宮舉行成年禮。其祝告辭說：「今日吉日，咸加爾服，棄爾幼志，順爾成德，敬爾威儀，淑愼毋惡，壽考惟祺，介爾景福。」意思是說：「這是一個美好而吉祥的日子，爲你們加上了整齊清潔的成年人的服裝，希望你們從此收拾起貪玩的童心，表現出成年人應有的品格涵養，今後必須注意自己的儀表態度，要小心謹愼，好好做人，不可犯錯，要珍惜自己的生命，一直到老，爲未來的人生開創最大的幸福。」（註二四）

　　台北市中正區也於三月二十九日舉行八十二年度的成年禮活動，依我國傳統禮俗進行，包括祭祖、讀祝告文、傳承、飲成年醴等儀式。主辦單位並贈送每位參加成年禮的青年手錶、印章及《六法全書》當做賀禮，主要用意在於勉勵每位青年男女都能養成守時、守信、守法的良好習慣，做個堂堂正正的中國人。成年禮的意義深遠，除了代表青年男女從此邁入人生新的里程碑，同時培養青年愼終追遠、飲水思源的觀念，十分有助於家庭倫理的重振，宜推展於全國各鄉鎮社區（註二五）

(九)鼓勵多代同堂

　　我國即將邁入老年社會，老年安養問題，成爲極嚴重的社會及家庭問題，爲鼓勵成年子女與父母、祖父母或曾祖父母同住，以就近照應老人生活，減少老人社會問題，並減輕多代同堂家庭的家計負擔，內政部研擬完成「鼓勵多代同堂居住條例」草案，明定由政府興建多代同堂住宅出租予多代同堂家庭，且多代同堂家庭承租民間住宅，應給予租金補助及租金減稅；其申請購屋貸款額度，比照國宅貸款基金

提供額度加三至五成。

　　這項鼓勵多代同堂居住的優惠辦法，也特別規定多代同堂家庭申請無自用住宅購屋貸款，其初貸時利率不得高於年息九％，第一次購置住宅或換屋者，並給予土地增值稅及不動產買賣契稅的減免，屬自有房屋者，並給予房屋稅及地價稅的減免。筆者認為鼓勵多代同堂，有助於家庭倫理的重振，宜將該條例草案儘速完成立法程序，有關主管機關及民間充分配合實施。

【附　註】

註　一：張資寧〈嫁粧之外〉，載於《婚姻與家庭》月刊第三卷第一期。

註　二：呂俞徽等著《家政學》11頁

註　三：同註二。

註　四：81年5月4日《聯合報》。

註　五：《衛生教育》半月刊第769期，81年2月29日出版。

註　六：81年2月18日《中央日報》。

註　七：戴傳文《婚姻與婚姻諮商》11－23頁

註　八：80年5月6日《中央日報》。

註　九：王連生《親職教育理論與應用》13－14頁。

註一○：王連生《親職教育理論與應用》。

註一一：80年2月22日「改善社會風氣、加強法治教育、建立安居和諧社會研討會」致詞。

註一二：王連生《親職教育理論與應用》28－35頁。

註一三：同註一二。

註一四：王連生《親職教育理論與應用》22－26頁。

註一五：謝孟雄《實踐的陽光》201頁。

註一六：謝孟雄《實踐的陽光》224頁。

註一七：高淑貴〈如何辦理社區家政推廣教育〉（社區發展實務叢書之十四，
　　　　中華民國社區發展研究訓練中心印行）。

註一八：同註一七。

註一九：林平洋《社區如何推動媽媽教室》10－12頁。

註二〇：同註一九。12－15頁。

註二一：80年7月31日《中央日報》。

註二二：周何《古禮今談》22頁。

註二三：周何《古禮今談》14頁。

註二四：80年3月22日《自立早報》。

註二五：82年3月30日《中國時報》。

附　錄

附錄一：結婚週年紀念日（黃清原編著《婚姻祝壽慶賀喪祭範典》100頁）

結婚 一 週年　紙婚

結婚 二 週年　棉婚

結婚 三 週年　皮革婚

結婚 四 週年　絹婚

結婚 五 週年　木婚

結婚 六 週年　鐵婚

結婚 七 週年　羊毛婚

結婚 八 週年　銅婚

結婚 九 週年　陶器婚

結婚 十 週年　錫婚

結婚十一週年　鋼婚

結婚十二週年　絲或麻布婚

結婚十三週年　呂絲紗婚

結婚十四週年　象牙婚

結婚十五週年　水晶婚

結婚二十週年　磁器婚

結婚二五週年　銀婚

結婚三十週年　珍珠婚

結婚三五週年　翡翠婚

結婚四十週年　紅寶石婚

結婚四五週年　藍寶石婚

結婚五十週年　金婚

結婚六十週年　祖母綠婚

結婚六五週年　鑽石婚

結婚七十週年　白金婚

結婚六十至七十週年紀念，我國統稱福祿壽婚。

附錄二：親等圖（據黃清源編著《婚姻祝壽慶賀喪祭範典》）

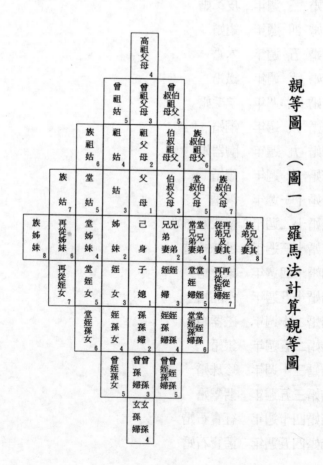

親等圖（圖一）羅馬法計算親等圖

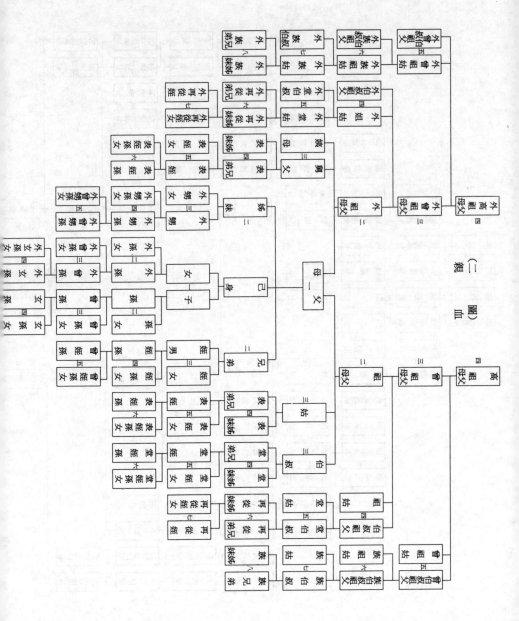

（二）血親圖

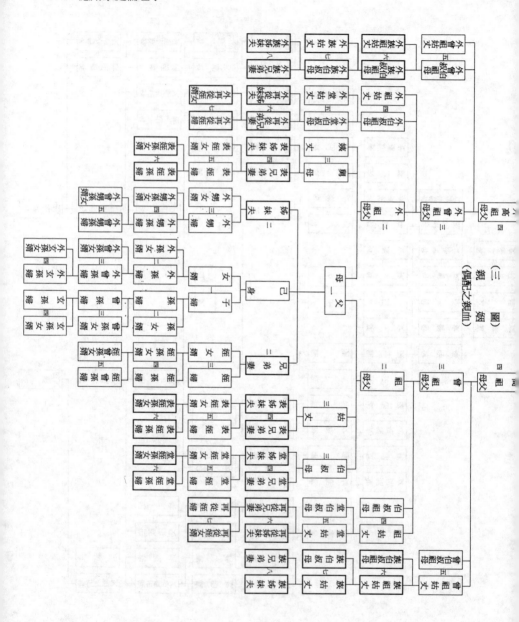

（三）圖
婚
姻
類
（俱配之親血）

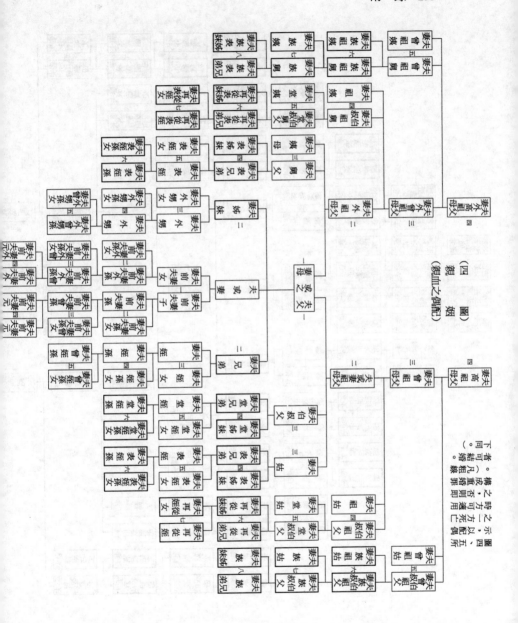

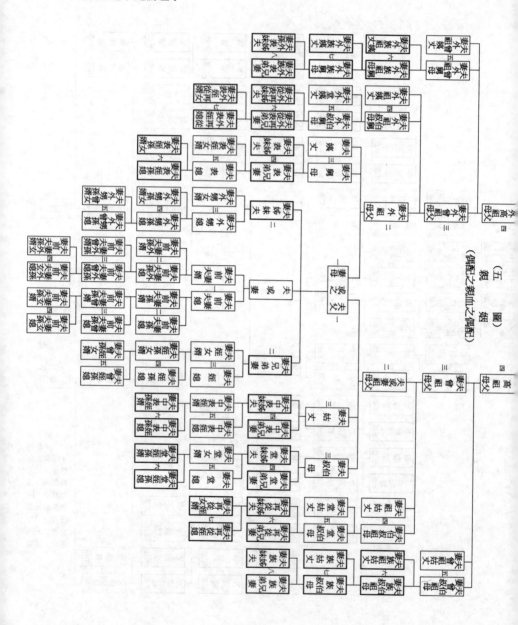

附錄三：婦女及家庭服務機構（錄自79年6月台北市志願服務協會編印《

台北市社會福利資源手冊》）

一、一般服務機構

中國家庭計劃協會

地　　址：台北市復興南路2段160巷1號

電　　話：7016517・7017304

負 責 人：劉脩如　　　　　職稱：理事長

業務聯絡：舒子寬　　　　　職稱：總幹事

服務項目：

㈠免費避孕指導。

㈡免費赴各中等以上學校舉辦青少年家庭計劃與人口問題
講座，並放映有關電影。

㈢附設老人福利中心。

1.到府服務：照顧患慢性疾病之老人。

2.設萬年青俱樂部，舉辦各項研習班，各項講座及郊遊
聚餐等活動，鼓勵健康老人參加，以促進身心健康。

㈣護佐到府服務。

㈤免費護佐研習班。

服務地區：不限。

服務對象：全省民眾。

服務時間：星期一至星期五8:30～17:30

星期六 8:30～12:00

申請手續：電話詢問，或直接到本會洽詢及登記表格。

收費情形：服務項目中第三、四項酌收成本費用。

經費來源：㈠內政部預算補助。

　　　　　㈡熱心社會人士捐助。

　　　　　㈢國民社會福利及慈善事業基金聯合補助。

交通路線：聯營公車3.15.18.52.211.237師大職舍站

　　　　　　　235.303.209復興路站

　　　　　　　0東.20.22.36.38.70.41.66.274.275.506.大安

　　　　　　　區公所站

台北市家庭計劃推廣中心

地　　址：台北市牯嶺街24號5、6樓

電　　話：3961637

負責人：江千代　　　　職稱：主任

業務聯絡：莊智惠　　　　職稱：護理佐理員

服務項目：

　　　　　㈠家庭計劃訪視、避孕服務，包括裝置子宮內避孕器，分
　　　　　　發口服避孕藥及保險套、男性及女性結紮。

　　　　　㈡避孕指導專線：3211000 解答民眾生育、避孕、性知識、
　　　　　　性生理等疑難問題。

　　　　　㈢宣導人口政策及家庭計劃。

　　　　　㈣各項避孕方法諮詢。

服務地區：台北市。

服務地象：台北市民眾（尤其是35歲以下育齡有偶婦女）。

服務時間：㈠星期一至星期五8:00～16:00

　　　　　　星期六8:00～12:00

　　　　　㈡門診時間：每星期一至星期五下午2:00～4:00

　　　　　㈢避孕專線：星期一至星期五8:00～21:00

星期六8:00～16:00

申請條件：設籍於台北市之市民。

申請手續：按本中心門診辦理。

住宿型態：通勤制。

收費情形：除口服避孕藥每月份手續費20元，保險套每打手續費15元，裝置銅 T 型子宮內避孕器手續費100元之外，裝置樂普、子宮環、母體樂、銅 T 等子宮內避孕器及男性結紮精液分析均免費。

出版刊物：

1.家庭計劃年報。

2.青年與婚姻。

3.教育教材簡介 4.巧婦手冊。

5.生殖生理與避孕方法。

6.間隔生育與嬰幼兒活存的關係。

7.避孕方法自學教材。

8.避孕指導專線彙集及其他各種避孕方法宣傳單及本中心簡介。

經費來源：㈠台北市政府預算。

　　　　　㈡衛生署補助款。

交通路線：聯營公車3.0東.38.5.1古亭分局站

台北市立婦幼綜合醫院醫療諮詢專線

地　　址：台北市福州街12號

電　　話：3960728

負 責 人：楊昆河　　　　職稱：院長

業務聯絡：楊應欽　　　　職稱：主任

服務項目：㈠嬰幼兒常見疾病處理常識。

㈡產前、產後之保健知識。

㈢家庭計劃方面之問題。

服務地區：台北市。

服務對象：台北市民。

服務時間：星期一至星期五8：00～16：00

星期六8:00～12:00

申請手續：電話商談、當面晤談。

收費情形：免費。

交通路線：聯營公車0南.38.33.503.10.74.3.236.

嬌生股份有公司教育服務部

地　　址：台北市敦化南路2號6樓

電　　話：7214311

負 責 人：榮宇信　　　　　職稱：總經理

業務聯絡：趙立宇　　　　　職稱：產品群經理

服務項目：㈠婦女衛生保健知識之提供。

㈡嬰兒皮膚保健知識之提供。

服務地區：全省。

服務對象：初中一年級女學生、初為人母者。

服務時間：8:00～17:30

申請條件：集合成每50人一個梯次，即可派員指導。

申請手續：信函或電話與教育服務部門聯繫即可。

住宿型態：住宿制，通勤制。

收費情形：免費。

出版刊物：1.長大眞好。

　　　2.伴你成長。

　　　3.讓寶寶沐浴在愛的世界裡。

經費來源：提自營利（公司自營）。

交通路線：聯營公車0東.285.292.67.48.19.41台灣療養院站

財團法人天主教福利會

地　　　址：台北市城中區10041中山北路一段2號907室（中央大樓）

電　　　話：3110223・3117642

負 責 人：賈彥文　　　　　　職稱：董事長

業務聯絡：王長慧　　　　　　職稱：執行秘書

服務項目：㈠提供待產期間之食宿及醫療檢查。

　　　　　㈡產後協助就業或就學。

　　　　　㈢重視人格重建、社會適應，並與家人協調聯繫。

㈣幫助無力撫養之早產兒、棄嬰或有殘障之兒童尋找領養之家庭。

服務地區：全省各地。

服務對象：未婚而不幸懷孕少女，需要協助之兒童。

服務時間：星期一～星期五8:30～17:00

　　　　　星期六8:30～12:00

申請條件：無特殊之條件。

申請手續：攜帶身份證來辦公室面談。

住宿型態；住宿制

收容人數：未婚媽媽中心12人育嬰中心20人中途之家12人

收費情形：無

出版刊物：露萌季刊。

經費來源：國內外之捐款。

交通路線：聯營公車0西、0東、0南、2、3、5、6、7、14、15、17、

18、22、25、27、31、36、37、39、40、47、49、55、64、
66、209、212、216、217、224、236、237、241、　243、
251、253、269、275、301、308台北火車站

財團法人天主教聖言會澧華女子公寓

地　　址：新店市中興路三段219號

電　　話：9121131

負 責 人：柯博識　　　　　職稱：神父

業務聯絡：伍美代　　　　　職稱：修女

服務項目：對有志上進的女青年、有意進修的女學生，供應宿舍、提
供住所。

服務地區：全省各地。

服務對象：未婚、單身女性。

服務時間：24小時。

申請條件：凡未婚有正當職業之女性。

申請手續：持身份證、二張照片、在職證明文件，前來申請。

住宿型態：住宿制

收容人數：700人

收費情形：低廉，為供房屋保養、及工作人員工資。

出版刊物：無。

經費來源：宿舍收入。

交通路線：聯營公車252.10.209大坪林或江陵里站

中華民國女童軍總會台灣省會

地　　址：台北市10739泉州街6巷5號

電　　話：3039463・3055721

負 責 人：朱菊貽　　　　　　職稱：理事長

業務聯絡：陳麗珠　　　　　　職稱：總幹事

服務項目：舉辦各項活動：㈠全省女童軍服務員，基本露營訓練。

　　　　　　　　　　　　㈡專科進修研習。

　　　　　　　　　　　　㈢協助全省各縣市支會，舉辦各項活動。

　　　　　　　　　　　　㈣全省大露營。

服務地區：全省。

服務對象：全省女童軍團。

服務時間：上午九時至下午五時。

住宿型態：通勤制。

出版刊物：女童軍叢書、歌選、錄音帶、雙月刊等。

經費來源：教育廳、社會處提供。

交通路線：聯營公車0東、0西、欣欣客運7建國中學或泉州街站

台北市婦女會

地　　址：台北市杭州南路1段11巷6號

電　　話：3942282～5・395-1052

負 責 人：周陳阿春　　　　　　職稱：理事長

業務聯絡：黃韵琴　　　　　　　職稱：總幹事

服務項目：㈠家庭糾紛調解及解答一般家庭法律問題。

　　　　　　㈡婚姻介紹及辦理未婚青年郊遊。

　　　　　　㈢傭工介紹、急難救濟。

　　　　　　㈣提供單身女子宿舍。

服務地區：台北市。

服務對象：一般市民。

服務時間：星期一～星期五9：00～17：00星期六9：00～12：00

申請條件：台北市民。

申請手續：填寫申請書。

經費來源：市政府社會局年補助新台幣貳拾萬元整。

交通路線：聯營公車259.37.27.25.281.240.222.大有36首都211.57
　　　　　審計部站

中國家庭教育協進會

地　　址：台北市敦化北路238巷6弄7號2樓

電　　話：7120944・7154859

負 責 人：黃幼蘭　　　　　職稱：理事長

業務聯絡：黃幼蘭　　　　　職稱：理事長

服務項目：㈠家庭教育諮詢服務。

　　　　　㈡未婚媽媽及私生子待產服務。

　　　　　㈢孤兒安置、急難救助服務。

　　　　　㈣輔導青少年交友、戀愛、婚姻等服務。

服務地區：台北市、基隆市、台北縣、高雄市等服務。

服務對象：一般民眾、孤苦清寒、老弱婦孺。

服務時間：9:00～17:30

申請手續：1.電話預約 2.申請函件預約 3.辦公時間內面洽。

住宿型態：收容人數：孤兒10～20人、未婚媽媽5～10人。

收費情形：完全免費服務。

出版刊物：家庭教育雜誌。

經費來源：1.理監事會員會費。

　　　　　2.理監事會員熱心人士贊助。

　　　　　3.政府有關單位獎勵。

交通路線：聯營公車0東.262・23・254・604・263・長庚醫院站

國立台灣大學人口研究中心婦女研究室

地　　址：台北市羅斯福路四段1號

電　　話：3630197

負 責 人：姜蘭虹　　　　　　職稱：召集人

業務聯絡：何淑慧　　　　　　職稱：研究助理

服務項目：㈠提供各界諮詢與資訊服務。

　　　　　㈡舉辦學術專題演講。

　　　　　㈢提供研究獎助。

　　　　　㈣促進學術界對於婦女研究的重視，進行糸統化的研究。

　　　　　㈤加強與國內婦女研究學者及機構的合作與交流。

　　　　　㈥搜集、整理與發佈國內外婦女研究的資料，以便利教學、
　　　　　　研究及政策之制定。

服務地區：全國

服務對象：無限制。

服務時間：上午8:30～12:00（週一至週六）；
　　　　　上午2:00～5:00（週一至週五）。

申請條件：無

申請手續：無

收費情形：僅影印資料須繳影印費。

出版刊物：婦女研究通訊、婦女研究專輯、婦女研究報告、婦女研究
　　　　　學刊。

經費來源：徐元智基金會。

交通路線：0南、251、236、253、311、52、280、208、74、274新店
　　　　　客運；指南客運 1、5台大站

二、輔導服務機構

財團法人台北縣私立樂山療養院附設安薇之家

地　　址：台北縣八里鄉長坑村長坑口21號

電　　話：6102013

負 責 人：劉寶鏗　　　　　職稱：院長

業務聯絡：周美妙　　　　　職稱：社工員

服務項目：㈠產前檢查。

　　　　　㈡嬰兒安置。

　　　　　㈢心理輔導。

服務地區：全省。

服務對象：受強暴或無知被誘始亂終棄而分娩無力撫養者。

服務時間：星期一～星期五8:30～17:00星期六8:00～12:00

申請條件：凡符合服務對象者皆可申請。

申請手續：先以電話聯絡，約定面談時間。

住宿型態：住宿制

　　　　收容人數10人

收費情形：住宿、膳食、分娩費皆可申請院方補助，但經濟許可者盼

　　　　　樂捐。

出版刊物：樂山通訊、簡介。

經費來源：善心人士捐助。

交通路線：三重客運北門～八里樂山療養院站

主婦聯盟環境保護基金會

地　　址：台北市汀州路762巷4—6號4樓

電　　話：3921398

負 責 人：陳秀惠　　　　　職稱：董事長

業務聯絡：陳裕琪　　　　　　職稱：執行秘書

服務項目：㈠環境保護—資源回收、垃圾分類兩方面爲主。

　　　　　㈡婦女成長活動。

服務地區：會員目前四百多名，遍佈全省，但主辦活動範圍仍收大台

　　　　　北地區爲主。其他縣市則是以應邀前往演講座談方式宣導

　　　　　環保理念—垃圾分類爲主。

服務對象：一般社會人士，以家庭主婦爲主。

服務時間：9:00～17:30

申請條件：會員入會無任何資格制。

申請手續：交年會費壹仟元整。

出版刊物：主婦聯盟會訊（會員輪流撰寫）。

經費來源：會員年會費，及外界損助款。

交通路線：聯營公車290.280.52.74.311.208.0南.505.606.284.253.

　　　　　252.251.236.1.10公館站

台北市立社會教育館幸福家庭輔導中心

地　　址：台北市八德路3段25號

電　　話：7315931轉251（行政）‧7725959（專線）

負 責 人：劉德勝　　　　　　職稱：館長

業務聯絡：王　慧、麥麗蓉　　職稱：組長、研究員

服務項目：㈠婚前輔導—個人對婚姻的期盼

　　　　　㈡婚姻輔導—夫妻感情的溝通。

　　　　　㈢親子關係—父母與子女間的協調。

　　　　　㈣家庭重建—如何再創幸福家庭。

服務地區：台北市。

服務對象：台北市有偶家庭及其青少年子女。

服務時間：星期一～星期六上午9:00～12:00

下午14:00～17:00

申請手續： 1.電話諮商

2.來函本中心

3.親自來本中心晤談

收費情形：免費。

出版刊物： 1.幸福家庭叢書1～15輯。

2.幸福家庭講座。

3.幸福家庭訓練叢書4輯。

經費來源：編列預算支應。

交通路線：聯營公車0東.57.64.65.19.43.278.33.69.203.276.205.
311.78.605.55 台視公司站

台北市晚晴婦女協會

地　　址：台北市博愛路1巷1號3樓

電　　話：3819769‧3319363

負 責 人：彭婉如　　　　　　職稱：理事長

業務聯絡：張蔓君　　　　　　職稱；總幹事

服務項目：

㈠親蜜小組：由資深會員擔任組長，負責聯繫並輔導新進
會員。

㈡談心會：每週一次由專家及受過專業訓練的輔導，專家
定期對離婚邊緣及離婚喪偶個案加以輔導並協助解決困
難。

㈢讀書討論會：由專人負責訓練會員表達能力，藉以帶動
會員知性成長。

㈣知性座談會：不定期聘請學者專家針對會員需要，舉行
　各種專題演講及討論會，以促進會員成長

㈤協助會員就業及創業。

㈥刊物：定期出版晚晴會刊。

㈦愛心組：奉獻會員之愛心捐款為社會服務。

服務地區：台北市。

服務對象：離婚、喪偶、離婚邊緣之婦女。

服務時間：9:00～17:00

收費情形：會員年費新台幣壹仟元整。

經費來源：

　　　1.基本會員：凡認同本宗旨之離婚或喪偶婦女皆可加入本
　　　　會為基本會員，年會費新台幣壹仟元整。

　　　2.贊助會員：凡贊同本會宗旨願資助，本會之個人或法人
　　　　團體皆為本會贊助會員，每年捐獻新台幣壹萬元整。

　　　3.榮譽會員：曾任本會核心幹部對本會有特殊貢獻者，每
　　　　年捐獻新台幣壹萬元起。

　　　4.核心會員：凡本會會員願意積極參與會務者並每年捐獻，
　　　　新台幣參仟元整。

交通路線：聯營公車238.206.3.9.0東.49.56.251台北郵局站

財團法人台北市婦女救援基金會

地　　址：台北市博愛路1巷1號4樓

電　　話：3715969（婦女緊急庇護專線）・3753905～6

負 責 人：王清峰　　　　職稱：董事長

業務項目：陳瓊珠　　　　職稱：執行長

服務項目：㈠直接救援。

㈡法律協救。

㈢就醫協助。

㈣就業協助。

服務地區：全省。

服務對象：雛妓及在色情行業中直接被迫害的婦女。

服務時間：8:30～18:00

申請條件：任何在色情行業直接迫害之女性及雛妓。

申請手續：經專線連絡或警方及其它援救單位或個人轉業者。

出版刊物：婦女救援協會通訊。

經費來源：1.會員入會費及年費。

2.贊助團體及贊助人之贊助經費。

3.其他國內外捐款。

交通路線：聯營公車238.206.3.9.0東.49.56.251台北郵局站

台灣基督長老教會彩虹專案事工中心

地　　址：台北市許昌街2號3樓

電　　話：3120003・5713300

負 責 人：廖碧英　　　　　職稱：主任

業務聯絡：黃麗霞　　　　　職稱：秘書

服務項目：

㈠原住民少女到都市長、短期住宿服務、美髮技藝訓練、
職業轉介。

㈡山地宣傳—有關人口販賣之結果及少女從娼代價及來到
都市可能遭遇之陷阱。

㈢參與主辦都市山地青年聯誼。

㈣彩虹專線協助都市中受壓迫逼害願意轉業之（上班）婦

　　　　女提供諮詢及救援。

　　㈤協助從娼女子重建。

　　㈥法律服務：爲受害個案爭取合法權利。

服務地區：全省原住民部落。

服務對象：台灣原住民族少女。

服務時間：8:30～17:00

申請條件：凡原住民來都市之少女均可。

住宿型態：住宿制　　　　收容15人

收費情形：

　　　　1.臨時住宿，五日內免費，超過五日每日五十元，每月至
　　　　　多收費壹仟元。

　　　　2.凡經濟能力發生困難，可視個案情形彈性處理。

出版刊物：彩虹通訊。

經費來源：由國內外教會、會友、機構或民間個人、團體奉獻。

交通路線：聯營公車0南　　0西.253.259.262.218.2.40.211.259.66.
　　　　　209.25.49.604台北火車站

財團法人台北市勵馨社會福利事業基金會

地　　址：台北市10115許昌街2號三樓

電　　話：（02）3719583

負責人：商正宗牧師　　　　職稱：董事長

業務聯絡：黃美嫻　　　　　職稱：協談員

設備狀況：中途之家—可容八名女孩入住。

服務項目：

　　　　㈠提供雛妓安全居所—設立中途之家，提供給願意脫離淫
　　　　　業的廿歲以下少女一個安全的居所。

　　　　　㈡技藝訓練—尋找社會資源，助其職訓機會，以後自立謀
　　　　　　生。

　　　　　㈢心理輔導—以促人格與價值觀穩定發展及健康。

　　　　　㈣生活輔導—文康活動、知能教育。

　　　　　㈤復學及就業輔導—按其個別性向，輔導就業或就學。

服務地區：全省。

服務對象：雛妓。

服務時間：9:00～17:00

申請條件：在色情事業受迫害之雛妓。

申請手續：㈠專線聯絡。

　　　　　㈡警方轉介。

　　　　　㈢援救單位。

　　　　　㈣婦職所。

收費情形：全免（若自願從娼者，視其家境斟酌收費）。

出版刊物：勵馨園雜誌。

經費來源：1.社會捐款（教會奉獻）。

　　　　　2.政府補助。

交通路線：聯營公車0南、0西、18、15、 3、295、253、259、262、
　　　　　218、2、40、211、209、66、25、49、604台北火車站

　　　台北市立廣慈博愛院婦女職業輔導所

地　　址：台北市松山區10520福德街200號

電　　話：7282334～6

負 責 人：彭永寬　　　　　職稱：院長

業務聯絡：吳惠櫻　　　　　職稱：所長

服務項目：

㈠技藝訓練：項目包括美容、美髮、縫紉及手工藝、打字，
　　　西點烘焙等職種。

㈡心理輔導：以個案、團體，及心理測驗進行。

㈢生活輔導：知能教育，及文康活動。

㈣性病治療。

服務地區：台北市不幸婦女及違警婦女（不限台北市區）。

服務對象：本所學員80人。

服務時間：24小時。

申請條件：

　　　1.設籍北市12～50歲之自願接受習藝之不幸婦女。

　　　2.12～50歲從事娼妓行為，經警察機關取締裁決處分者。

申請手續：

　　　1.本人或親屬代理申請，應檢附自願書、保證書、國民身
　　　　份證及全戶戶籍謄本。

　　　2.其他機關團體轉介習藝，除由轉介機關正式備函申請外，
　　　　應檢附第一項所列文件。

　　　3.警察機關轉送習藝：應檢附公函、違警裁決書存根，矯
　　　　正處分書、筆錄影本及國民身份證。

　　　住宿型態：住宿制　　　　　　　　收容人數80人

　　　收費情形：一切免費。

　　　出版刊物：廣慈月刊。

　　　經費來源：本院編列年度預算。

交通路線：聯營公車29.46.54.57.69.263廣慈博愛院站27.259.501松
　　　山商職站

台北市政府社會局北區婦女福利服務中心

地　　址：台北市錦州街222號2樓

電　　話：5418334・5314245～6

康乃馨專線：5815469 婦女緊急庇護專線

負 責 人：白秀雄　　　　職稱：局長

業務聯絡：孫麗珠　　　　職稱：社工區督導

服務項目：㈠個案訪談、諮詢服務。

　　　　　㈡婦女班團隊之舉辦。

　　　　　㈢婦女大活動之籌劃、辦理。

　　　　　㈣婦女自我成長之團體及訓練活動。

服務地區：全台北市（大台北地區）。

服務對象：以婦女朋友18～59歲者爲主。

服務時間：星期一～星期五8:30～5:30

　　　　　星期六8:30～12:00

收費情形：婦女中心會員，每年班團隊，視各班狀況。

經費來源：1.政府預算

　　　　　2.民間捐贈

交通路線：聯營公車49.0.222.72.26.505.277.203.280松新村站

南區婦女中心：台北市復興南路2段171巷29號1樓

　　　　　　　電話：7013096・7011827

中華民國基督教女青丰會協會

地　　址：台北市青島西路七號六樓

電　　話：3140408・3812061

負 責 人：辜嚴倬雲　　　　職稱：理事長

業務聯絡：黃美蓮　　　　　職稱：秘書長

服務項目：1.幼兒園。

2.兒童才藝班。

3.各類教育班：如語文、插花、韻律等。

4.演講座談。

5.宗教：查經班、世界公禱日。

6.旅遊、聯誼等。

7.老人青藤俱樂部。

8.兒童脊椎側彎早期篩檢。

9.愛心服務工作隊、社區母姐會。

10.婦女之職業訓練。

11.非行青少年輔導。

服務地區：台北、台中、台南、高雄、花蓮。

服務對象：二歲半以上之所有兒童、青少年、婦女、男士、老年人等。

服務時間：上午：8:30～下午：8:30

申請條件：認同本會宗旨者皆可申請入會。

申請手續：1.徵募會員時，向小組長報名。

　2.平日可親至服務台報名。

收費情形：不同之活動，其收費標準亦各不相同。

出版刊物：季刊、年刊、特刊等。

經費來源：各界捐款、辦理大型活動籌募基金、開辦各類班別之收益、
　　　　　會費等。

交通路線：公車0南.5.65.294.295.70.222立法院、公保大樓站。

台北基督教女青年會

地　　址：台北市10022青島西路7號

電　　話：3812131．3313848

負 責 人：蔣徐乃錦　　　　職稱：會長

業務聯絡：王玲瓏　　　　　職稱：執行幹事

服務項目：

(一)社會服務。

　　1.在台北市近郊二十個社區母姐舉辦各種技藝知識等活動。

　　2.老人服務—青藤俱樂部。

(二)成人休閒活動：每年八期，每期二個月或三個月舉辦家庭藝術、文化技能、訓練語言等班級。

(三)宗教活動：幹事靈性分享時間、英文查經、公禱日崇拜及合唱團等。

(四)青年義工：組織一群大專義工給以輔導兒童夏令營活動及參與社會服務工作機會。

(五)在職青年；利用週末、假日舉辦座談會、海德公園企業人聯誼會、戶外旅遊等各種調劑身心之活動。

(六)露營服務：為大、中、小學生、殘障兒童及社會人士在宜蘭頭城營地舉辦露營。

(七)婦女服務：舉辦座會探討夫妻如何相處及與子女溝通問題（名為21世紀女性，另有古跡文化之旅及婦女社團活動）。

(八)特別活動。

　　1.一年一度籌募基金的徵募會員運動及慈善晚會。

　　2.中國文化漫遊活動（每週專為外籍會友舉辦一次活動）。

　　3.會友賓館：提供會友住宿。

服務地區：整個大台北市區及近郊。

服務對象：1.中低收入之社區兒童、婦女。

　　　　　2.在學青少年。

　　　　　3.社會青年男女。

　　　　　4.中上收入家庭婦女。

　　　　　5.年滿55歲以上之中老年人。

服務時間： 1.詢問處：每日8:00～20:00

　　　　　2.辦公室：8:45～17～15

　　　　　3.會友賓館：7:00～24:00

申請條件：不分性別、年齡、種族、國籍、職業皆可隨時加入會員行
　　　　　列。

申請手續：凡想加入本會爲會員者，皆可至詢問處填寫入會申請表格，
　　　　　繳付會費後，即爲本會會員，手續簡單。

住宿型態：住宿制，通勤制。

收費情形： 1.服務活動免費

　　　　　2.休閒活動酌收費用。

出版刊物：現代女青年季刊。

經費來源： 1.由社會人士捐款。

　　　　　2.自會費及義賣會得款。

　　　　　3.賓館住宿費及活動收入。

交通路線：聯營公車0西.5.310.260.308.227.216.217.222.224.269.
　　　　　503.301.268.265市議會站或立法院站

財團法人台北市現代婦女基金會

地　　址：台北市松江路75-1號11樓

電　　話：5063059（婦衛專線）‧5060388

負 責 人：潘維剛　　　　　職稱；執行長

業務聯絡：潘蓓蓓　　　　　職稱；執行秘書

服務項目：

　　　　㈠社會教育：辦理各年齡層婦女知性教育班隊，提供婦女
　　　　　　各種資訊服務。

　　　　㈡預防推廣：辦理有關婦女之各項活動，預防社會問題之
　　　　　　發生增進快樂幸福的社會生活。

　　　　㈢諮詢服務：提供婦女生活調適之個別、團體輔導及轉介
　　　　　　服務。

　　　　㈣研究發展：有計劃地進行有關婦女之專業研究。

　　　　㈤編輯出版：逐步編撰婦女自我教育有關之教材。

服務地區：大台北地區。

服務對象：凡12歲以上欲發展自我與遭遇生活困境之婦女。

服務時間：9:00～18:00

經費來源： 1.熱心人士捐贈。
　　　　　 2.企業界贊助。

交通路線：聯營公車0東、41、311、 23、266、282、288、203、54、
　　　　　222、55、254、307、306、272、604、92童軍活動中心站

財團法人台北市基督教婦女福利事業基金會

地　　址：台北市和平東路2段28號3樓

電　　話：3627478～9

負 責 人：鍾梅香　　　　職稱：董事長

業務負責：余明珠　　　　職稱：秘書

服務項目：提昇婦女互尊互助的精神，共同為婦女福利而奮鬥，追求
　　　　　婦女完整的人性尊嚴，培養其獨立自主的健全的人格，發
　　　　　展潛能貢獻社會。

　　　　　㈠為婦女朋友舉辦各類演講及辦活動、聯誼等。

㈡設婦女閱覽室。

服務地區：各界。

服務對象：一般婦女。

服務時間：9:00～17:00

出版刊物：婦女生涯。

經費來源：各界捐款。

交通路線：公車3.15.33.52.295.211.74.237.503大安民眾分社站下
　　　　　指南1.5清眞寺下。
　　　　　0南.280.505.290.311.253龍安國小下。

財團法人至誠社會服務基金會

地　　址：台北市建國北路2段147號地下一樓

電　　話：5014369

負 責 人：林黃彩霞　　　　　職稱：董事長

業務聯絡：沈鄭秋桔　　　　　職稱：常務董事

服務項目：促進社會服務及文化慈善事業，先以服務失依婦人爲目的
　　　　　1.精神教育座談會；邀請專家舉辦專題演講。
　　　　　2.急難貧病寡婦醫療救助；對貧苦無依家庭因臨時發生意
　　　　　　外事故急需醫療之救助。

服務地區：暫定台北市行政區域

服務對象：貧苦無依之寡婦家庭（限台北市）。

服務時間：一次救助。

申請條件：依各社團，認爲符合本會服務宗旨提供個案資料就可以接
　　　　　辦。

申請手續：同上。

經費來源：接受各界捐款支應。

交通路線：請用本會幹事張聯科先生專用電話 3225969 洽詢。

天主教台北總教區美滿家庭服務中心

地　　址：台北市中山北路1段2號8樓822室

電　　話：3149663　（台北郵政8—35號信箱）

負 責 人：傅梁桂雲　　　　　職稱：主任

業務聯絡：傅梁桂雲　　　　　職稱：主任

服務項目：㈠個別服務採協談方式。

　　　　　㈡團體服務採宣導方式。

　　　　　　　1.推動「自然調節生育法」。

　　　　　　　2.輔導夫婦有關避孕、生育以及性生活的困擾。

　　　　　　　3.輔導青年男女了解有關「性」的知識。

服務地區：台北縣市為主，其他地區另議。

服務對象：已婚夫婦、適婚之青年男女，學校、工廠青年。

服務時間：星期一至星期六9:00～16:30

申請手續：個別約談或夫婦協談請事先以電話聯絡，約定時間。

　　　　　團體講解亦請事先電話聯絡。

收費情形：自由捐獻：個別約談200元以上，團體講解另議。

經費來源：　1.本地教會捐助。

　　　　　　2.熱心人士捐助。

　　　　　　3.服務對象本身的捐助。

附錄四：全省家庭婚姻心理諮詢中心（錄自秦慧珠主編女性人生系列叢書②《開放的婚姻市場—現代夫妻的新象》）

全省家庭婚姻心理諮詢中心

機構名稱	服務時間	電話	地址	收費情形
華明心理輔導中心		(○二)三八二八八五	台北市中山北路一段中央大樓八五七室	每小時一五○元
美滿家庭服務中心 台北中心	星期一至星期六 每日上午九：○○—十二：○○ 星期五晚上七：○○—九：○○	(○二)三二一一九三	台北縣新店市中正路一八八號	每小時二○○元 生理週期圖表分析 每次一○○元
新竹中心	星期二、四、六 下午一：三○—四：三○ 星期一、三 晚上七：○○—九：○○	(○三五)二六二八四七	新竹北大路三○一號	
社會服務修女會	星期一至星期六 上午九：○○—十二：○○	(○二)三二一二二六	台北市和平東路一段一八八巷一號	
耕莘醫院永和分院 服務處	星期一至星期六 上午九：○○—十二：○○	(○二)九二五二○一六	台北縣永和市中興街八○號	
耕莘醫院服務處	星期一至星期六 上午九：○○—十二：○○	(○二)三二四九六六三		
聖保祿醫院服務處	星期一至星期六 上午九：○○—十二：○○	(○三)四七八一二○四	桃園市建新街一二三號	
方濟診所服務處	星期六下午二：○○—四：三○	(○四)二二二九六二一	楊梅鎮梅山西街八九號	
天主教社會服務研究 服務處	星期六下午二：○○—四：三○	(○四)二二三七一八一	台中市衛道路一○三號	
惠華醫院服務處	星期六下午二：○○—四：三○		台中市府路一○三號	
小港服務處	每晚六：○○—九：○○	(○七)八二一八六二一	高雄小港區信義二路天主堂	免費
左營服務站	星期一至星期六 上午九：○○—十二：○○	(○七)五八一四七五三	左營崇實新村六○號	
鳳山服務站	上午九：○○—十二：○○ 晚間預訂	(○七)七七一八一九八	鳳山市五甲二路三三二巷一○號	
天主教道明醫院 服務處	每月第二個星期三 上午九：○○—十二：○○	(○八)七三三三五二六	屏東市信義路一五九號	
台東中心	每天八：三○—十七：○○	(○八)九三三二八○四	台東市福建路二五九號	
聖母醫院服務處	星期五下午二：○○—五：○○	(○八)九三二二八三三	台東市碼州街二樓	
台東省立醫院服務處	星期三下午二：三○—四：三○	(○八)九三四一二	台北市五樓街一號	
臺灣省政府 社區心理衛生中心	星期一至星期五 上午八：○○—十二：○○ 下午二：○○—五：○○			
台北中心		(○二)九二三二五○九	台北縣新莊鎮思源路四五號 省立台北醫院二樓	
台中中心		(○四)二二○四三八七	台中市三民路一段九九號二樓	

機構名稱	服務時間	電話	地址	收費情形
台南中心	星期六 上午八：〇〇－一二：〇〇	（〇六）二二六二七三一	台南市中山路一二五號	免費
高雄中心	星期一至星期五 早上八：〇〇－一七：〇〇	（〇七）七四一八四二一	省立台南醫院旁 高雄市立鳳山醫院內	免費
馬偕協談中心	星期六 早上八：〇〇－一二：〇〇 早上八：〇〇－一二：〇〇	（〇二）五七一八四二七	台北市中山北路二段九二號 馬偕醫院九樓	每次五〇元
台中家庭協談中心	星期一至星期五 早上九：〇〇晚上九：〇〇 早上八：〇〇－一二：〇〇	（〇四）二二三九〇〇九 （〇四）二二三三九〇一七	台中市北屯衛道路一一二號	免費
台中生命線	預約面談 下午一：三〇－六：〇〇 每天八：〇〇－二三：〇〇 電話協談	（〇四）二二三九五九五	台中市雙十路一段一〇五號 英文英館三樓	免費
台中縣聯絡處 基督教醫院服務處	電話協談 預約面談 下午二：〇〇－五：〇〇	（〇四）二二二七〇〇八	彰化市中華路一七六號	
若瑟醫院服務處	每天上午八：〇〇－一二：〇〇	（〇四）二二五一二一二	虎尾鎮新生路七七號（公共衛生室）	
二水天主堂 新港服務處	星期一至星期六	（〇四）二二二二三〇六	台中市大里鄉新和街三七巷二一三號	
美滿家庭服務中心	星期六下午二：〇〇－四：〇〇 星期一至星期六	（〇五）三七四二一六五	嘉義縣新港鄉登雲路二八號	
台中中心	星期一至星期五	（〇五）二七九二二六四	嘉義市民權路六〇號	
嘉義中心	星期一至星期六	（〇五）二二三〇〇四〇－三	嘉義縣朴子鎮文明路一一九號	
瑪爾定醫院服務處	星期二 星期四至晚上一〇：六六	（〇六）二三七六一〇四－五	台南市勝利路八五號二樓	
台南中心	星期二 上午九：〇〇－一一：三〇	（〇七）二二三七六一〇	台南市中山路八八號	
崇愛醫院服務處	上午九：〇〇－一一：三〇	（〇七）二二三〇九一〇	高雄市五福三路一四九號	
榮仁聯絡處	下午二：〇〇－九：〇〇 星期一至星期六	（〇七）二二二二五二〇	嘉義市長榮街一六八之五號	
嘉義生命線	每天六：〇〇－二三：〇〇 電話協談			免費

機構名稱	服務時間	電話	地址	收費情形
台南生命線	二十四小時全天候服務	（〇五）二二二九五九五 （〇六）二三〇〇〇〇	台南市中山北路九〇號太子大樓九一四室	免費
台南家庭協談中心	星期一至星期六 上午八：三〇—一二：〇〇 下午二：〇〇—五：三〇	（〇六）二三〇一〇一 （〇六）二三六三三四 （〇六）二三五二四九三	台南市青年路三六〇號（台南神學院頌音堂樓下）	
高雄協談中心	星期一至星期六 上午九：〇〇—一二：〇〇 下午二：〇〇—五：〇〇 晚上六：〇〇—九：〇〇	（〇七）二八一九〇三 （〇七）二八一六〇三 （〇七）二八二九三四二 （〇七）二三一〇三三	高雄市三民區河北二路一二四之二號	
高雄福澤中心	星期日下午二：〇〇—五：〇〇 每天早上八：〇〇—一二：〇〇 下午二：〇〇—九：〇〇	保護你專線 （〇七）二三一七八五二 失意人專線 （〇七）二〇一二三四一 （〇七）二八二一五三一五	高雄市新興區明星街六八號	

附錄五：（一）二水鄉推行「無犯罪運動」工作計劃
　　　　　（二）二水鄉「提倡禮貌、消滅犯罪」運動模範村評選辦法

二水鄉推行「無犯罪運動」工作計劃

一、目的：為端正社會風氣，恢復固有倫理道德傳統，使人人重禮義、
　　知廉恥，達成人人守法重紀，村村無犯罪之模範鄉。

二、源起：

　　㈠謝前副總統東閔先生提倡之「無犯罪運動」之號召。

　　㈡二水鄉加強實踐端正禮俗宣導週運動及推行禮貌運動。

三、工作分配：

　　㈠主辦單位：二水鄉公所

　　㈡執行單位；二水鄉各村辦公處、機關、團體、學校。

四、實施方式：

　　㈠各機關、團體、學校、村辦公處，加強宣導推廣督飭所屬員工、
　　　居民、學生加強體認實踐，以達成無犯罪之目標。

　　㈡每年禮貌運動週表揚模範村及推行有功人員。

　　㈢商請轄內熱心廠商、寺廟、社團、機關，捐印有關「提倡禮貌、
　　　消滅犯罪」之宣傳卡片，轉發鄉民實踐。

　　㈣配合禮貌運動宣導週，每年由各機關學校輪流舉辦推行無犯罪
　　　運動觀摩會，以加深全民共識。

　　㈤各級學校舉辦「推行禮貌、消滅犯罪」有關之論文、壁報圖片、
　　　演講測驗、書法等比賽。

　　㈥請各社團、機關（二水鄉農會、二水民眾服務分社）定期舉辦
　　　法律講座，以加深鄉民對法律之認識。

　　㈦各村辦公處依據範村之評選項目，加強村民體會實踐。

　　㈧安德宮、贊修宮等寺廟配合主辦佛學及國學講座，以破除迷信，

導正社會風氣。

五、附註：

　　㈠本工作計劃經推行委員會議通過後報請縣府核備後實施。

　　㈡每年選拔推行本工作特別熱心人士，報請上級（縣府）表揚，

　　　或於本鄉示範觀摩會時表揚。

　　至於該鄉「提倡禮貌、消滅犯罪」運動模範村的評選，也訂有辦

法，茲介紹於後：

二水鄉「提倡禮貌消滅犯罪」運動模範村評選辦法

一、目的：

　　㈠加強精神倫理建設，消弭犯罪，培養善良之社會風氣，達成人

　　　人不犯罪之模範鄉。

　　㈡提倡發揮道德勇氣與守望相助精神，端正國民禮俗，建立有禮

　　　節、重禮讓之安寧和諧社會。

二、源起：響應謝前副總統東閔先生「無犯罪運動」之號召，全鄉上

　　下共同實踐，以建立無犯罪之模範鄉。

三、實踐方法：

　　㈠評比期間：以一年為期（每年三月一日起至次年二月二十八日

　　　止）於二月終督核考評。

　　㈡考評對象：以各村為單位考評計分，由各村辦公處就考評項目，

　　　提出實際執行成果報告，由考核小組綜合考評。

　　㈢考評委員會：

　　　⑴由各村辦公處填寫「推行無犯罪運動績效報告表」，　並送

　　　　管區警員初評後送民政課。

　　　⑵本鄉各機關、團體、學校首長組成考評委員會複評決選。

四、二水鄉全面實踐無犯罪運動評鑑項目及給分標準（各村適用）。

附註：案件扣分標準：⑴重大刑案每件扣五分。⑵一般刑案每件扣三分。⑶違警每件扣二分。⑷交通違規案件扣一分。

㈠利用各種傳播方法，擴大宣導，加強村民實踐「提倡禮貌、消滅犯罪」之體認，具有重大成效者（十分）。

㈡加強灌輸家庭倫理道德觀念，持續推行全民禮貌運動，建立和樂家庭及社會重大成效者（十分）。

㈢經常倡導推行正當休閒育樂活動，以端正社會不良風氣具有成效者（十分）。

㈣倡導村民加強婚喪喜慶祭典節約改善具有重大成效者（十分）。

㈤預防犯罪宣導，加強守望相助工作具有重大成效者。含：

　　1.協助破獲重大刑案或提供重大治安清報（十分）

　　2.協助偵破一般刑案或提供一般治安情報（五分）

　　3.推行守望相助績效良好者（五分）

　　4.防範犯罪宣導減少訟源（多利用調解會）有成效者（五分）

㈥轄區內及所屬村民防範發生暴力犯罪案件（含殺人、搶奪、擄人勒贖、強盜縱火等案件）（十分）。

㈦無交通違規案件（五分）

㈧轄區內村民無犯重大竊盜案件（價值廿萬元以上者）五分

㈨無一般刑案發生（五分）

㈩無違警案件（五分）

㈪轄區內未被查獲重大或一般逃犯、槍械等案件（五分）

五、獎勵：每年度選拔模範村（若未達甲等成績標準者從缺）一～三村，於每年三月禮貌運動週，恭請謝前副總統頒獎表揚，並發給獎牌及獎金五千元，以資鼓勵。

六、本辦法經二水鄉推行無犯罪運動工作委員研討會議通過後實施。

本書參考書目舉要

龍冠海	《社會學》	
楊懋春	《中國家庭與倫理》	中華文化復興運動推行委員會
蔡文輝	《家庭社會學》	五南圖書公司
高淑貴	《家庭社會學》	黎明文化事業公司
白秀雄	《社會工作》	三民書局
謝高橋	《社會學》	巨流圖書公司
空　大	《社會學》	國立空中大學
郭炳昌	《社會學新編》	千華出版公司
文崇一	《台灣的工業化與社會變遷》	東大圖書公司
王維林	《社會學》	金鼎圖書文化出版社
張宏文	《社會學》	浪野出版社
楊國樞 葉啓政	《1991版台灣的社會問題》	巨流圖書公司
林振裕	《社會學》	金玉出版社
張華葆	《社會學》	三民書局
葉霞翟等	《新家政學》	華欣學術叢書⑫
鄭慧玲譯	《家庭溝通》	台北、獅谷
黃建中	《比較倫理學》	國立編譯館
謝幼偉	《倫理學大綱》	正中書局
陳立夫	《人理學》	台灣中華書局
陳大齊	《倫理哲學講話》	中央月刊社
王臣瑞	《倫理學理論與實踐》	學生書局
胡自逢	《中國倫理》	正中書局

袁　簡　　《中國倫理思想》　　　　　聖統出版社

喬一凡　　《中國倫理大綱》

董正之　　《倫理學通論》　　　　　　自印

范捷雲　　《倫理學》　　　　　　　　臺灣商務印書館

陳百希　　《倫理學》　　　　　　　　光啓出版社

龔寶善　　《現代倫理學》　　　　　　台灣中華書局

袁廷棟　　《普通倫理學》　　　　　　黎明文化事業公司

劉　眞　　《儒家倫理思想述要》　　　正中書局

韋政通　　《倫理思想的突破》　　　　水牛出版社

王開府　　《儒家倫理學析論》　　　　學生書局

林有土　　《倫理思想的演進》　　　　幼獅文化公司

吳自甦　　《倫理與社會》　　　　　　水牛出版社

柴松林　　《倫理情理經理》　　　　　省訓團訓練叢書

蔡元培　　《中國倫理學史》　　　　　台灣商務印書館

曾仰如　　《倫理哲學》　　　　　　　台灣商務印書館

史中一　　《倫理學》　　　　　　　　國立編譯館

范　錡　　《倫理學》　　　　　　　　台灣商務印書館

謝扶雅　　《倫理學新論》　　　　　　台灣商務印書館

林有土　　《倫理學的新趨向》　　　　正中書局

黃奏勝　　《三民主義倫理學》　　　　中央文化供應社

趙雅博　　《家庭倫理問題面面觀》　　聞道出版社

李永然　　《婚姻與法律》　　　　　　婦幼家庭出版社

詹文凱　　《結婚與離婚》　　　　　　書泉出版社

朱岑樓　　《婚姻研究》　　　　　　　東大圖書公司

賴瑞馨等　《婚姻面面觀》　　　　　　張老師出版社

賴瑞馨等　《牽手一輩子》　　　　　　張老師出版社

張乙宸譯	《婚姻關係》	遠流出版社
陳顧遠	《中國婚姻史》	台灣商務印書館
陳艾妮	《婚姻契約》	皇冠出版社
周　何	《古禮今談》	國文天地雜誌社
阮昌銳	《中國婚姻習俗之研究》	省立博物館出版社
戴傳文	《婚姻與婚姻諮商》	大洋發行
蔡文輝 李紹嶸譯	《婚姻與家庭》	巨流圖書公司
簡春安	《外遇的分析與處置》	張老師出版社
李牧華	《創造美滿的婚姻》	中華日報
柴松林等	《開放的婚姻市場》	聯經出版社
歐尼爾著 鄭慧玲譯	《開放的婚姻》	遠景出版事業公司
王志敬	《婚姻與家庭》	啓德出版社
陳芳智譯	《婚姻的迷思》	遠流出版社
施寄青譯	《當外遇發生時》	方智出版社
王潔卿	《中國婚姻―婚俗、婚禮與婚律》	三民書局
鄭慧玲譯	《家庭溝通》	遠流出版社
王守珍譯	《夫妻溝通》	遠流出版社
謝素美譯	《現代家庭面臨的挑戰》	授學出版社
吳就君等譯	《家庭與婚姻諮商》	張老師出版社
藍采風	《婚姻關係與適應》	張老師出版社
王桂花等	《搭好姻緣橋》	張老師出版社
施寄青等	《單親加油站》	台北晚晴婦女協會
張春興主編	《姻緣路上情理多》	桂冠圖書公司
張春興主編	《感情、婚姻、家庭》	桂冠圖書公司
簡　宛譯	《愛、生活與學習》	洪建全教育文化基金會
溫小平	《夫、妻―輩子的情人》	培根文化事業公司

曾瑞眞	《婚姻與家族治療》	天馬文化事業公司
陳其南	《婚姻家族與社會》	允晨文化公司
張振宇	《家庭教育》	三民書局
黃迺毓	《家庭教育》	五南圖書公司
尹蘊華	《家庭教育》	學人文化事業公司
鄭石岩	《父母之愛》	遠流出版社公司
王連生	《親職教育》	五南圖書公司
林清江	《教育社會學》	國立編譯館
王連生	《親職教育的原理與推廣》	嘉義師範學院
陳奇麟 林傑斌 編譯	《婆媳和睦相處70高招》	心理出版社
黃越綏	《婆媳牽萬情》	培根文化公司
兪筱鈞	《父母與子女》	張老師出版社
廖榮利	《親職與家庭生活》	張老師出版社
施寄青譯	《父親角色》	遠流出版公司
汪　芸譯	《做個好爸爸》	遠流出版公司
謝秀芬	《家庭與家庭服務》	五南圖書公司
鍾思嘉	《兩代親》	桂冠圖書公司
簡　宛	《他們只有一個童年》	桂冠圖書公司
高淑貴	《如何辦理社區家政推廣教育》	中華民國社區發展研究訓練中心
林平洋	《社區如何推動媽媽教室》	中華民國社區發展研究訓練中心
省府社會處	《媽媽教室補充教材》	實踐設計管理學院編
陶百川編	最新六法全書	三民書局